兴义市地方电力志

XING YI SHI DI FANG DIAN LI ZHI

贵州万峰电力股份有限公司　编

方志出版社
Publishing House of Local Records

图书在版编目（CIP）数据

兴义市地方电力志 /贵州万峰电力股份有限公司编
. --北京：方志出版社，2018.11
ISBN 978-7-5144-3126-1

I.①兴…II .①贵… Ⅲ .①电力工业—概况—兴义
IV. ①F426.61

中国版本图书馆CIP数据核字（2018）第261254号

兴义市地方电力志

编　　者：贵州万峰电力股份有限公司
责任编辑：冯　松
出 版 人：冀祥德
出 版 者：方志出版社
地址　北京市朝阳区潘家园东里9号（国家方志馆4层）
邮编　100021
网址　http: //www. fzph.org
发　　行：方志出版社图书经销中心
电话（010）67110500
经　　销：各地新华书店
印　　刷：云南速盈印刷有限公司
开　　本：787mm × 1092mm　　1/16
印　　张：16.5
字　　数：413千
版　　次：2018年11月第1版　　2018年11月第1次印刷
印　　数：001 ~ 700册
ISBN　978-7 – 5144 – 3126 – 1　　定价：180.00元
如有印装问题请与承印厂联系，联系电话：0871-63302934

《兴义市地方电力志》编纂委员会

主　　任：韦延宏

副 主 任：张耀鸿　雷定山　杨远康　胡华艳　邹　炜　秦　勇
何　勇　刘汉先　蒋千明　王炳竹　孙淑静　薛　飞

主　　编：杨远康

副 主 编：罗迦玮　陈　朗　徐惠中

总　　纂：陈翰辉

撰　　稿：杨远康　孙淑静　樊义瑜　徐惠中　陈　朗　陈昌忠
王显祥　郭春宇　夏国强　卢家贵　李　耀　刘　健
龙　鹏　杨　军　江　伟　周忠孝　彭纪权　罗永亮
何珍贵　李成飞　李　宇　刘权明　张　江　周柏见
赵宁香　游　平

图　　片：张　霆　周柏见　邓　斌　陈军理

资料提供：刘明芳　郭江雁

编　　务：李伟丽　杨吉娜　江　天

兴义市行政区划图

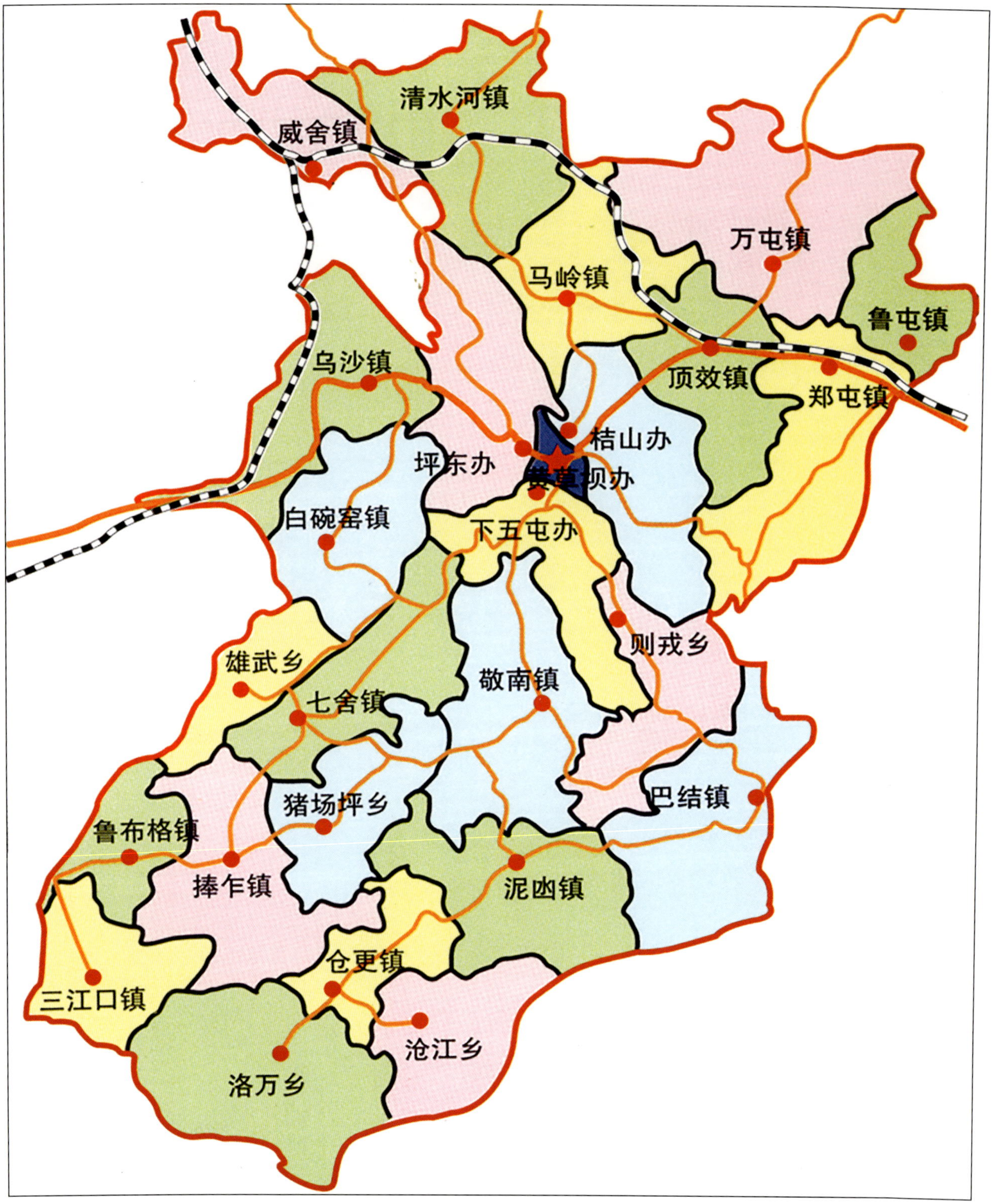
清水河镇
威舍镇
万屯镇
马岭镇
鲁屯镇
乌沙镇
顶效镇
郑屯镇
桔山办
坪东办
黄草坝办
白碗窑镇
下五屯办
则戎乡
雄武乡
敬南镇
七舍镇
猪场坪乡
巴结镇
鲁布格镇
捧乍镇
泥凼镇
仓更镇
三江口镇
沧江乡
洛万乡

兴义地方电网 110KV 及以上电网现状地理接线示意图

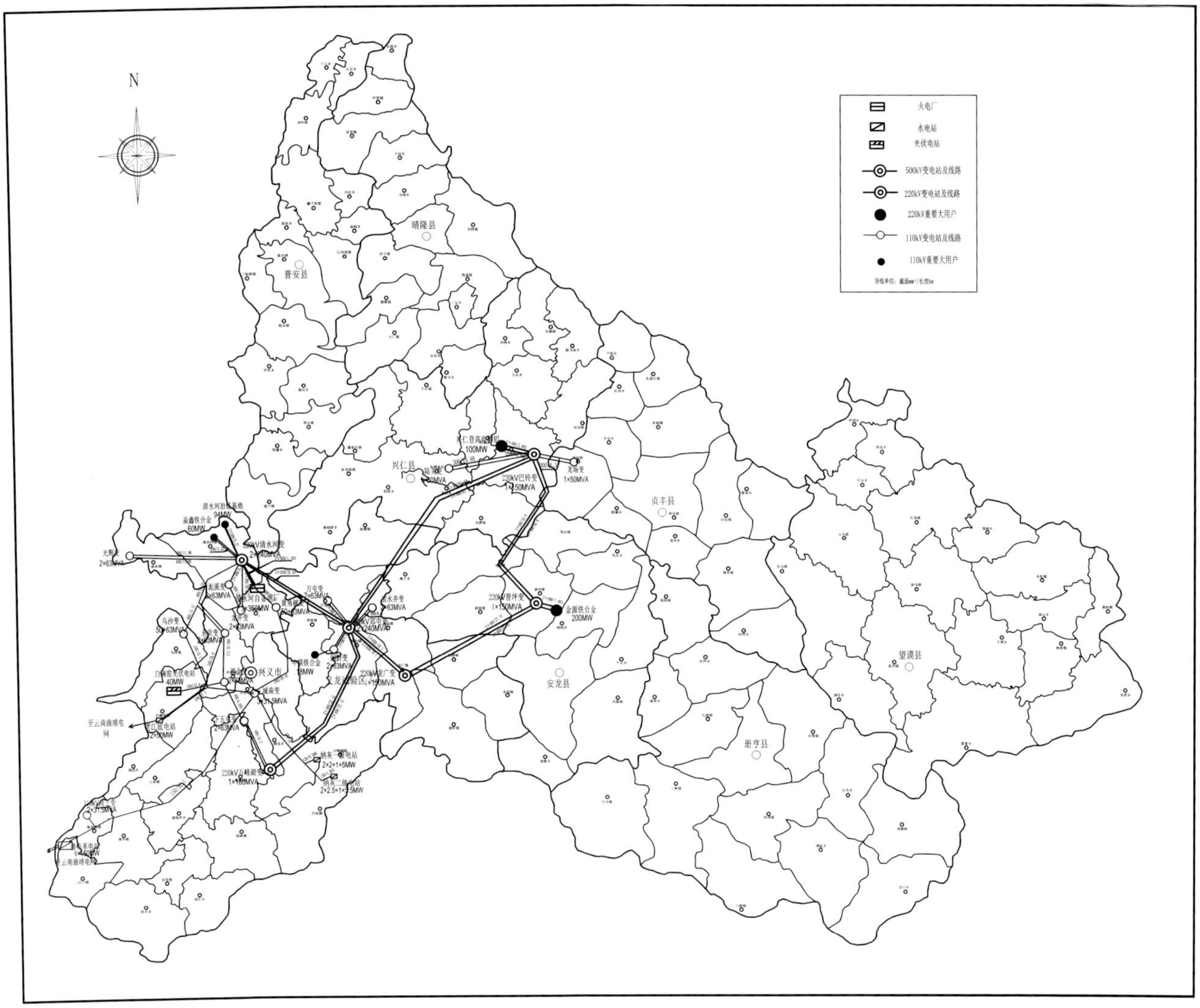

兴义市城区35千伏及以上电网现状地理接线示意图

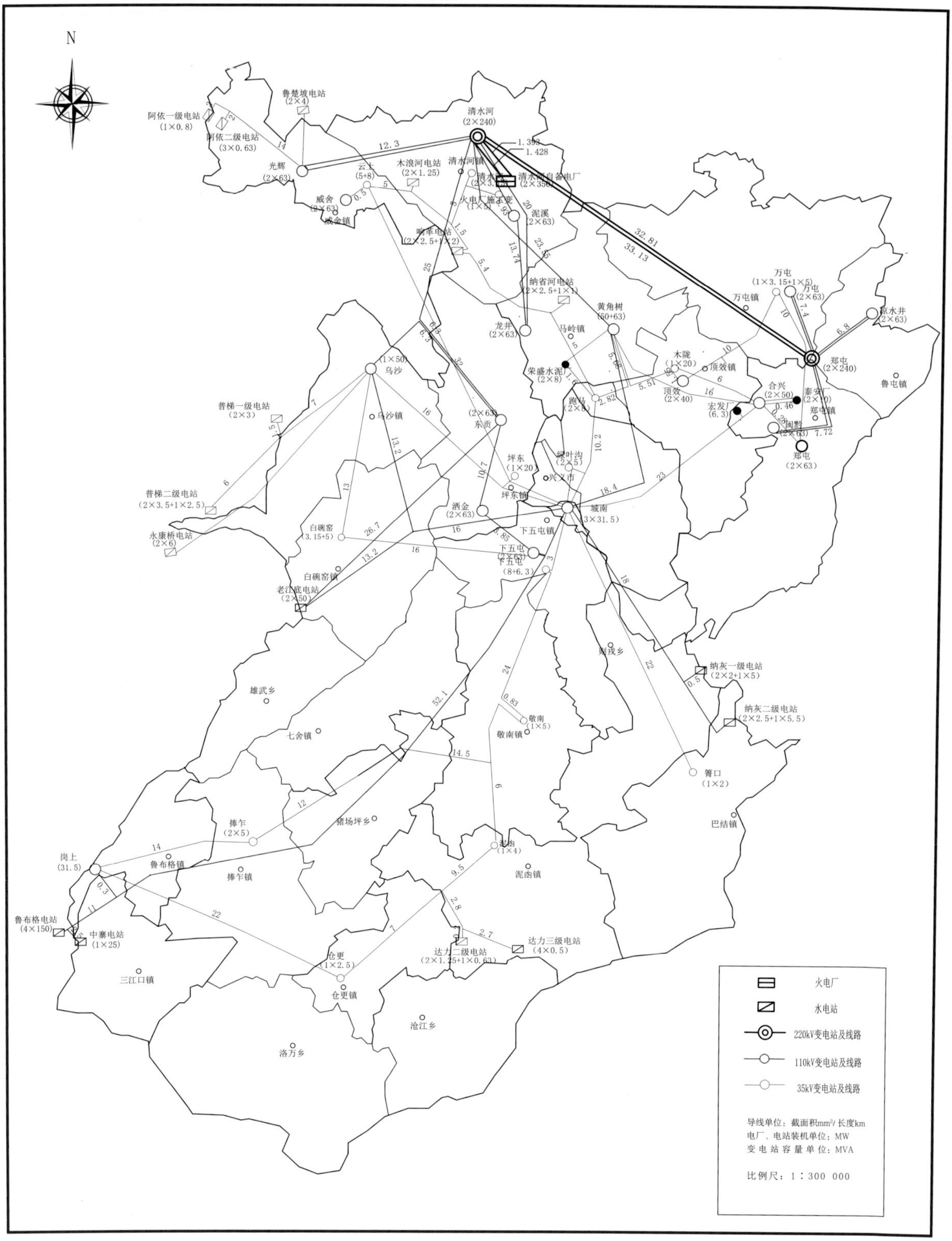

兴义市水电站分布示意图

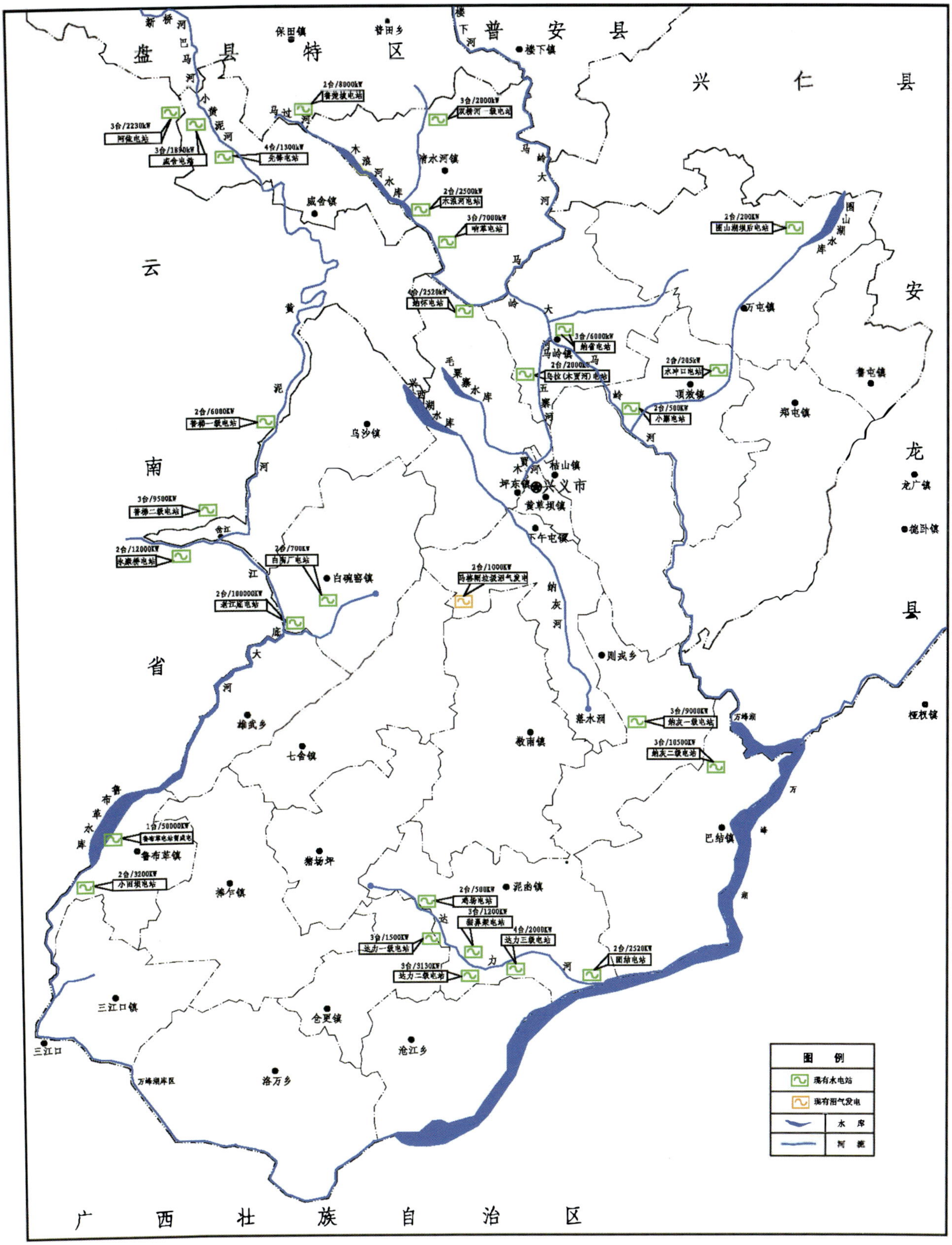

曙光初现

马岭河

兴西湖

原始陶碾

古老水碾

水　车

三江口电站，系黔滇桂三省区共建共管电站

鲁布革电站

陶少刚（左一）介绍电源点情况

110 千伏鲁兴输电线路

110 千伏城南变电站

时任兴义市副市长邓家富在木浪河水库工地检查

木浪河水库

省水利厅地电局原局长帅开阳到公司指导工作

电气化建设

陶少刚介绍变电站规划情况

抬 杆

吊　装

风餐露宿

州委原副书记王敬祥（右一）、原副州长张定书（右二）、时任兴义市委书记黄定承（右四）听取电气化建设汇报

时任水利部部长汪恕诚与南江集团董事长陶少刚合影

兴义市建成全国水电农村电气化县

南江集团

南江集团大楼夜景

南江水利电力集团成立仪式

南江科技信息产业公司

丛林电杆厂

警民“共建”文艺演出

短剧《火种》剧组人员

南江军乐团庆祝澳门回归留影

由南江集团承办的第二届滇东电网“团结杯”篮球赛开幕式

南江集团董事长陶少刚获“全国先进工作者”颁奖归来宣讲现场

改革发展

兴义市电力公司揭牌仪式

时任兴义市委书记黄定承（左三）在农网改造现场

兴义市纳灰河排涝工程及纳灰河电站开工典礼

时任州委书记陈敏（右五）、州长陈鸣明（右六）、兴义市委书记黄定承（右四）在老江底电站考察

外国专家在兴义就购买节能减排指标进行考察

安全月宣传活动

塔上作业

思想建设

纪念建党 90 周年庆祝活动

兴义市电力有限责任公司党委书记、董事长韦延宏获黔西南州“十大杰出青年”受奖一刻

缅怀先烈

公司职代会

抗震救灾捐款

职工子女金秋助学座谈会

慈善捐款

万峰电力股份有限公司党委书记、董事长韦延宏作报告

公司党委副书记、总经理张耀鸿为全体党员上党课

抗旱抗冰

公司为群众送水

力挺高寒

紧急除冰

企业文化

“五四”活动

文艺演出

职工广播体操比赛

公司迎春文艺晚会

电力志研讨会

尘世风铃
人生断章
世纪文库
SHIJIWENKU
徘徊在都市的盲道上
半天老外
台海出版社

孙淑静/著
守住寂寞
雷定山 著
歌声漂泊
心路历程
世纪文库
SHIJIWENKU
冬日信札
台海出版社
中国·白马

职工出版文学作品

职工手工艺作品

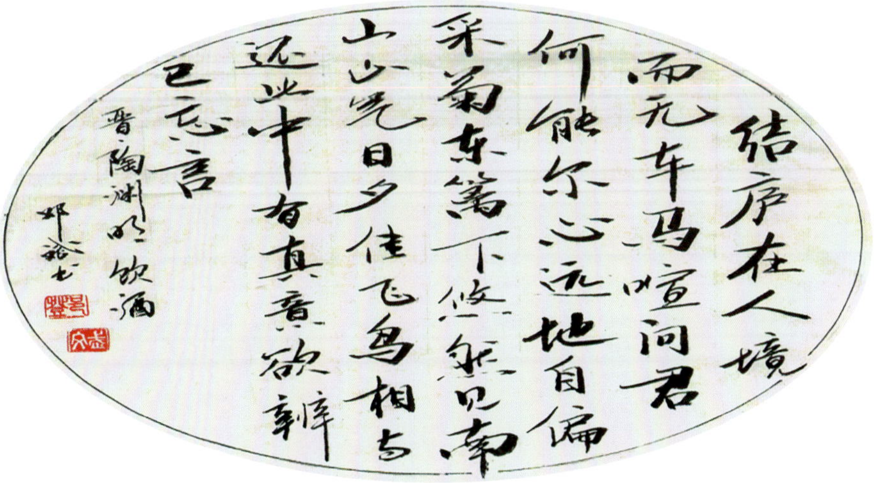
结庐在人境
而无车马喧
问君何能尔
心远地自偏
采菊东篱下
悠然见南山
山气日夕佳
飞鸟相与还
此中有真意
欲辨已忘言
晋陶渊明饮酒

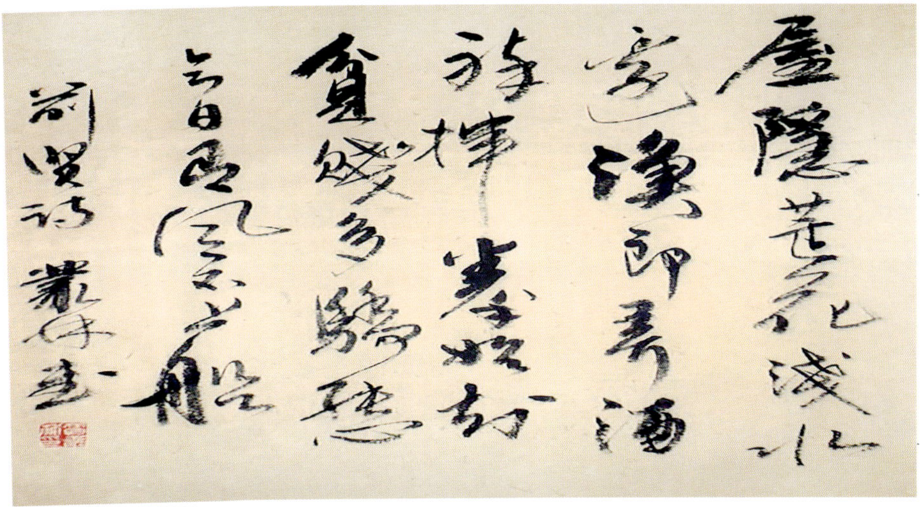

职工书画作品

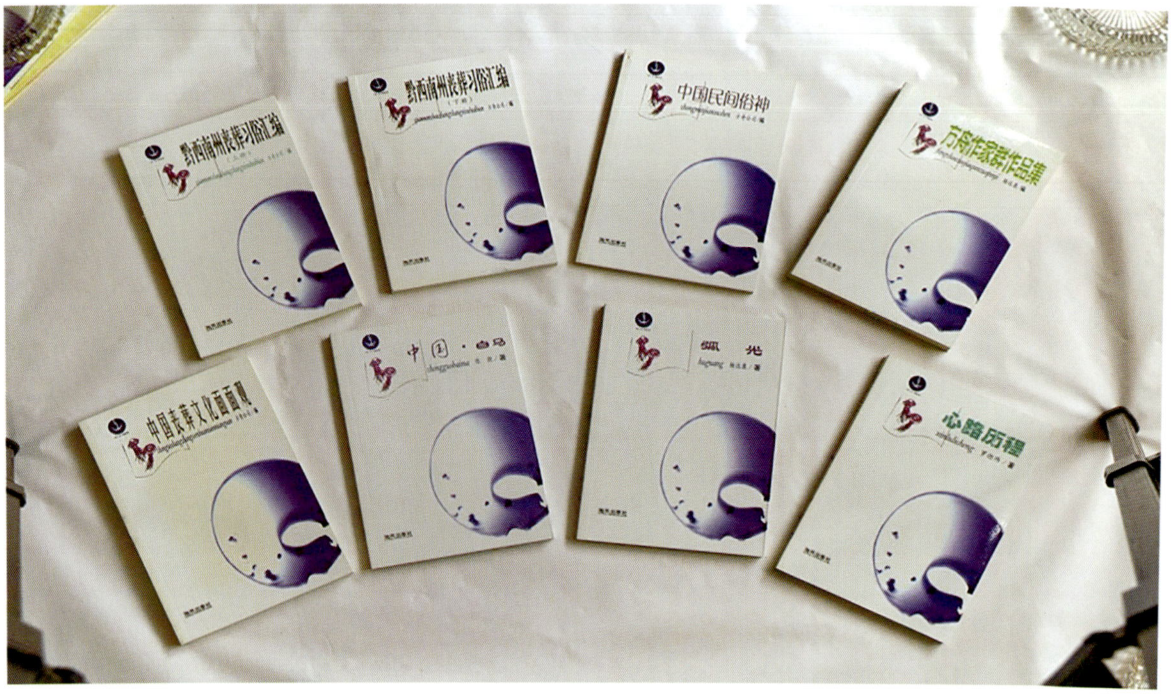

“文化方舟”丛书

职工摄影作品

跨越发展

贵州省电监办处长陶少刚（右一）到市公司110千伏城南变电站调研

解除“代管”体制推进售电侧改革试点工作启动暨签字仪式，图为公司党委书记、董事长、总经理韦延宏（右一）与州供电局局长周原（中）亲切握手

贵州金州电力有限公司董事长、总经理吕世霖在成立大会上讲话

贵州金州电力有限公司揭牌合影

战略合作协议签订现场

贞丰县煤电冶一体化产业热电联产项目开工仪式

安龙煤电化一体化产业热电联产项目开工仪式

观摩考察

公司调度中心控制室

电厂安装现场

变电站试运行调试

清水河电厂

220千伏郑屯变电站

副州长周舟（中）在220千伏变电站调研。贵州金州电力有限责任公司董事长、总经理吕世霖（右一），常务副总经理、万峰电力公司董事长韦延宏（左三）陪同

玻璃制品生产车间

州长杨永英（右二）在电厂调研

副省长陈鸣明（右二）、州委书记张政（右一）在电厂调研

走向辉煌

贵州省首批省级
文化先进企业
贵州省人民政府
一九九八年九月

贵州省
"三八"红旗集体
贵州省妇女联合会
2000.10

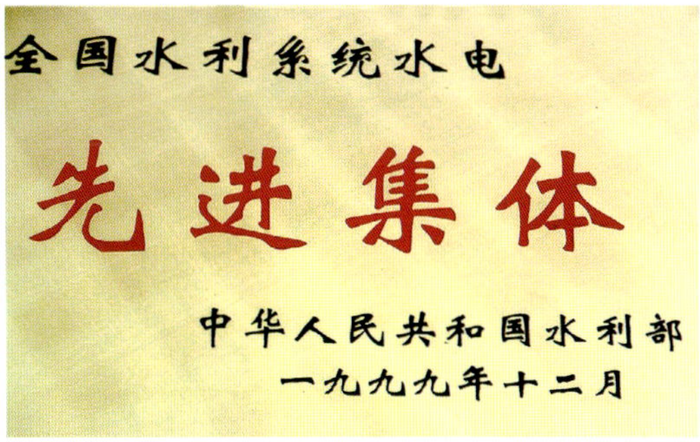
全国水利系统水电
先进集体
中华人民共和国水利部
一九九九年十二月

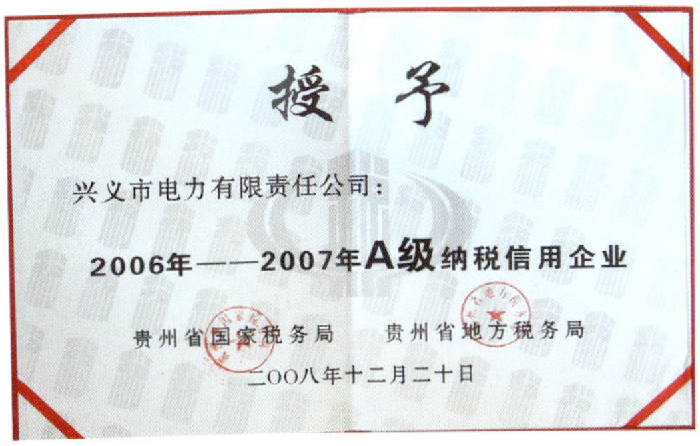
授　予
兴义市电力有限责任公司：
2006年——2007年A级纳税信用企业
贵州省国家税务局　贵州省地方税务局
二OO八年十二月二十日

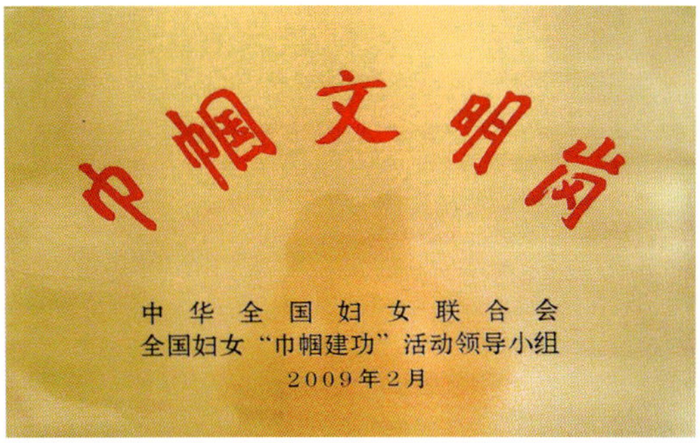
巾帼文明岗
中华全国妇女联合会
全国妇女“巾帼建功”活动领导小组
2009年2月

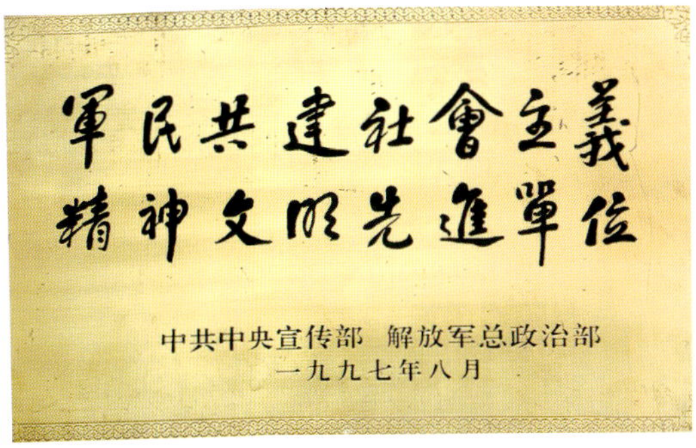
軍民共建社會主義
精神文明先進單位
中共中央宣传部　解放军总政治部
一九九七年八月

授予：
贵州省模范职工之家
贵州省总工会
二OO五年八月

不夜之城

流光溢彩

天上人间

电龙欲飞

《兴义市地方电力志》编纂人员合影

《兴义市地方电力志》审查会议合影

序

《兴义市地方电力志》即将正式出版，这是全市首部地方电力志，作用重大，意义非凡。编委会嘱我作序，回望历史，我心潮起伏，感慨很多。

我结缘电力，对电力情有独钟。电力专业学校毕业后，就到这个“带电”的单位供职，至今已二十余载。我的内心深处那台发电机，时刻搏动着电力人的血液。这源于我们所处的区域，位于珠江水系西江上游的南盘江畔，处于云贵高原向广西丘陵过渡地带，地势落差大，降雨充沛，水能蕴藏量大。贵州省第一个示范电站——狮子山水电站就建在兴义城郊，中国水电部门第一个向外国招标的窗口——鲁布革水电站厂房就建在兴义境内。一九九〇年鲁布革水电站建成，兴义市获得百分之五的留成电量及110千伏输变电设施，兴义市供电所应运而生。当年，我和同事委派到云南省滇东电业局学习变电站运行技能，回来后到110千伏城南变电站工作。

我深知电力不仅能为人们带来光明和温暖，将人们从原始的黑暗和沉重的劳作中解放出来，同时还是社会进步、经济发展的原动力。尤其是在互联网“云时代”的今天，人们对电的依赖，更是不言而喻。因此，我对这个行业充满信心和荣誉感、负重感，不能不恪尽职守。我与同事们一起，亲历单位的一系列创业、改革、进取历程，并承前启后。自担任主要负责人后，和同志们一道，为单位的创新和发展不懈努力。回顾历史，我们在希望中诞生，在坎坷中发展，在竞争中壮大，这一切，源于我们有艰苦奋斗的创业精神，有开拓进取的创新精神，有凝心聚力的企业文化。以下几个方面的创举，是单位发展的重要节点，值得一提。

一是通过多方努力，兴义市跻身全国第二批水电农村电气化建设县（市），这是兴义市地方电力发展的一个重要契机。通过近两年全市上下同心同德，多方筹措资金，群众投工投劳建设电网，兴义市于一九九五年底正式通过国家验收，成为贵州省三个水电农村电气化县（市）之一。这不仅使地方电网得到拓展壮大，形成与黔西南州供电局分片区供电的新局面，还获得国家供电营业许可，使电网经营合法化。二是于一九九八年组建了贵州南江水利电力集团，形成集发电、供电、供水等多产业为一体的产业集团，为后来的跨产业、跨区域发展奠定了基础。三是于二〇〇二年，兴义市电网归南方电网下属的黔西南州供电局“代管”，使电网得以纵深改造，行业管理得到进一步规范，企业发展迈上新台阶。四是对优良电力资产进行优化、整合，组建了贵州万峰电力股份有限公司，并于二〇一四年在全国中小企业股份转证系统挂牌，成为贵州第一个挂牌的地方电网供电企业。五是根据国发2号及国家电力体制改革有关文件，公司打破垄断，脱离南方电网黔西南州供电局“代管”，成为独立的地方电力，并于二〇一六年加盟贵州金州电力有限公司，实现跨县市、跨省区供电的格局，实施“大电强网＋大产业”的宏伟战略。

《兴义市地方电力志》的编写意义重大，这是一项浩繁的文化工程。还是在一九九九年，原南江集团就曾组建临时机构，聘请专家着手修志工作，后因企业体制发生变化，此项工作不得不一直搁置下来。直至二〇一三年，根据市委办文件和公司发展的需求，公司决定重新启动修志工作。在没有专职的修志机构、专业的修志人员和专门办公地点的情况下，参与兼职撰稿的同志，怀着对工作的深爱和修志的热诚，在搞好繁忙的本职工作的同时，利用业余时间学习修志专业知识，大量查阅资料，深入基层采访，广征博采资料。本着实事求是、去粗取精、去伪存真的原则，客观地记述兴义市地方电力发展的历史和现状，记述了公司诞生的契机，电力人创业的困惑和沉浮，创新的艰辛和困难，以及迎来成就的喜悦与欣慰。

我深知修志是一项系统工程，涉及过去现在，方方面面，需要花费不少心力、时间和部门之间密切配合。我们的修志人员，不提任何条件，不计丝毫报酬，尽心尽力，善始善终。我看到，字里行间，浸润着他们的心血和汗水。尤其是陈翰辉老专家，心系电力志近二十年，至今已年逾七旬，不顾年老体衰，多次从贵阳到公司指导修志业务，逐字逐句修改稿子，可谓用心良苦。在此，我向陈翰辉老先生，向州、市史志部门的专家，以及全体修志人员，表示最诚挚的谢意。

《兴义市地方电力志》保存了大量历史资料，可供有关部门查阅；记载了单位的发展过程中成功经验和值得吸取的教训，以利今后更好地开展工作。由衷希望我们电力人不忘历史，继往开来，开创更加辉煌的明天！

韦延宏

二〇一七年十月十八日

凡　例

一、《兴义市地方电力志》坚持以马克思列宁主义、毛泽东思想、邓小平理论、“三个代表”重要思想、科学发展观、习近平新时代中国特色社会主义思想为指导，以辩证唯物主义和历史唯物主义立场、观点和方法，以兴义市水电局供电所成立、发展与改革历程为主线，实事求是地记述了1986～2016年间，兴义市地方电力工业发展过程和工作实绩，为教育和激励电力干部职工，提供领导决策和有关单位研讨，发挥存史、教育、资政作用。

二、《兴义市地方电力志》系兴义市地方电力部门志书，记述时限，上起1986年，下迄2016年。

三、按照志书“事以类聚、横排纵写”体例，本志不以机构、职能部门分篇设目，而以相同、相近的事类设置篇、章、节、目。《概述》《大事记》《附录》不设章节。志为主体，述、记、图、表、录诸体并用。

四、本志以兴义市地方电力发展为主线，设机构与人事、电力建设、水力发电、供电、用电、调度、农村电力、安全生产、多种经营、企业管理、党建工作及企业文化等十一个章节。前设图片、概述、大事记，附录列于后，以增加全志的系统性和完整性。

五、按照志书“述而不论”的原则，本志记述事物或工作的发展变化，力求用真实准确的事实、数据说话，不作专门论述。

六、机构名称遵循“事随时记，按事发时称谓”记述的原则。如2002年出现“兴义市电力有限责任公司”等。各种名称首次出现用全称，之后用简称。凡上级颁发和本单位制定的文件，极重要者保留文件号，其余则省略。

七、凡不直接隶属于兴义市地方电力系统及其延续发展的企业，在兴义市境内从事电力生产、建设、勘测设计的单位，除在概述、工程建设、施工企业、小水电建设等有关章节中作必要的记述外，其他有关记述和统计数字均不包括在本志内。

八、本志用规范的语体文写作，使用国家语委公布的简化汉字和标点符号；所有纪年、金额、数据均用阿拉伯数字；工程数据则按照行业规范标示。

九、本志引用之数据均以统计报表为准，资料来源以兴义市电力有限责任公司、兴义市水电开发有限责任公司及贵州顶效经济开发区顶效电力公司档案为主，还参考了《兴义县志》等已核实资料。

目 录

概 述

大 事 记

第一章 机构与人事

第二章　电力建设

第三章　水力发电

第四章　供　电

第五章　用　电

第六章　调　度

第七章 农村电力

第八章 安全生产

第九章 多种经营

第十章　企业管理

第十一章 党建工作及企业文化

附 录

概 述

兴义市，位于贵州省西南部，是黔西南州州府所在地，北与本省盘县、普安、兴仁三县接界，南与云南罗平、广西西林、隆林隔南盘江相望，东与本省安龙县接壤，西与云南省富源县隔黄泥河相视，地处滇黔桂三省结合部，有“西南屏障，滇黔锁钥”之称。全市国土面积2915平方公里，截至2016年总人口83万。

兴义市历史悠久，早在距今1.2万年前的旧石器晚期，就有人类在此繁衍生息，属古人类发祥地之一。春秋战国时属牂牁国，汉朝属夜郎国，清嘉庆三年（1798年）设县，1988年撤县建市。境内的国家地质公园万峰林、国家级风景区马岭河峡谷闻名遐迩，被誉为喀斯特地貌最美的地方。兴义市地处云贵高原向广西丘陵过渡地带，水流落差极大，水能资源十分丰富，总蕴藏量108.4万千瓦。

1946年由县城商人集资法币3.5万元在湖南街旁开办了义明电灯厂。该厂用木炭烧锅炉产蒸汽带动40千瓦发电机发电，当年建成投产，年发电5.2万千瓦时，安装电灯700盏，供城区部分商号和县政府照明，结束了兴义无电的历史。1948年改用汽车引擎发供电，一直用到1956年狮子山水电站建成投产。

1956年7月，随着兴义锅底河水库（兴西湖）的建设，坝后、枫洞、柯沙坡、狮子山四个梯级水电站相继建成，共装机10台，总装机容量2309千瓦。其中装机224千瓦的狮子山电站，被贵州省水电厅确立为“贵州省第一个示范电站”。

20世纪60年代，兴义广大农村兴起群众性自办小水电热潮，在“民办公助”政策鼓励下，一批批装机小到十几千瓦乃至几千瓦的水电站相继建成。1964年，兴义掀起水轮泵建设高潮，在水轮泵轴上装上发电机的水轮泵站，遍及兴义。后来这些小水电站逐步被淘汰和取代。

1967年，装机3000千瓦的兴义火电厂建成，1976年装机4000千瓦的白水河电站投产，初步解决了兴义城乡用电。

1988年，兴义市共有小水电站14座，但全部为径流式电站，无调节能力，丰水期靠天然来水发电，年发电量仅为940万千瓦时，且这些小水电站都是孤立运行，就近供电，只能解决附近地区的少数群众照明。尽管国家电网延伸到兴义，但因处于电网末端，城区也仅有两座35千伏变电站，电网覆盖率低，全境广大地区仍然受到缺电、少电、无电的制约，地方经济发展速度缓慢。除黄泥河、南盘江之外，兴义市尚有水电上百万千瓦的理论蕴藏量，但只能看见一条条河流白白流向珠江而望水兴叹。

1989年，随着鲁布革至兴义110千伏鲁兴输变电工程的建成，依托鲁布革电站的电力能源，兴义市成立了水电局供电所，兴义市电力工业从此开始了一个崭新的里程。

兴义市供电所成立之初，上级仅仅下拨了两万元开办费，全体干部职工艰苦奋斗，从市油脂化工厂、贵州醇酒厂等一户户开始，不断发展用电负荷，逐步扩展电网。1989年建成投产35千伏跑马变电站，装机容量2×8000千伏安，电网延伸到马岭镇。

1992年南昆铁路开工建设，兴义市供电所积极支持铁路工程建设，先后兴建了35千伏威舍、革居、乌沙、顶效四座变电站，35千伏、10千伏电网迅速向市境内东、北、西部村镇延伸，同时将原有零散孤立的小水电站并入市电网运行。

1994年，兴义市被列为水利部全国第二批水电农村初级电气化建设替补县。全市上下多方筹措资金，投工投劳，掀起了水电农村电气化建设热潮。兴义市供电所迅速扩展城乡网络，1995年建成35千伏泥凼变电站、仓更变电站，加上110千伏岗上变电站，至此市境南部也被市电网覆盖，电网建设初步形成规模，各项指标达国家标准，兴义市水电农村初级电气化县建设，正式通过国家验收，并在全国水电农村初级电气化建设成果展出评比中获奖。兴义市制作的电力提灌模型，被联合国小水电中心收藏陈列。

1998年，按照水利部建设“百龙”企业的有关要求，组建了贵州南江水利电力集团，拥有兴西湖管理所、围山湖管理所、兴电实业公司、丛林电杆厂等15个子公司。初步形成集发电、供电、供水、灌溉为一体的水利电力产业集团。母、子公司共有职工一千多人。为发展地方经济和改善人民生活发挥了积极作用。

由于水利部“百龙”企业最终未能实施，兴义市农网改造贷款资金由于特殊原因，一直没有得到，导致电网建设改造滞后，加之兴义市工农业发展进程缓慢、企业供电电量上升迟缓、企业人员较多、经济负担过于沉重等诸多原因，至2001年年底，南江集团一度面临发展困惑和资金困难。

2002年，随着国家电力体制改革，兴义市决定将原南江集团分离和组合为市电力公司、市水电开发公司、顶效电力公司。市电力公司由市政府委托贵州电网兴义供电局“代管”，负责电网的经营管理；市水电公司则由市政府授权，负责兴义市境内河流及界河电站的开发和监督管理；顶效电力公司，负责顶效开发区和郑鲁万片区电网的经营管理。

通过一系列切实可行的改革措施，电力体制改革实现了平稳过渡。企业终于走出低谷，赢得生存发展新机遇，企业的改革改制取得了阶段性成果。

市水电开发公司强力推进小水电开发建设，增强系统的“造血”功能。水电公司通过投资、引资等多种筹资形式，充分利用清洁再生能源，开发黄泥河、纳灰河、木浪河等流域的梯级水电站。水电建设掀起了新的热潮，水能资源得到科学合理的开发利用。

顶效电力公司位于顶效开发区，负责兴义市东部片区顶效、郑屯、鲁屯、万屯和新兴工业园区的电力经营管理，供电区位十分重要。从2002年起，顶效公司注重电网硬件设施建设，加大农村电网建设改造力度，不断增加电网容量，为东部片区的经济发展提供了电力保证。随着东部片区工业园区的招商引资、开发建设，若干工矿企业到这里安家落户。顶效电力公司注重电网的安全、可靠、经济运行，不断提升服务质量水平，供电量实现了大幅翻番。

市电力公司接受兴义供电局“代管”之后，领导集体审时度势，着力推进符合公司实际的发展战略，充分利用小水电的上网优势，以及贵州电网、云南电网的电力下网优势，推进电网的改造和建设。

在农网改造进程中，兴义市电力公司及时上报项目，得到兴义供电局、省网公司资金方面的大力支持，实施了电网建设和农网改造工程，基本解决了供电线路及设施老化、线损率和供电成本偏高等问题。切实降低了农村电价，减轻了农业、农民和农村负担，增强系统的"输血"功能。

2008年初，黔西南州遭受到特大雪凝灾害，兴义市电网经受住了自然灾害的严峻考验；2010年，黔西南又遭遇了百年难遇的旱灾，温家宝总理亲临兴义检查灾情，总结升华出"贵州精神"。市电力公司在抗旱过程中，充分发扬"贵州精神"，攻坚克难，利用电力进行提灌，保障人畜饮水，在确保民生方面发挥了重大作用。

遵照南方电网公司"完善、规范、巩固、提高"的总体要求，市电力公司认真践行南网方略，基础管理达标先后通过省网公司、南方电网正式验收，在行业管理方面迈出了坚实的一步，树立起规范化管理的里程碑。

市电力公司以人为本，以文化为载体，充分激发调动职工主人翁的创造性和积极性，增加企业的凝聚力和向心力。公司成立了企业文联，形成了"企业作家群"。通过创办墙报橱窗、《贵州万峰电力》等多种形式，使企业文化建设丰富多彩、有声有色。为创建凝心聚力、高效集约的新型企业，提供了极大的精神动力。

市电力公司十余年来凝心聚力，艰苦创业，按照州市党委政府和南网公司的要求，在改革中发展，在发展中壮大。年供电量达15亿千瓦时，在全省县级企业名列前列；在服务行业上缴的税金中连续多年位居兴义市前三名，为地方经济发展和社会进步做出了突出贡献。

公司先后被评为州市"文明单位""先进单位"，贵州省"精神文明建设先进单位""模范职工之家""先进基层党组织"；公司经理韦延宏获黔西南州十大杰出青年、首届"贵州省青年企业家管理"创新奖，"贵州省劳动模范"称号。

一切依靠职工、一切为了职工，市电力公司大力推进民主管理，把增加职工福利列入重要工作日程，经过多方努力，在下五屯建设宿舍，进一步改善职工住房条件，确保职工福利待遇逐步提高，让职工共享企业发展的成果，使职工真正安居乐业，充分体会到企业大家庭的幸福和温暖。

但是，市电力公司的电网还存在着一些不容忽视的瓶颈问题：电源较为单一，电网结构布局不合理，电网输配容量较小，这在很大程度上制约了负荷的发展，不能适应地方工农业和人民生活用电的需求，同时也制约了地方社会经济的发展。

为改变这一现状，兴义市加大了电源点和电网建设力度，建设220千伏清水河变电站和清水河工业园热电联产项目，建成220千伏变电站2座、110千伏变电站13座、35千伏变电站16座；220千伏线路4条70.73公里，110千伏线路17条203.881公里，35千伏线路44条419.59公里；配变5052台，容量921.881兆伏安；上网水电站33座，发电机组83台，装机201.625兆瓦。

2014年8月，兴义市重新组建了贵州万峰电力股份有限公司，2015年6月19日公司在全国中小企业股份转让系统挂牌。公司下辖兴义市电力有限公司、贵州顶效开发区阳光电力有限公司、兴义市阳光电力投资有限公司、兴义市上乘发电有限公司、兴义市誉丰发电有限公司、兴义市隆腾物业管理有限公司共6个子公司。从事水电、火电资源开发、经营，以及电力设施的承装、修试等业务。

2015年7月30日，贵州万峰电力有限公司由全国中小企业股份转让系统有限公司核准上市。市委常委、常务副市长吕世霖，贵州万峰电力股份有限公司董事长韦延宏等在北京举行敲钟仪式，成为贵州省唯一上市的地方电网供电企业。公司肩负着左右江革命老区相邻地区的工农业生产“跨区域”供电任务，为地方政府“煤电铝”“煤电钢”“煤电化”“煤电冶”“煤电油”战略一体化发展提供电力保障。

2015年11月18日，兴义市人民政府与贵州电网公司兴义供电局签订终止对兴义市电力公司“代管”协议。同时，公司与贵州电网公司兴义供电局重新签订并网协议。兴义市地方电力由此形成“水火并举、发供一体、打破垄断、跨越供电”的格局，企业被列为“贵州省电力体制改革先行先试单位”。

2016年9月，公司正式加盟贵州金州电力有限公司，逐步形成跨县市、跨省区供电的“大电强网+大产业”的供电格局。

盛世修志，以史为鉴，继往开来。企业从无到有，从小到大，从南江集团到万峰电力，历经风风雨雨，不断发展壮大。贵州万峰电力股份有限公司在州市党政的领导支持下，坚持为地方社会经济服务，坚持一体化、规范化管理理念，弘扬人文精神，增强主人翁意识，上下同德同心，必将创造新业绩，谱写新篇章。

大 事 记

1988 年

12月，兴义市政府办公室发文，成立兴义市城南110千伏输变电工程筹建小组，伍先贵任组长，陶少刚、李如鱼任副组长，黄廷林、皮昌林、魏忠亮、唐顺民等人为成员，负责鲁（布革）兴（义）电工程筹备建设工作。

是年，在兴义市与云南省罗平县界河黄泥河上共建的国家重点工程——鲁布革水电站即将建成，淹没兴义市土地7841亩，移民4592人。根据原国家水电部急件〔1988〕水电计字128号文件规定，建设鲁布革水电站至兴义市城南110千伏输变电工程，110千伏城南变电站设计装机容量为2×31500千伏安，每年按鲁布革水电站年发电量的5%留成给兴义市、电价按0.0859元/千瓦时计算，用于对兴义市进行补偿，发展地方经济。

1989 年

7月15日，兴义市政府批准成立鲁兴电发展管理机构——兴义市水电局供电所。供电所体制为事业编制企业管理单位。

1990 年

3月，供电所派出三十余人到滇东电力局学习电网操作运行技术。

是年，兴义市供电所内设置线路与修试科，开展输电线路巡视、维护、检修工作。

是年，刘某、陈某等三人因盗窃110千伏鲁兴电输电线路被抓获，在鲁布格镇街上公开审判。

1991 年

2月25日，兴义市供电所城南变电站正式建成投运。

5月11日，向第一个大用户——兴义市水泥厂供电。当年，电网总供电量为306万千瓦时。

1992年

1月9日，兴义供电局对市供电所管辖的州卫校左侧线路人为短路，造成市电网直接经济损失5000余元，厂矿企业产值损失近6万元。

2月～5月，兴义供电局多次人为损坏市电网供电设施。3月26日至28日，剪断市电网州水电局线路；3月19日，人为剪断10千伏线路造成短路跳闸；5月7日，将兴义四中至油脂化工厂施工线材剪为99截，造成损失7700元；5月20日，市电网油脂化工厂线路被剪断4档，直接经济损失3800元。

5月23日，经州政府协调，形成《兴义两电网分片区供电方案》会议纪要，兴义供电局与市供电所两网之争暂时告一段落。

5月，位于工矿企业区的35千伏跑马变电站建成投运，该变电站主要承担荣盛铁厂等一大批高耗能企业用电，同时还接35千伏顶效变电站，向顶效开发区供电。

11月，在兴义大佛洞举办的“黔西南州首次人才交流现场会”上，兴义市供电所引进文艺、技术方面人才10余人。

12月24日，经贵州省水电厅、贵州省计委批准，兴义市木浪河水库正式动工建设，为市电网修建木浪河坝后电站、响革电站创造了条件。

1993年

6月18日，兴义市供电所开始实行干部聘用制、职工合同制、考核上岗制的三项制度改革。

8月29日，兴义市供电所召开第一次工会会员和职工代表大会，选举第一届工会委员会，审议并通过所长工作报告、副所长生产经营报告、劳动纪律和工资制度的有关规定。

10月，兴义市供电所调度综合办公大楼建成投用，大楼共六层，总建筑面积2300平方米，从此结束供电所租房办公历史。

11月15日，兴义市供电所民兵军乐队成立。之后更名为民兵军乐团，共有专兼职队员近40人，管乐、打击乐40余件。这是黔西南州第一只民兵军乐团，也是全省水电系统第一只民兵军乐团。

1994年

3月12日，由三江口电站供电的沧江发生特大电力伤亡事故。事故原因是10千伏线路变压器安装不规范，导致10千伏避雷线与低压侧中性线相碰，用户开灯时，灯泡烧坏，更换灯泡时遭到电击，造成死亡三人、重伤六人、轻伤十多人的特大事故。

3月，兴义市兴电实业公司成立，主要生产经营电缆、电杆、电镀、电器物资等项目产品。

4月10日，兴西湖水库梯级电站并入市电网发电。

5月13日至14日，水利部农电司、省政府办公厅、省计委、省水电厅、省电气化办公室、省水电设计院，以及州、市政府有关职能部门负责人和技术专家，在州水电局会议室召开了“兴义市电气化项目暨110千伏城南变续建和兴义至泥凼35千伏输变电工程审查会”，经与会人员充分讨论通过，原则同意110千伏城南变续建和《兴义至泥凼35千伏输变电工程建设方案》，为兴义市实现水电农村初级电气化奠定了基础。

5月，经兴义市政府申请，兴义市被水利部批准列入“全国第二批水电农村初级电气化县建设”替补县（市）。

6月，兴义市供电所参加黔西南州首届“建行杯”企业文艺调演，自编自演的节目《军乐联奏》获一等奖，小品《触电》荣获二等奖。

8月，经贵州省公安厅批准，兴义市供电所经济民警分队成立，定编30人，负责供电所内部保卫和重点目标守护。

1995年

2月，兴义市供电所荣获团市委授予的“青年文明号”称号。

4月，水利部司长郑贤在贵州省水电厅领导陪同下，到兴义市供电所考察工作。

6月19日，兴义市人民法院在鲁布格镇召开宣判大会，对盗窃110千伏鲁兴线电力设施的吴某权、高某军、尹某富、胡某华等人分别判处有期徒刑。

7月，110千伏城南变二期增容31500千伏安工程竣工，进一步保证了兴义市电网枢纽的安全、可靠、持续运行。

同月，35千伏威舍变电站投运，承载威舍开发区和南昆铁路的建设施工用电。

8月，35千伏泥凼变电站建成投运。

10月，兴义市供电所被贵州省妇女联合会评为“贵州省‘三八’红旗集体”。

11月3日至4日，受贵州省人民政府委派，贵州省计委、贵州省水电厅组织有关部门领导和专家对兴义市水电农村初级电气化工作进行检查验收，一致认为兴义市已达到水利部颁布的《小水电农村初级电气化标准》SL30–92各项指标要求，正式通过全国第二批水电农村初级电气化验收。

12月，杨远康、贾崇麟、查海鹰受委派，负责“全国第二批水电农村电气化建设成果展”贵州展厅的设计制作参展，获最佳组织奖和“全国最佳设计奖”（共2名）。中央电视台采访了贵州展厅，并对兴义市水电农村电气化成果作特别报道。

是年，兴义市供电所被贵州省水电厅评为1995年度“贵州省地方电力先进集体”。

1996年

3月，兴义市供电所企业标准化管理工作启动，并被定为贵州省水电厅全省水电系统“企业标准化管理试点单位”。

4月16日，兴义市供电所、武警黔西南州支队召开誓师大会，签订协议，结对建设“警民共建社会主义精神文明单位”。

5月7日，兴义市供电所文学艺术界联合会成立。文联下设文学创作组、书画组、音乐舞蹈戏剧组、摄影组。共有正式会员42人，预备会员16人。该文联为全省水电系统第一个基层文联。

5月10日，兴义供电局故意损坏市电网北门油脂化工厂10千伏输电线路，拔倒电杆2根，供电线路被剪断为97截，造成该片区停电，两网矛盾进一步激化。

6月12日，兴义市地方电力局正式成立。

7月8日，兴义市地方电力总公司成立，与市地方电力局实行“两块牌子、一套人马”管理模式。

7月，由州委、州政府组织有兴义供电局局长曹家德、兴义市地方电力局局长陶少刚参加的电力体制考察组，赴福建、云南、四川等地考察有关两网电力体制情况，寻找协调解决两网矛盾的办法。

9月6日，兴义供电局、兴义市地方电力局为了避免交叉供电，本着尊重历史、结合实际、保证安全、共同发展的原则，签订两电网分片区《供电协议》，结束了两网长达六年的电网之争。

12月31日，兴义市地方电力局人民武装部成立。

12月，兴义市地方电力局荣获贵州省全民国防教育委员会“贵州省全民国防教育先进单位”称号。

1997年

5月，35千伏跑马变电站技改工程结束。

6月13日，兴义市地方电力有限责任公司成立，按照现代企业制度改制，逐步走向规范化运作。

6月，35千伏乌沙变电站建成投运。

7月，兴义市电力有限责任公司被贵州省民政厅、省军区政治部授予“拥军优属先进企业”。

8月18日，经贵州省技术监督局批准，将兴义市地方电力有限责任公司列入1998年贵州省“建立企业标准化体系试点单位”。

8月，兴义市地方电力有限责任公司被省委宣传部、省军区组织部评为“贵州省军（警）民共建社会主义精神文明先进单位”。

同月，兴义市地方电力有限责任公司被成都军区司令部、动员部、组织部、群工部评为“先进青年民兵之家”。

同月，兴义市地方电力有限责任公司被中共中央宣传部、解放军总政治部评为“军民共建社会主义精神文明先进单位”。

同月，35千伏仓更变电站建成投运。

10月，由水利部李其道、白林、刘自箴组成的专家组到公司考察，写出考察报告，一致认为兴义市地方电网实行了自身发展的“三次飞跃”，为组建水利电力集团、申报水利部“百龙工程”打下了坚实基础。

是年，兴义市地方电力有限责任公司档案管理达省级先进标准。

是年，兴义市地方电力有限责任公司被贵州省水电厅评为“建立现代企业制度先进单位”。

1998年

1月18日，兴义市地方电力有限责任公司成立木浪河水电开发指挥部，负责木浪河坝后电站、响革电站建设。

2月16日，贵州省经贸委、贵州省体改委正式批复，同意以兴义市地方电力有限公司为母公司，组建贵州南江水利电力集团。子公司有兴义市兴西湖水电实业有限公司、兴义市围山湖水电实业有限公司、兴义市宏图水电实业公司、木浪河水库、兴电实业公司、丛林电杆厂。贵州省水电厅地方电力总公司作为关联层，普安县地方电力公司、盘县地方电力公司作为协作层加入集团。

3月11日，武警黔西南州支队、兴义市地方电力局共建的“警民加油站”，在南环路动工建设。

4月12日，为加快木浪河坝后电站、响革电站建设，南江集团公司决定发起购买职工内部融资券。

4月29日，贵州南江水利电力（集团）有限公司与贵州省水利水电勘察设计院，共同设立“贵州省水利水电勘察设计院兴义分院”。

4月，贵州省水利电力厅授予贵州南江水利电力（集团）有限责任公司“1997年建立现代企业制度先进单位”。

5月6日至12日，贵州南江水利电力集团在黔西南州体育场主办滇东电网第二届“团结杯”篮球赛，有10支男队、7支女队参赛，南江集团男队获亚军。

5月13日，经国家水利部批准，贵州南江水利电力（集团）有限责任公司被列入水利部“百龙工程”企业。

5月21日，向兴义市卫生局申报成立“贵州南江水利电力集团南江医院”。8月14日，成立南江医院工作筹备组，负责前期筹备工作。

5月27日，由14名专家、工程技术人员组成的专家组，对南江水利电力（集团）有限责任公司的标准体系进行审查，技术标准、管理标准、工作标准等“三大标准体系”均达到国家有关标准。最后一致通过贵州省水利电力厅、贵州省技术监督局认证验收。

5月27日，贵州南江水利电力（集团）有限责任公司正式挂牌成立。

7月8日，经贵州省公安厅批准，兴义市供电所经济民警分队扩编为南江集团经济民警大队。

8月，南江（集团）有限责任公司正式取得“供电营业许可证”，获得了供电的合法资格。

9月20日，南江（集团）有限责任公司《基本管理制度》正式颁布实施，共11章72条。

9月，南江集团荣获贵州省委、贵州省政府“贵州省首批省级文化先进企业”称号。

11月14日，南江医院正式开业。该医院位于那坡原兴义市水利局内，与州医院联合开办，下设门诊部、内科、外科、妇产科等科室，推行“整体护理”医护管理模式。

12月25日，经集团公司董事会批准，将原《地方电力通讯》改为《南江水电报》(月报)。

12月28日，南江集团与贵州人民广播电台签订协议，从次年1月中旬起，为南江集团开设“南江之声”系列报道。共播出10余集，全方位多角度对企业进行宣传报道。

12月，南江集团有限责任公司荣获贵州省委、贵州省政府“1995—1998年度文明单位”称号。

1999年

1月11日，《南江集团志》编纂领导小组和编纂委员会成立。

1月25日至30日，由南江集团主办，武警黔西南州支队、武警黔西南州消防支队、兴义市文化体育广播电视局协办的“联谊杯”篮球赛在兴义大佛洞举行，共有9支代表队参赛。

2月11日，经兴义市政府批准，同意市农机公司兼并给南江集团，作为集团紧密层全资子公司。

2月11日，经兴义市政府批准，同意兴建110千伏城南变电站至顶效合兴35千伏输电线路工程，解决郑屯、鲁屯、坡岗片区的用电。

2月26日，经贵州省体改委批准，同意成立“贵州南江水利电力（集团）股份有限公司筹备委员会”。设董事长、副董事长、总经理职位及监事会。

3月2日，“南江集团车辆贸易有限责任公司”成立，作为南江集团紧密层的全资子公司，与兴义市农机公司实行“两块牌子、一套人马”管理模式。主要从事各种车辆、农机和建材经营业务。

3月2日，“南江集团科技有限责任公司”成立，作为南江集团紧密层的全资子公司。主要从事电脑销售、维修、软件开发和人员培训等业务。

3月12日，兴义市召开农村电力体制改革、农村电网改造会议，全面启动“两改一同价”工作。明确由兴义市地方电力局负责有关业务工作。

4月13日，南江集团下发文件，实行“机构改革、转岗分流、减人增效、竞争上岗”措施。

5月14日，经兴义市政府批准，同意南江集团参与组建“贵州省水利地方电力有限公司”。用城南变至跑马变35千伏输变电工程资产（价值829.5万元），同时配备适当资金，作为参建股本。

7月20日，南江集团决定组建凯悦大酒店，主要从事旅店、餐饮、会议服务等业务。

9月28日，共青团中央组织部将南江集团团委确定为“全国五四红旗团委创建单位”，后获“全省五四红旗团委”称号。

11月3日，为搞好兴义市农村电网的建设与改造，加快农电的“两改一同价”步伐，兴义市地方电力局成立“农网改造与建设领导小组”。

11月10日，经兴义市政府批准，同意兴建110千伏城南变电站至巴结箐口35千伏输电线路工程，解决则戎、巴结、箐口、红椿、歪染片区用电。

11月12日，经兴义市政府批准，兴建敬南春天坪至七舍35千伏输电线路工程，解决七舍、雄武、白碗窑、猪场坪、捧乍片区的用电。

12月30日，经贵州省旅游局批准，同意成立“贵州南江水利电力集团南悦旅行社有限公司”。

12月，贵州南江水利电力（集团）有限责任公司被评为“全国水利系统水电先进集体”。

2000年

1月，《南江基本准则》发布，共六章九十五条，后由于缺乏可操作性，被废止。

1月12日，兴义市成立农村中级电气化领导小组，负责申报、规划、实施电气化县（市）建设工作。

3月28日，黔西南州水电局将兴义市上报为“十五”水电农村电气化建设县（市），后获准。

4月21日，“南江集团实力合金矿产有限公司”成立，充分发挥鲁布革电站留存电量的优势，拓宽三产渠道。

7月29日，根据“国发〔1999〕2号”和“兴府〔1999〕9号”文件精神，对农电工实行“统一考试、考核、择优录用”，34名农电工被兴义市地方电力局正式聘用。

2001年

1月4日，贵州省水利厅以黔水电〔2001〕2号下发《关于对兴义、普安两市县地方电网实施“托管”的意见》文件，南江集团向省政府表明不愿意被托管的意见。

1月15日，南江集团与兴义市第二建筑公司共同组建第二工程处。

2月16日，南江集团向省政府、国务院办公厅传真电报，反映贵州省电力公司胁迫地方政府，强行代管兴义、普安地方水电企业，严重侵害职工利益的情况。

3月15日，南江集团成立“三个代表”重要思想学习教育活动领导小组。小组下设办公室，开展具体工作。并对万屯镇贡新村、新桥村实行对口教育帮扶。

7月23日，南江集团上报普梯水电站技改工程项目，总投资3497.55万元，总装机2×3500千瓦。

2002年

2月10日，经兴义市人民政府决定，成立兴义市电力有限责任公司，负责兴义市电网建设和经营管理。

2月28日，兴义市人民政府、兴义供电局签订《关于对兴义市电力有限公司实行代管的协议书》。明确了代管的目的、范围、产权及税收等事宜。

4月25日，经兴义市经济贸易局批准，同意建设木浪河（二级）响革电站技改工程项目，流量1.95立方米/秒，装机2400千瓦。

5月29日，市电力公司与马岭镇政府签订《马岭水电公司移交协议书》，明确有关移交事宜。

7月17日，经兴义市人民政府批准同意贵州醇酒厂兼并南江医院，人、财、物，一并无偿交给酒厂下属市人民工人医院全面管理。

8月1日，鲁布革电站留存电量及价差由市政府委托南江集团按年度代为结算，价差暂用于南江集团解决生活困难和发展水电事业。

8月20日，市电力公司成立白碗窑供电所，负责该片区的工农业生产及群众生活用电。

8月21日，经贵州省经济贸易委员会批准，同意建设兴义普梯二级（犀牛塘）水电站技术改造项目，装机6600千瓦，总投资3238万元。

9月12日，市电力公司分别与安龙县供电局、普安县电力公司、盘县特区地方电力公司签订《供电营业区边界划分协议》，明确两相邻县市供电范围。

9月13日，市电力公司分别与罗平县、富源县供电有限责任公司签订《供电营业区边界划分协议》，明确两县市供电范围。

9月19日，兴义市人民政府、罗平县人民政府签订《关于老江底电站开发事宜的协商意见》，同意共同开发建设老江底电站。

9月20日，市电力公司与白碗窑镇政府、白龙综合厂电站签订《兴义市白碗窑镇农村10千伏电网移交协议》。

10月15日、16日，市电力公司分别与西林县供电公司、隆林县供电公司签订《供电营业区边界划分协议》，明确两相邻县市供电范围。

10月30日，南江集团成立人事改革协调领导小组。11月15日，召开职工代表大会，正式开展机构人事改革。

11月8日，市电力公司与仓更镇政府签订《仓更镇鸡场片区10千伏电网移交协议书》。

2003年

1月10日，经兴义市人民政府研究决定，成立兴义市水电开发有限责任公司，负责兴义市境内河流和界河的开发建设。

5月14日，市电力公司与纳省河水电发展有限公司签订《纳省河电站发电上网协议》。

8月25日，市电力公司与大田河水电开发有限公司签订《大田河落生、大地水电站上并网协议》。

9月1日，兴义市人民政府、罗平县人民政府签订《关于共同开发老江底电站的协议》。

9月13日，市电力公司成立纠风和行风建设工作领导小组。

12月16日，市电力公司成立竞聘上岗职工年度考核工作领导小组。

2004年

3月11日，市电力公司与兴义供电局签订《行风建设责任书》。

4月12日，农村电网建设与改造工程验收领导小组成立。

4月20日，兴义市普梯水电站建设攻坚指挥部成立，负责抢抓工期建设。

9月17日，普梯水电站建设正式建成发电。

11月23日，市电力公司成立土建招投标领导小组，负责土建工程招投标工作。

12月18日，民主评议公司经理层领导。

2005年

3月3日，市电力公司与兴义市明发水电开发有限公司签订《杨家冲电站、阿依电站、威舍电站上网协议》。

3月24日，农村电网建设与改造结算工作领导小组成立。

3月28日，兴义黄泥河发电有限责任公司装机2×50000千瓦的老江底水电站正式开工建设。罗平县政府、兴义市政府及有关部门参加开工典礼，州委书记、黔西南州州长与会。

4月15日，市电力公司成立监事会。

4月28日，市电力公司与纳灰河发电有限责任公司签订《纳灰河一、二级水电站上网协议》。

6月10日，市电网“十一五”规划编制工作领导小组成立。

6月20日，市电力公司成立创建文明单位工作领导小组。

7月，公司工会被贵州省总工会评为“贵州省模范职工之家”。

8月18日，110千伏老江底电站施工用电送变电工程启动验收委员会成立。

11月10日，市电力公司与普梯发电公司签订《普梯一、二级水电站发电上网协议书》。

11月11日，市电网35千伏顶效变电站、合兴变电站接入110千伏顶效变电站运行。

12月1日，市电力公司被兴义市政府评为“纳税先进企业”，此后7年，连年获此荣誉。

2006年

8月1日，市电力公司与纳灰河发电有限责任公司签订《小水电上网合同》。

8月14日，市电力公司与兴义供电局签订《加快农电发展，服务新农村建设责任书》。

8月29日，市电力公司成立企业史志编纂工作领导小组。

8月31日，市电力公司“95598”客户服务中心成立。

11月13日，市电力公司与兴义供电局签订《电费解交协议书》。

12月，市电力公司被贵州省委、省政府评为“全省精神文明建设工作先进单位”。

2007年

1月1日，市电力公司与兴义供电局签订《明确供电服务区域协议书》。

3月14日，市电力公司被授予“2006年黔西南州知名企业”称号。

9月7日，成立电力保卫大队。

10月1日，《兴义市电力公司县级电网“十一五”规划图集》开始编写。

10月29日，市电力公司与兴义市双桥河水电开发公司签订《小水电上网合同》。

2008年

1月18日，市电力公司成立“抗冰保电青年突击队”，开赴七捧高原开展抗冰保电工作。

2月29日，市电力公司工会委员会成立下属分工会。

3月1日，市电力公司与兴义市政府签订《兴义市社会消防工作目标管理责任书》。

3月10日，市电力公司与兴义市经贸局签订《兴义市经贸系统党风廉政建设责任书》。

3月30日，市电力公司与兴义市政府签订《兴义市直机关目标绩效管理责任状》。

6月17日，兴义供电局严格按照南方电网公司县级供电企业基础管理达标考评的五项考核标准（安全管理、节能降耗、电压质量与供电可靠性、经营管理、营销与优质服务），对市电力公司基础管理达标工作进行了考评，顺利通过验收。此后，市电力公司的基础管理达标工作，先后通过贵州省电网（力）公司、中国南方电网公司达标验收。

7月1日，市电力公司与兴义市经贸局签订《兴义市经济贸易局2008年维稳信访责任状》。

7月1日，市电力公司、市水电公司成立企业文化建设领导小组，同日成立企业文化发展部，召开“兴义市电力系统企业文化建设发布大会”。

7月，市电力公司被贵州省委党的建设领导小组评为“五好基层党组织”。

8月8日，市电力公司成立“代管县级供电企业上划工作领导小组”，同时成立“县级供电企业清产核资领导小组”。

12月20日，市电力公司被贵州省国家税务局和贵州省地方税务局评为2006～2007年A级纳税信用企业。

12月，市电力公司被贵州省委、省政府评为“全省精神文明建设工作先进单位”。

2009年

2月，市电力公司被中华全国妇女联合会评为“巾帼文明岗”。

4月30日，公司团委举办“团员风采大赛”活动。

10月12日，市电力公司举行“2009年变电技能竞赛”。

11月3日，市电力系统举办2009职工野钓大赛。

2010年

1月，市电力公司被贵州省档案局评为贵州省企业档案管理四星级单位。

5月19日，市电力公司下达创建基础管理达标优秀企业实施方案。

10月27日，市电力公司成立“安全生产风险管理体系建设组织机构”。

11月30日，市电力公司与云南电网公司曲靖供电局签订了趸售电价合同。

2011年

2月12日，兴义供电局任命韦延宏任市电力公司经理，秦勇任副经理。

3月8日，兴义市政府对市电力公司变更董事会、监事会人员的请示进行了批复。同日，任命韦延宏为市电力公司经理。

3月24日，中共兴义市委任命韦延宏为市电力公司党委书记。

4月12日，市电力公司召开党员代表大会，选举党委委员会委员、纪律委员会委员。

5月7日，市电力公司马岭供电所发生“5·7事故”，职工丁山触电死亡。公司因事故停工整顿一周，5月16日，召开“5·7事故”安全整改启动大会。

10月26日，市电力公司被黔西南州委、州政府评为“第六届贵州旅游产业发展大会”承办先进集体。

2012年

3月8日，市电力公司工会举办三八节·第九套大众广播体操比赛，同时对2011年先进女职工进行表彰。

9月6日，选送的诗歌《我们是南网电力人》在兴义供电局举办的“永远跟着党，青春筑南网”主题创作朗诵比赛中获一等奖。

10月5日，市电力公司安全生产风险管理体系建设工作，顺利通过专家组评审，并达到二钻目标。

10月28日，市电力公司代表队在兴义供电局举办的全州供电系统变电运行岗位技能比赛中，荣获团体一等奖。

11月30日，兴义市电力系统举办市电力公司、市水电公司、顶效电力公司“成立十周年庆典活动”，放映专题片《凝心聚力铸辉煌》，发放画册《风雨彩虹》。

2013年

1月24日，市电力公司被兴义供电局表彰为2012年度党风廉政建设先进单位。

2月25日，市电力公司成立《兴义市电力志》编纂委员会，韦延宏任编委会主任，杨远康任主编，编纂办公室设在新闻中心，陈朗任办公室主任。

2月27日，市电力公司通过贵州电网公司2012年度安全生产风险管理体系审核，并顺利通过2钻验收。

4月22日至28日，市电力公司举办了第二届“协力杯”篮球运行会。

7月，市电力公司在2012年度全省“安康杯”竞赛活动中，被贵州省总工会、贵州省安全生产监督管理局评为优胜单位。

7月，市电力公司党委被中共贵州省党的建设工作领导小组评为全省机关企事业单位党建工作先进党组（党委）。

8月2日，市电力公司城区供电所、下五屯供电所被贵州电网公司确认为2013年度一体化管理示范供电所。

12月2日，市电力公司被贵州电网公司评为第二批县级供电企业廉洁文化建设示范单位。

2014年

1月，市电力公司被贵州省安全生产委员会办公室评为“贵州省安全文化建设示范企业”。

4月17日，经兴义市政府专题研究决定，将兴义市水电开发公司、兴义市电力有限公司、贵州顶效开发区顶效电力公司无偿划转至贵州兴义阳光资产经营管理集团有限公司。

8月14日，经兴义市政府常务会议研究决定，同意由兴义万峰电力发展有限公司（由兴义市水电开发有限责任公司更名，经股权分置改革后更名为贵州万峰电力股份有限公司），作为兴义阳光集团公司电力板块的上市主体，完善法人治理结构。

10月，市电力公司在曲靖电网公司举办的曲靖电网第十届“团结杯”篮球运动会中，获得男子亚军。

11月10日，市电力公司首批建设的220千伏清水河变电站、郑屯变电站建成投运。

12月31日，市电力公司在万峰林举行了主题为“快乐行走、辞旧迎新、亲近自然”职工徒步活动。

12月，市电力公司被贵州省精神文明建设指导委员会评为“2012～2014年度全省精神文明建设工作先进单位”。

12月，市电力公司第一个独立自动化机房建成投运。

2015年

4月9日，市电力公司在全系统内开展中层干部读书活动，每月一本，并要求上交读书笔记。

4月15日，经市电力公司三届一次职代会通过，下发《兴义市电力公司基本管理制度》修订稿。

6月17日，市电力公司完成中央电视台在兴义万峰林“唱支山歌给党听”主题歌会保电工作，同时组队参加该项活动。

6月19日，贵州万峰电力股份有限公司在全国中小企业股份转让系统挂牌。下辖兴义市电力有限公司、贵州顶效开发区阳光电力有限公司、兴义市阳光电力投资有限公司、兴义市上乘发电有限公司、兴义市誉丰发电有限公司、兴义市隆腾物业管理有限公司6个子公司。经营水电、火电资源开发、经营，以及电力设施的承装、修试。

7月30日，贵州万峰电力股份有限公司在全国中小企业股份转让系统有限公司在核准上市，市委常委、常务副市长吕世霖，贵州万峰电力股份有限公司董事长韦延宏等在北京举行敲钟仪式。这是贵州省唯一上市的地方电网供电企业。

10月9日至13日，市电力公司完成在兴义召开的首届国际山地旅游大会保供电工作。

11月18日，兴义市人民政府与贵州电网公司兴义供电局签订终止对兴义市电力公司“代管”协议。同时，公司与贵州电网公司兴义供电局重新签订并网协议。

同年，兴义市地方电力被列为“贵州省电力体制改革先行先试单位”。

2016年

2月5日，市电力公司与兴义市人民政府签订兴义市2016年安全生产工作目标和任务责任状。

2月24日，市电力公司与兴义供电局联合召开资产清理工作会议，并形成会议纪要。

3月7日，兴义供电局、市电力公司联合发文，成立资产清理工作领导小组。

3月17日，为确保“十三五”期间兴义市电网工程建设有序推进，成立城市电网、农村电网升级改造建设领导小组。

7月5日，黔西南州人民政府第六十二次常务会议就组建贵州金州恒通电力有限责任公司有关事宜进行议定，并形成专题会议纪要。

9月13日，市电力公司成立“七五”普法依法治企工作领导小组。

9月28日，市电力公司与黔西南州人民政府及兴义市人民政府签订兴义市新一轮农村电网改造升级电网建设目标责任书。

9月30日，黔西南州人民政府发文，任命韦延宏为贵州金州电力有限责任公司董事、副总经理。

11月16日，市电力公司与云南电网有限责任公司曲靖供电局签订电力调度协议。

11月29日，黔西南州人民政府副州长周舟到贵州金州电力有限责任公司进行调研检查指导工作。

第一章　机构与人事

兴义市供电所从1988年12月29日开始筹建，于1989年7月15日正式成立。其体制随着国家政治体制的变化，经历了政府行政管理、政改企等阶段。单位名称也几经变化：成立之初命名为兴义市水电局供电所。1996年6月12日更名为兴义市地方电力局。1996年7月8日成立兴义市地方电力总公司，与兴义市地方电力局实行两块牌子，一套人马，隶属市水利电力局管理。1998年2月26日，按照水利部“百龙”企业的有关要求，经贵州省经贸委、体改委批准成立贵州南江水利电力集团，仍保留兴义市地方电力局名称及人员编制。2002年，为顺应国家电力体制改革需要，兴义市人民政府将原南江集团（含兴义市地方电力局）进行企业改造重组，分别于2002年2月10日成立兴义市电力有限责任公司；2002年12月10日成立兴义市电力有限责任公司顶效公司；2003年1月10日成立兴义市水电开发有限责任公司。2014年4月17日，经兴义市人民政府专题会议研究，同意将兴义市水电开发有限责任公司、兴义市电力有限责任公司、贵州顶效经济开发区顶效电力公司无偿划转至贵州兴义阳光资产经营管理集团有限公司。2014年8月14日，经兴义市人民政府常务会议研究，同意由兴义万峰电力发展有限公司（由兴义市水电开发有限责任公司更名，经股权分置改革后更名为贵州万峰电力股份有限公司）作为兴义阳光集团公司电力板块的上市主体，完善法人治理结构。2015年6月19日，贵州万峰电力股份有限公司在全国中小企业股份转让系统挂牌。

第一节　机构沿革

一、公司（所、局）

1988年12月29日，兴义市城南110千伏输变电工程筹建小组成立。

1989年7月15日，兴义市水电局供电所成立。

1996年6月12日，兴义市人民政府批复，兴义市水电局供电所更名为兴义市地方电力局，机构级别为副局级，仍隶属于兴义市水利电力局。

1996年7月8日，兴义市地方电力总公司成立，与兴义市地方电力局实行两块牌子，一套人马，隶属市水利电力局管理。

1997年6月13日，兴义市人民政府研究，同意将“兴义市地方电力总公司”进行改制，设立兴义市地方电力有限责任公司，与兴义市地方电力局实行两块牌子，一套人马，隶属市水利电力局管理。

1998年2月26日，贵州南江水利电力集团成立5月27日，挂牌。

2002年2月10日，将贵州南江水利电力集团有限责任公司中的供电资产剥离出来，成立兴义市电力有限责任公司，归口兴义市经济贸易局管理。

2002年12月10日，兴义市电力有限责任公司顶效公司成立，负责经营管理原闹山湖水电实业公司电力设施和资产，在“三屯一效”行政区域开展供用电营业业务。

2003年1月10日，兴义市水电开发有限责任公司成立，负责兴义市的水能资源开发。2014年5月5日，更名为“兴义万峰电力发展有限公司”；2014年10月，更名为“贵州万峰电力股份有限公司”。

2003年1月8日，顶效公司更名为“贵州顶效经济开发区顶效电力公司”。2005年4月30日，复更名为“兴义市电力有限责任公司顶效电力公司”。2007年8月2日，恢复为“贵州顶效经济开发区顶效电力公司”。2014年5月，更名为“贵州顶效经济开发区阳光电力有限公司”。

兴义市电力系统管理机构沿革表

表1-1

机构名称	起止时间（年月）	上级主管
兴义市水电局供电所	1989.7–1996.6	兴义市水电局
兴义市地方电力局	1996.6–2002.2	兴义市水利电力局
贵州南江水利电力集团	1998.2	兴义市经济贸易局
兴义市电力有限责任公司	2002.2–2016.12	兴义市经济贸易局，后机构名称更名兴义市工科局
兴义市水电开发有限责任公司	2003.1–2014.5	兴义市经济贸易局
兴义万峰电力发展有限公司	2014.5–2014.10	兴义市经济贸易局
贵州顶效经济开发区顶效电力公司	2003.1–2014.5	兴义市经济贸易局
贵州顶效经济开发区阳光电力有限公司	2014.5–2016.12	贵州兴义阳光资产经营管理集团有限公司
贵州万峰电力股份有限公司	2014.5–2016.12	贵州兴义阳光资产经营管理集团有限公司

兴义市电力有限责任公司主要负责辖区内输配电网的管理、维护、运行、电网改造和乡镇供电所的管理工作，确保输配电网的安全运行。

兴义市水电开发有限责任公司主要负责兴义市的水能资源开发，对辖区里的水电站进行统一管理。

贵州顶效经济开发区顶效电力公司主要负责顶效经济开发区辖区内的电力供应、维护、电网改造及供电所、变电站的管理工作。

贵州万峰电力股份有限公司主要负责水电资源开发、承装（修、试）电力设施。

二、内设机构

1989年12月，成立之初，设所长室、副所长室、工程师室、办公室、110千伏城南变电站、35千伏跑马变电站、生产调度科、生产计划科、用电管理科、用电监察科、技术安全科、保卫科、总务科、财务物资科、线路队，共计15个科室。

1990年，机构设置调整为：所长室、副所长室、工程师室、办公室、城南变电站、跑马变电站、调度科、生产计划科、用电管理科、技术科、保卫科、后勤科、财务物资科、线路与修试队，共计15个科室。

1992年，机构设置调整为：办公室、工程师室、调度科、用电管理科、生产技术科、财务物资科、安全监察科、线路及修试队、城南变电站、跑马变电站、总务科，共11个科室。

1993年，成立威舍工区、驻敬南用电业务管理站、驻乌沙用电业务管理站、企业管理科、生产技术管理部、职工教育培训中心、线路（建设安装）一队、线路（维修管理）二队、多种经营服务部、变电工区。撤销原生产技术管理科、原线路队、原电器经营部。

1994年，成立宣传教育科、职工教育培训中心、保卫科。撤销原职教办、企管科、宣教科。

1995年，恢复宣教科、企管科，设劳资科。

1996年，调整内部机构设置为政工部、生产技术科、财务科、计划统计科、安全监察科、劳动工资科、企业管理科、总务科、保卫科、物资科、农电科、局办公室、勘测设计规划室、用电管理所、调度通信所、变电检修试验所、变电运行管理所、输电管理所、职工教育培训中心、电能计量测试中心。

成立威舍供电工区、乌沙供电工区、微机信息管理中心、政工部。

1997年，调整内部组织机构设置，设五个中间管理组织机构，即行政后勤部、生产管理部、工会、局办、兴电实业公司。行政后勤部下设政工科、宣传科、财务科、劳资科、保卫科、审计科、基建科、企管科、总务科、标准化管理办公室；生产管理部下设用电所、调度通讯所、检修试验所、输电管理所、变电运行管理所、乌沙供电工区、威舍供电工区、物资科、农电科、安监科、用电稽查队、设计室、车队。

1998年内设机构进行调整。行政部门：经理部、政治部、用电部、新闻宣传中心、企业发展部、审计部、法律公关部、经营中心、人劳部、财务部、投资开发部、后勤部、电能计量检测中心、保卫部、物资部、培训中心、电力用油监测中心、用电监察中心、信息中心、生技部、安监部。生产部门：各工区、电网部、检修部、城南变、跑马变、车队、威舍变、乌沙变、仓更变、泥凼变、革居变、用电一部、用电二部、用电三部。

1999年，撤销人劳部、宣传中心。在政治部下设劳资科、宣传科。撤销投资开发部，在物资部设基建科，将企业发展部更名为企业发展研究中心。中层管理机构包括总裁办、经理部、政治部、财务部、证券部、安监部、企业发展研究中心、生技部、培训中心、调度中心、用电部、物业部、科技信息中心，共13个。在各中层管理机构下设的科室、中心及各变电站、各用电营业所为初级管理机构，共计30个（物业部下设总务科、保卫科、基建科；财务部下设物资科；政治部下设劳资科、宣传科；用电部下设计量检测中心、电费科、农电科、线损科、多经科、下五屯所、则戎所、敬南所、巴结所、泥凼所、仓更所、七捧所、雄武所、品甸所、鲁布格所、威舍所、乌沙所；生技部下设设计室、城南变、跑马变、威舍变、仓更变、乌沙变、泥凼变）。

2001年，设立水电农村电气化实施办公室，用电部增设综合科。撤销集团公司证券部和电气检修维护部，新组建发配电检修部和电网检修维护部。

2002年资产剥离后，兴义市电力公司调整机构设置为：经理部、劳资科、财务部、企管部、总工办、调度中心、电气检修部、电网检修部、跑马变、仓更变、泥凼供电所、雄武供电所、敬南供电所、巴结供电所、乌沙供电所、七捧供电所、下五屯供电所。随后成立马岭供电所、白碗窑供电所。

资产剥离后南江集团调整机构设置为：经理部、培训中心、人力资源部、宣传中心、小水电开发部、财务部、多经部、后勤保卫部、调度信息中心、总工办、电气设备检验检修部、岗上变。

2002年，顶效电力公司成立后机构设置为：经理部（下设保卫部、车队）、工会、财务部、物资经营部、用电部（下设客户服务中心、郑屯供电所、万屯供电所、鲁屯供电所）、调度中心、安监部、生产技术指挥部（下设电网检修中心、电气检修中心、顶效变、合兴变）。

2003年成立兴义市电力物资公司。

2003年，成立兴义市水电开发有限责任公司，机构设置为：经理部、财务部、人力资源部、宣教信息中心、后勤保卫部、小水电开发部、电器检修部、总工办、普梯一级电站、普梯二级电站。

2005年，水电公司进一步精减机构设置，撤销人力资源部、总工办、电气检修部、小水电开发部。重组设立财务劳资部，撤销宣教信息中心，其职能划入经理部。电力公司调整变电运行管理机构设置，35千伏变电站不再设站长、副站长岗位，改设值班长和副值班长。

2007年，电力公司机构设置调整为：财务部、计量管理所、市场营销部、物资管理部、车队、行政办公室、审计监察室、后勤保卫部、人力资源部、送电管理所、安全监察部、生产技术部、调度通信所、工程管理部、变电运行管理所、基础管理办公室、工会办、教育培训部，泥凼供电所、则戎供电所、清水河供电所、威舍供电所、马岭供电所、鲁布格供电所、七捧供电所、雄武供电所、白碗窑供电所、敬南供电所、巴结供电所、乌沙供电所、仓更供电所、下五屯供电所、城区供电所；110千伏乌沙变电站、110千伏岗上变电站、110千伏城南变电站、35千伏云上变电站、35千伏跑马变电站、35千伏泥凼变电站、35千伏清水河变电站、35千伏箐口变电站、35千伏仓更变电站、35千伏捧乍变电站、35千伏下五屯变电站、35千伏坪东变电站、35千伏马岭变电站、35千伏白碗窑变电站。

2008年，电力公司成立企业基础管理部、行政部，撤销基础管理达标办公室。顶效电力公司调整组织机构设置为：综合部、安生部、调度所、用电部、郑鲁供电所、万屯供电所。

2009年，电力公司与水电公司合署办公，撤销项目部，成立政工部。

2011年，根据贵州电网公司规范设置组织机构，调整后机构设置（详见第二节）。

三、党团组织及群众团体

（一）党组织

1991年，成立中共兴义市供电所支部。

1996年，更名为中共兴义市地方电力局支部委员会，并成立7个党小组。

1997年，成立中共兴义市地方电力局总支部委员会及所属局机关、兴电实业公司、经警分队、用电所、变电运行管理所、威舍工区、乌沙工区、下五屯工区8个支部。

2000年，合并到兴义市水利局党委，设9个党支部，分别是局机关支部、兴西湖支部、南江集团机关支部、兴电公司支部、用电支部、发电运行支部、南江医院支部、车贸公司支部、木浪河支部。

2004年，成立中共兴义市电力有限责任公司委员会和中共兴义市电力有限责任公司纪律检查委员会。至2016年12月未进行调整、变更。

2005年，电力公司党委下设4个党支部，分别为机关支部、变电运行支部、用电营销支部、顶效公司支部。至2016年12月未进行调整、变更，共有党员248名。

2006年，成立中共兴义市水电开发有限责任公司党总支，下设4个党支部，分别为机关一支部、机关二支部、发电运行支部、后勤保卫支部。至2016年12月未进行调整、变更，共有党员100名。

（二）团组织

1991年，成立中国共产主义青年团兴义市水电局供电所支部委员会。

1999年，成立共青团贵州南江水利电力集团委员会。

2003年，成立共青团兴义市电力有限责任公司委员会。至2016年12月未进行调整、变更。

2004年，成立共青团兴义市水电开发有限责任公司委员会。至2016年12月未进行调整、变更。

（三）群众团体

1992年，成立妇女委员会。

1993年，成立兴义市水电局供电所工会委员会。（含妇女委员会）

1996年，成立贵州南江水利电力集团文学艺术联合会。

1998年，成立贵州南江水利电力集团工会委员会。（含妇女委员会）

2003年，成立兴义市电力有限责任公司工会委员会。（含妇女委员会）

2008年，成立5个分工会，包括行政分工会、生产管理分工会、城区供电所分工会、变电运行分工会和市场营销分工会。至2016年12月未进行调整、变更。

第二节 人 事

兴义市电力领导体制分两个时期：一是事业编制企业管理时期（1989.7～2002.2），实行的是局长负责制，隶属于兴义市水电局（后更名为兴义市水利电力局），机构的设立均由兴义市人民政府决定，并任命正、副职领导人。二是事业编制改为企业后的经理负责制（2002.2～2013.9），由经理对企业的安全生产、经营管理等工作统一领导，全权负责。行政上隶属于兴义市经济贸易局领导，其正职由兴义市人民政府任命，副职由兴义市经济贸易局任命。

一、公司领导成员

1989年，市供电所所长伍先贵，副所长陶少刚。

1996年，市地方电力局局长陶少刚，副局长胡荣塘。

1999年，南江集团总经理陶少刚，副总经理6人，总经济师1人，总会计师1人，总工程师1人。

2002年，电力公司领导层变更，总经理1人，副总经理吴天宁等3人。

2003年，水电公司总经理1人，副总经理胡兴跃、杨远康、张耀鸿、李平，工会主席贾崇麟，总工程师申扬。

2011年，电力公司总经理韦延宏，副总经理张耀鸿、胡兴跃、雷定山、秦勇、邹炜、何勇、蒋千明，工会主席胡华艳。

2014～2016年12月，电力公司总经理韦延宏，副总经理张耀鸿、胡兴跃、雷定山、秦勇、邹炜、何勇、蒋千明、刘汉先，党委副书记、纪委书记、工会主席胡华艳。

二、专业技术人员

（一）高级专业技术人员

万峰公司：范元平、彭纪权、唐东平、张福良、徐晓东、欧光明、卢其平、杨远康、张耀鸿、卢家宏、欧阳燕、王统权、邬兴林、李自新、孙淑静、刘权明。

电力公司：韦延宏、令狐昌华、游平、胡华艳、马成艳、贺筱青。

（二）中级专业技术人员

万峰公司：岑明周、陈昌忠、陈继荣、邓兴民、丁媛、樊义瑜、黄凤琛、黄明高、黄鑫、陈文华、雷建华、卢家贵、陆光友、潘宇、皮昌俊、王礼、尹慧菊、张春丽、张祥盛、郑俊、郑少淳、朱德剑、邹龙华、程军林、吴义霞、李继高、文玉敏、李晨曦、陈朗、胡兴跃、雷定山、李伟丽、王开跃、吴雪静、杨青、周柏见、周传盈、黄晓燕、陈代勇、郭春宇、何秀媛、李秋林、卢连忠、王统龙、王显祥、韦文坤、吴忠民、周凤鸣、朱孝忠、李娟、杨普。

电力公司：夏国强、张君、韩明伦、黄家杰、李婷、刘秋文、吕乐、皮昌林、谭诗林、魏忠亮、吴洪秀、杨吉惠、杨涅、张定亚、方绪科、郑娟、邓家武、范国萍、梁世启、刘波、彭雯、唐顺明、王远飞、夏顶启、徐睿、鄢静、杨冬燕、秦勇、岳太仁、何勇、邹炜、张凤、赵宁香、孙黎、江伟、姚道琼、岑芳、刘汉先、徐祖碧、娄洪、何红燕、孙天祥、徐惠忠、赵玉安、吕庆梅、张琪、罗永亮、常文胜、李宇、刘务兵、彭霓、吴俊林、晏明霞。

顶效公司：张思贤、朱玉林、梁涛、韦延安、曾明海、熊英、陈金贵、徐刚、蒋千明、吴显超、陈辉建、杨芳林、陈文楷、王海亚、何秀媛、郭春宇、熊杰、禹刚、王炳竹、周朝全、曾德红、李世忠、刘达琼、刘鹏、皮永莉。

职称结构表

表1-3　　单位：人

	高级		中级		初级	
万峰公司	工程类	9	工程类	37	工程类	59
	政工类	6	政工类	12	政工类	12
	经济类		经济类	3	经济类	5
	高级		中级		初级	
电力公司	工程类	3	工程类	38	工程类	
	政工类	3	政工类	8	政工类	15
	经济类	1	经济类	7	经济类	13
	高级		中级		初级	
顶效公司	工程类		工程类	20	工程类	67
	政工类		政工类	3	政工类	6
	经济类		经济类	2	经济类	1

三、职工（在职，不含退休）（2016年）

职工统计表

表1-4　　单位：人

	总人数	男	女
万峰公司	336	223	113
电力公司	516	299	217
顶效公司	162	95	67

第二章　电力建设

第一节　发电资源

兴义市境内发电资源主要是水能资源和煤炭资源。

一、水能资源

全市水能资源蕴藏于南盘江干流和两条一级支流及其他74条河流，均属珠江水系。

(一) 南盘江干流

南盘江古称牂牁江，由西向东流经市南部边缘，是本市与广西壮族自治区隆林县、西林县界河。发源于云南省沾益县马雄山，流到滇黔桂三省（区）交界处左纳黄泥河向东流入市南部边缘，经三江口、安沙左纳惆利河、秧木河，过陇纳左纳平寨河、坝万左纳落万河、打舍左纳龙岩河、坝达章左纳仓更河、下坝万左纳达力河、巴结左纳巴结河，流到兴义、安龙与广西隆林三县市交界的岔河口左纳马别河出市境，汇入红水河，并入珠江入海。经兴义市段长84.5公里，流域面积1020.4平方公里。

(二) 南盘江一级支流

1. 马别河。发源于普安县与盘县交界、海拔1050米的者格附近，南流到市北向南贯穿全市。在市境内经车榔、龙荫寨、泥尾、泥溪左纳木浪河、猪场河，过龙达左纳纳烘河，乌拉左纳木贾河，过马岭、新寨左纳楼纳河，红椿右纳锅底河，在兴义、安龙与广西隆林三县市交界的岔河口汇入南盘江。兴义段长73.3公里，落差420米，坡降5‰，集雨面积1199.3平方公里。

2. 黄泥河。属大黄泥河支流，为本市与云南省罗平县、富源县界河。发源于海拔1300米的盘县乐民镇甘石洞，由市西北入境，经三岔箐、阿依、新坪田、新寨、抹角、普梯、岔江左纳瓜朗河，过江底左纳白碗窑河、白云屯左纳干坝子河，过三江口于海拔722米处汇入南盘江。兴义段长76.8公里，落差578米，比降7.526‰，集雨面积614.3平方公里。

(三) 南盘江二级支流

集雨面积在20平方公里以上的二级支流共有20条。

1. 注入南盘江的有8条（1998年天生桥电站建成蓄水后，其海拔高程780米以下水位已全部被淹没），注入黄泥河的有3条，注入马别河的有6条，注入安龙白水河的有3条。

注入南盘江支流一览表

表 2-1

序　号	河流名称	分段河长（公里）	集雨面积（平方公里）	落差（米）	平均坡降‰
1	恫利河	12.3	22.4	360	29.3
2	秧木河	10.2	20.5	531	52
3	平寨河	16.4	42	540	32.9
4	洛万河	16.1	25.6	668	41.5
5	龙岩河	11.8	37.5	282	23.9
6	仓更河	38.6	146.1	679	17.5
7	达力河	20.2	409.5	400	19.8
8	巴结河	20.2	92.4	113	10

注入黄泥河支流一览表

表 2-2

序　号	河流名称	分段河长（公里）	集雨面积（平方公里）	落差（米）	平均坡降‰
1	瓜朗河	12.1	53.4	208	17.2
2	白碗窑河	12.5	70.1	466	37.3
3	甘坝子河	15.5	109.6	220	14.2

注入马别河支流一览表

表 2-3

序　号	河流名称	分段河长（公里）	集雨面积（平方公里）	落差（米）	平均坡降‰
1	木浪河	23.1	112.3	294	12.7
2	猪场河	14.8	41.5	270	18.2
3	纳烘河	36.5	180	470	12.9
4	木贾河	22.7	106.3	474	20.8
5	楼纳河	8.4	37.2	385	45.8
6	锅底河	46.4	258	767	16.5

注入安龙白水河支流一览表

表 2-4

序　号	河流名称	分段河长（公里）	集雨面积（平方公里）	落差（米）	平均坡降‰
1	晏家湾河	8	32.8	73	9.12
2	郑屯河	8.7	28.6	46	5.28
3	坡岗河	9.6	41.2	600	62.5

此外，境内尚有集雨面积在 20 平方公里以下的河流 54 条。

全市水能资源理论蕴藏量，除国家重点工程天生桥、鲁布革电站以外，按界河以二分之一计算为：南盘江 38.06 万千瓦、黄泥河 35.39 万千瓦、马别河 23.38 万千瓦。在兴义市境内已建成中小型水电站 33 座装机 84 台，装机容量 74.5 万千瓦。在市电网上网投运的中小型水电站 31 座，上网装机容量 17.6 万千瓦。

二、煤炭资源

煤矿是兴义市第一优质矿种。

煤矿地层除黄泥河形成石炭系外，其余大部分形成于三叠纪。现今深埋在 1000 米以内的煤矿，主要分布于雄武至白碗窑、七舍八环地至白碗窑龙井、坪东干沟至威舍小水井、清水河车榔、鲁屯白马山至马岭中寨 5 个地段。

2003 年贵州省煤矿设计研究院在编制《兴义市煤炭开发规划》时，仅对雄武—白碗窑、鲁屯白马山—马岭中寨纳省一带及车榔三地段煤层出露线以下 500 米内储量进行估算，其远景资源量为 7.7 亿吨。有关资料表明，除车榔段 19、20 号煤含硫量达 4.83%—6.45% 外，其他地段煤层含硫量均在 3% 以下，精煤灰分一般在 1%—1.5% 之间，原煤灰分一般在 14%—29% 之间，精煤灰分一般在 5% 左右；各煤区煤层均属高瓦斯无烟煤；老鬼山背斜南翼 29 号煤具有自燃现象。

第二节　电站建设

一、水电站概况

1955 年由贵州省水利局投资修建了兴义市第一座水电站——狮子山水电站。继狮子山水电站 1956 年建成投运后到 2013 年止，全市在 58 年间共建设、改造水电站 32 座，装机 81 台，总容量 193.625 兆瓦。

32 座水电站分别是：狮子山、锅底河水库坝后、风洞、柯沙坡、水冲口、团结、小寨、鸡场、围山湖坝后、白陶厂、纳烘一级、纳烘二级、木浪河坝后、响革、普梯一级、普梯二级、达力河一级、达力河二级、达力河三级、达力河1.5级、纳灰一级、纳灰二级、先锋、纳省河、纳怀、木贾河、双河、阿依一级、阿依二级、老江底、永康桥、小田坝。其中，狮子山、锅底河水库坝后、风洞、柯沙坡四座电站已停运。

除上述已建成的水电站外，本市拟建和规划的电站有：装机5.1万千瓦的马岭电站，装机10万千瓦的赵家渡电站，双桥一、二级电站，长坡岭电站，落陇电站，响革二级（老桥）电站，联丰电站，干坝电站，新狮子山电站。

二、水电站建设情况

兴义市历经58年已建成大小水电站31座，电站型式丰富，建设情况繁复，投资主体多样。现就市电力公司、市水电开发公司持所有权或股权的电站和具有建设代表性的电站，以及投入人力参与建设的电站作载述。

（一）狮子山水电站

狮子山水电站由贵州省水利局投资，始建于1955年，1956年建成。被称为贵州省第一个示范性农村水力发电工程，亦是本市第一个水电站。电站自城中花桥河筑坝，开渠4.8公里引水至滴水狮子山，利用滴水瀑布落差发电，发电尾水用于灌溉。电站设计水头86米，引用流量0.45立方米/秒，引水压力钢管直径0.5米，管长250米，设计装机容量为2×100千瓦，当年装机1台100千瓦。到1964年再装机一台124千瓦，两台装机比原设计容量多24千瓦。1956～1973年，国家又陆续投资49万元用以维修蓄水及引水等水工、金属结构建筑设施。电站现已停运。

（二）纳省河电站

纳省河电站的建设缘于二十世纪八十年代兴建兴义化工总厂时的厂用供水工程。当时为解决该厂供水，曾在纳省河龙凼村建一座高5米的小坝和一个简易取水口，取用流量约0.2立方米/秒。水流经长约2公里的明渠，再经长约1.5公里的倒虹吸管跨过马别河，将水送至化工厂。由于化工厂取用流量还不到纳省河多年平均流量4.2立方米/秒的5%，同时从龙凼村取水闸到汇入马别河的入口处有120余米落差，即可以利用该落差和富余的水能进行发电。因此，纳省河水电发展公司取得兴义化工总厂同意，决定改、扩建该供水工程，在保证供水的同时用于发电。后由于214国道改建，使得使用了20多年的供水工程中断，该工程不再向化工厂供水，除继续维持少量的农灌供水（其流量小于0.1立方米/秒）外，主要用于发电。经黔西南州经济贸易局同意，该项目以“纳省河供水工程技改项目”立项建设，投资主体为兴义市纳省河水电发展有限公司。

纳省河电站由业主委托黔西南州水利电力设计院设计。

纳省河属南盘江左岸二级支流，主河长32.5公里，落差510米，平均比降15.7‰，流域面积204平方公里。纳省河水电站为径流式电站，额定水头120米，额定引用流量6.3立方米/秒，额定容量为2×2500千瓦+1×1000千瓦，多年平均发电量2100万千瓦时。

首部拦水坝建设在原供水工程建筑原址，对原建筑物进行了改建和加固，改建后的建筑物包括浆砌石坝、取水口、冲沙闸、消力池和泄水侧堰。坝高5米，坝顶宽度2米，坝顶长度

21米。引水明渠总长1169米，横断面底宽2.4米。引水压力钢管主管管径1.4米，全长240米，在主管道末端以埋管方式穿过马别河后，分叉为三支向厂内三台机组供水。三台机组的进水支管管径分别为：1、2号机组支管管径0.8米，3号机组支管管径0.5米。厂房枢纽跨河布置于马别河左岸，乌拉河口下游的平缓台地上。

水电站建设总投资1480万元，业主自筹300万元，申请银行贷款1180万元。从2003年1月立项到2005年投入市电力公司电网运行，电站建设历时两年。电站运行投产后，每年为地方增加利、税收入约40万元，提供就业岗位30余个。

2012年，经兴义市人民政府同意，兴义市水电开发有限公司（国有企业）按贵阳市人民政府国有资产监督管理委员会核准的评估价（挂牌价）收购了纳省河水电站，并按国有资产规定完善了国有资产产权手续。

（三）木贾河水电站

在国家实施西部大开发战略中的“西电东送”“以电代燃料”“退耕还林生态建设”等鼓励政策下，兴义市经济贸易局同意兴义市纳省河水电发展有限公司对木贾河水电站开发立项。2005年10月，黔西南州水利电力设计院受业主委托，承担该电站设计，2005年12月，完成了初步设计（代可研）的全部工作。

电站利用木贾河干流水能发电，其水源发自毛栗寨水库，河流属南盘江水系为马别河一级支流。电站厂房位于乌拉村距马别河汇口1公里，电站取水口以上集水面积为83.15平方公里，主河道长23.4公里，平均比降2.64%。电站型式为引水径流式，设计水头61.5米，引用流量4.07立方米/秒，装机容量为2×1000千瓦，保证出力311.6千瓦，多年平均发电量790.9万千瓦时。

电站建设工程主要建筑物包括取水枢纽、引水系统、发电厂房和升压站。取水枢纽由河床槽沟、进水室和冲沙渠组成。引水系统由无压隧洞、竖井、有压隧洞、压力钢管组成，引水线路总长1406.7公里。其中涵洞长13.0米；无压隧洞长594.0米；竖井高21.5米，洞径1.6米；有压隧洞长779.7米；压力钢管主管长37.02米，主管内径1.2米，支管内径0.8米，长17.38米。发电厂房与河流呈正交布置，副厂房靠主厂房下游侧布置；主、副厂房地基均第四系残积、坡积黏土夹碎石，基础采用钢筋砼板式结构。35千伏升压站布置在厂房下游侧，安装主变压器一台，容量为2500千伏安，电站电气主接线为扩大单元接线。

木贾河水电站从2005年10月开始设计，历时2年零8个月的施工、安装、调试，于2008年5月正式并入兴义市电力公司电网发电运行。电站工程建设总投资804.78万元，单位千瓦静态投资3950元。电站运行期可实现年平均利税总额91万元，提供13个就业岗位。

2012年，经兴义市人民政府同意，兴义市水电开发有限公司（国有企业）按贵阳市人民政府国有资产监督管理委员会核准的评估价（挂牌价）收购了该水电站，并按国有资产规定完善了国有资产产权手续。

（四）老江底水电站

老江底水电站位于兴义市雄武镇补作村，是黄泥河水力资源开发的第六级电站，电站装机容量2×50兆瓦，年利用小时4180小时，多年平均发电量4.182亿千瓦时，实际总投资超过7

亿，是兴义市地方最大的水电站。电站的开发建设被列为当年贵州省重点工程项目和黔西南州、兴义市重点招商引资项目。

1.电站规划

对黄泥河水力资源的开发，早在1966年昆明水电勘察设计院就曾编制了《黄泥河梯级开发报告》。1967年水利电力部审查了此报告，确定黄泥河干流（岔江至乃格河段）按大桥、老江底、鲁布革三级开发。但由于大桥水库农田淹没较大、又无综合利用效益，以及对鲁布革到乃格河段的梯级划分和支流的开发研究不够等原因一度搁置。昆明水电勘察设计院于1972年作了补充规划，提出了《黄泥河梯级开发补充报告》，补充规划提出黄泥河干、支流开发作一库七级（一库为云南阿岗水库，七级电站即是阿岗、落水洞、腊庄、大寨、老江底、鲁布革、乃格）开发的推荐方案。1976年10月29日～11月6日，云南省革委会和水利电力部在云南省罗平县召集会议，同意黄泥河干、支流按一库六级（鲁布革和乃格合并为一级）开发；若含大桥水库（现大桥段已建成永康桥电站，但非原规划规模），则为两库七级（阿岗、落水洞、腊庄、大寨、大桥、老江底、鲁布革）。至此，老江底水电站自始至终皆在黄泥河干、支流水力资源开发的规划之中。

2.电站开发及业主

老江底电站位于云贵两省罗平县和兴义市的界河黄泥河上。对黄泥河水力资源的开发利用，兴义市人民政府和罗平县人民政府经多次协商，于2003年9月1日达成了开发老江底水电站的协议。

协议确定老江底水电站由兴义市电力有限责任公司、罗平县锌电股份有限公司、云南省南磷集团、福建汇创集团四家共同组建股份制公司开发，其股份分别为：27%、26%、24%、23%。福建汇创集团属黔西南州人民政府引资企业，后因故退出。2003年9月28日，兴义市电力有限责任公司、罗平县锌电股份有限公司和云南省南磷集团签订了《发起人协议书》，并于2003年11月21日在贵州省兴义市注册成立“黄泥河发电有限责任公司”公司注册资本金1亿元人民币，股本股份分别为：35%、33%、32%。

按协议老江底水电站建设及营运税收按兴义市60%、罗平县40%进行分配，发供电量兴义市与罗平县各占50%。

3.工程设计

黄泥河发电有限责任公司对老江底电站建设工程设计单位的选择颇为慎重，曾先后对昆明电力勘测设计院、贵阳电力勘测设计院、东南电力勘测设计院、水电十四局水利电力勘测设计院和贵州省水利水电勘测设计院进行设计咨询和洽谈，并组织昆明电力勘测设计院及贵州省水利水电勘测设计院专家到电站实地进行考察。经多方面比较，于2003年11月，最终委托贵州省水利水电勘测设计院进行工程设计。设计受托单位于2004年完成了《老江底水电站工程项目建议书》并得到贵州省经济贸易委员会批准，同年8月提出《老江底水电站可行性研究报告》。经业主组织省内外有关专家咨询修改后，于同年11月提出《老江底水电站工程设计初步报告》。

水电站工程设计的首要问题是对建设规模也即是装机容量的选择。老江底水电站由于下有鲁布革电站水库水位对厂房选择的限制，上有岔江村镇对拦水坝高程的限制，加之地质、地形条件等诸多因素影响，老江底水电站在坝、厂址及装机容量的选择上颇多争议，该电站在原规划中，容量最多不超过6万千瓦。随着工程技术的进步，诸多原来无法解决的工程问题已变得可行，设计理念也就随之得到突破。考虑到鲁布革水库运行调度原则，5到9月汛期限制水位为1113.5米，10到4月水库蓄水至正常蓄水位1130米，其间有16.5米的水库消落水头可以利用4到5个月，加上对筑坝及厂房边坡处理技术的改进，老江底水电站选择大坝坝顶高程为1190.5米，正常蓄水位为1182.0米，机组安装高程1112.5米，机组额定水头58米，引用流量197立方米/秒，电站装机容量为2×50兆瓦，装机年利用小时数为4180小时，多年平均发电量4.182亿千瓦时。

4.工程布置及主要建筑物工程量

老江底水电站工程布置及主要建筑物在对水文、地形地质、施工条件等进行分析和多个方案的比较后最终得以确定。主要工程建筑物除泄洪洞外，其余皆布置在左岸（兴义市境内）。

挡水大坝设计为常态混凝土单曲拱坝，坝顶宽5米，坝顶弧长157.713米，最大坝高67米，坝体混凝土总量为9.2万立方米。

泄水建筑物包括坝顶溢流表孔及岸边溢洪道、左侧坝身底孔和泄洪洞。坝顶溢流表孔及岸边溢洪道布置在河床段坝顶，分5孔，右侧一孔为岸边式溢洪道，左边4孔为溢流表孔，溢流表孔及岸边溢洪道每孔均设11×7米的弧形工作闸门，采用液压启闭方式，最大溢流量为3547立方米/秒；左侧坝身底孔布置在左岸引水系统进水口下游侧大坝坝身上，进口断面3×4米，底孔总长40.563米，最大泄洪量为177立方米/秒；泄洪洞布置于大坝右岸，施工期间用于导流，进口距大坝右坝端160米，总长为274.76米，洞径8米比降为3.38%，最大泄洪流量为783立方米/秒。

引水系统主要建筑物包括进水口、发电引水隧洞、调压井和压力钢管。进水口布置在离大坝左坝肩约50米边坡较陡处，喇叭口后为闸门井，内设8×8米平板事故闸门一扇；进水口后接发电有压引水隧洞，洞径8米，洞身段长1246.59米，引用流量197.42立方米/秒；调压井井筒内径24米，阻抗孔直径5.5米，井高39.64米，该建筑经15米隧洞渐变段下接压力钢管；压力钢管采用埋管，为一管两机方式，主管段总长174.46米，支管段长21.1米（单支），主管管径7米，支管管径4.8—4.2米。

老江底水电站厂房包括主厂房、副厂房（GIS）等建筑物。主厂房共分为5层，分别为尾水管层、蜗壳层、水轮机层、发电机层和安装间；副厂房布置在主厂房后面，与主厂房呈“二”字型布置，总高度为14米，共分三层，分别为电缆夹层、中控室、厂用电站室和高压开关室。电站升压站设两台63000千伏安容量主变，分别向兴义市和罗平县供电。

5.工程施工及主要参建单位

老江底水电站主体工程于2005年3月28日开工，计划工期30个月，计划于2007年5月1日第一台机组发电，同年7月1日第二台机组发电。由于工程地质情况复杂，大坝、引水系统及厂房工程施工难度大，加之2006年12月27日凌晨2点50分位于大坝左岸上游200米—300米处，发生边坡塌方自然灾害事故，塌方量估计约几万立方米，导致大坝工期推迟。因此，到2008年8月，第一台机组投入运行，同年10月第二台机组相继投入运行。

老江底水电站从“三通一平”工程到设备采购和安装，所有工程项目的施工单位和设备制造厂家，皆通过正式招标产生。

参加电站建设的主要单位和设备厂家有：中铁五局施工泄洪洞（导流洞）工程，水电九局施工大坝工程，葛洲坝工程局施工引水隧洞及调压井工程，水电八局施工厂房及压力钢管安装工程，水轮发电机组由东风电机厂制造，110千伏GIS设备由韩国现代重工制造，大坝弧形闸门由自贡东方水力机械公司制造，泄洪洞、取水口、泄洪底孔闸门由河南固始泰禹丰公司制造，监控及继电保护由南京南瑞自动化有限公司制造，主变压器由云南变压器厂制造，主阀门由湖北洪城股份公司制造。

（五）普梯一、二级电站

1. 普梯一级电站技改工程位于贵州省兴义市境内小黄泥河下游，距兴义市31公里。有2×100千瓦小电站1座，是20世纪50–60年代人工修筑的，机电设备已经老化陈旧，无法修复，整个电站处于停产状态，须对其进行技术改造，方能发挥效益。

兴义市普梯发电有限责任公司于2002年7月对电站实施技改，委托水电十四局工程设计院进行技改工程设计。设计水头22.4米，引用流量34.6立方米/秒，普梯水电站技改工程设计装机6000千瓦（2×3000千瓦），坝型为埋石砼重力拱坝，布置为坝后式水电站。年发电量3180万千瓦时，保证出力为1300千瓦。是按综合自动化设计建设的水电站，于2004年正式建成投运发电。

2. 犀牛塘水电站是小黄泥河梯级开发的二级电站，距离普梯一级水电站6.9公里。电站开发河段为河边村至犀牛塘大桥段，总长7公里，流域面积1424平方公里，电站坝址位于兴义市乌沙镇岔江办事处。该站为1958年修建的装机容量2×100千瓦的普梯水轮泵电站，由于设备老化，无法修复，已处于停产状态。

兴义市普梯发电有限责任公司2004年9月对电站实施技改，委托水电十四局工程设计院进行技改工程设计。电站技改工程采用径流引水开发方式，拦河坝基本不具备调节功能，总库容195万立方米，设计水头为24.5米，总装机规模为9500千瓦/3台，年发电量4437万千瓦时，保证出力为1460千瓦，引用流量为38立方米/秒。电站于2006年1月建成投运第一台机组，投产运行后，经专家评测，电站仍有2000千瓦增容空间。

（六）纳灰一、二级电站

纳灰一、二级电站的建设，于2000年被兴义市水利局纳入纳灰河水能开发利用规划之中。并于2004年9月由兴义市纳灰河发电有限公司投资开始投建。电站由贵州省水利开发科技公司承担设计，总投资8603.97万元，工程总工期24个月。

纳灰一级电站坐落于兴义市下午屯镇大海子村，电站取水口位于纳灰河伏流上游约600米处，引水隧洞长5195米，设计引水流量7.65立方米/秒，设计水头为137米，为无压引水式隧洞。一级电站设计装机容量为9000千瓦/2台，多年平均发电量达3119千瓦时，年利用小时数为3466小时。

纳灰二级电站位于则戎乡纳桑村万峰湖畔，电站引水建筑物从纳灰一级电站尾水渠末端开始，由引水明渠和引水隧洞组成，总长3997米，电站设计引用流量为7.65立方米/秒，设计水头为168米。二级电站设计装机为10500千瓦，多年平均发电量为3476万千瓦时，年利用小时数为3466小时。

纳灰河一、二级电站分别于2006年8月和2007年元月全部建成投运。编制定员35人，年销售电量6595万千瓦时，生产期销售收入平均为1310万元，为地方财政增加了收入，并有效缓解了地方电网用电紧张的问题。

（七）市电网水电站一览表

市电网水电站一览表

表2-5

序　号	水电站名称	装机容量（兆瓦）	装机明细台数×容量（兆瓦）	投产时间	所在河流	业主名称
1	老江底水电站	100	2×50	2008年	黄泥河	黄泥河发电有限公司
2	纳灰一级	9	2×2.000 1×5.000	2006年	纳灰河	纳灰河发电公司
3	纳灰二级	10.5	2×2.500 1×5.500	2007年	纳灰河	纳灰河发电公司
4	普梯一级电站	6	2×3.000	2004年	小黄泥河	普梯发电有限公司
5	普梯二级电站	9.5	2×3.500 1×2.500	2006年	小黄泥河	普梯发电有限公司
6	响革电站	7	2×2.500 1×2.000	2000年	木浪河	兴义木浪河下游发电公司
7	纳省河电站	6	2×2.500 1×1.000	2005年	纳省河	兴义市誉丰发电有限公司
8	纳怀电站	2.52	4×0.63	2008年	木浪河	兴义市纳怀电站
9	木贾河电站	2	2×1.000	2008年	木浪河	兴义市誉丰发电有限公司
10	双河电站	2	1×1.600 1×0.400	2006年	清水河	兴义双河水电开发有限公司
11	阿依一级电站	2.4	3×0.800	2008年	小黄泥河	兴义市明发水电开发有限公司
12	阿依二级电站	1.89	3×0.630	2005年	小黄泥河	兴义市腾龙电力开发有限公司
13	先锋电站	1.3	2×0.400 2×0.250	2005年	小黄泥河	兴义市明发水电开发有限公司
14	达力河一级电站	1.5	3×0.500	2003年	达力河	黔西南达力小水电开发有限公司
15	达力河1.5级电站	1.2	3×0.400	2007年	达力河	兴义市友联发电公司
16	达力河二级电站	3.13	2×1.250 1×0.630	2005年	达力河	兴义市达力电力有限公司
17	达力河三级电站	2	4×0.500	2005年	达力河	兴义市祥河水电开发有限公司

续表 2-5

序　号	水电站名称	装机容量（兆瓦）	装机明细台数 × 容量（兆瓦）	投产时间	所在河流	业主名称
18	白陶厂电站	0.7	1 × 0.500	1985 年	白碗窑河	兴义市白碗窑瓷龙综合厂
19	团结电站	2.52	1 × 1.26	1977 年	达力河	团结电站
20	兴河电站	0.75	1 × 0.500 1 × 0.250	2006 年	木浪河	兴义市兴合水电站
21	木浪河电站	2.5	2 × 1.250	1999 年	木浪河	
22	纳烘一级电站	0.5	2 × 0.250	1994 年	马别河	围山湖管理所
23	纳烘二级电站	0.8	2 × 0.4	1998 年	马别河	围山湖管理所
24	围山湖坝后电站	0.2	2 × 0.1		马别河	围山湖管理所
25	水冲口电站	0.25	2 × 0.125	2006 年	马别河	围山湖管理所
26	小寨电站	0.5	2 × 0.250		马别河	围山湖管理所
27	鸡场电站	0.5	2 × 0.250	1986	达力河	黔西南达力小水电开发有限公司
28	永康桥电站	12	2 × 6	2013	黄泥河	兴义市永康发电有限公司
29	兴西湖电站	0.525	2 × 0.200 1 × 0.125	1970	兴西湖	兴西湖管理所
30	枫洞电站	0.600	1 × 0.200 1 × 0.400	1972	兴西湖	兴西湖管理所
31	兴西湖柯沙电站	0.890	2 × 0.320 1 × 0.250	1970	兴西湖	兴西湖管理所
32	小田坝电站	3.2	2 × 1.600	2002	地下河	兴义市布鲁革小田坝发电有限公司

（八）兴义市小水电建设规划

除已建成和在建的电站外，为进一步利用好水利水电资源，促进兴义市小水电的建设发展，从 2005 ~ 2007 年初，由兴义市水电开发有限公司、兴义市水利水电勘察设计队，对兴义市小水电资源进行了规划。其规划情况见下表。

市电网水电站规划表

表 2-6

序号	电站名称	所在河流	总库容（万立方米）	调节库容（万立方米）	装机容量（千瓦）	机组台数（台）	保证出力（千瓦）	年发电量（千瓦时）
1	马岭电站	马别河	1300	7800	60000	3	7300	19200
2	老桥电站	马别河			2520	4	670	1260
3	新狮子山电站	纳灰河			1000	1	300	500

续表 2-6

序号	电站名称	所在河流	总库容（万立方米）	调节库容（万立方米）	装机容量（千瓦）	机组台数（台）	保证出力（千瓦）	年发电量（千瓦时）
4	马岭万家湾电站	纳省河			960	3	400	500
5	干坝电站	纳省河			2000	2	300	1000
6	落陇电站	黄泥河			960	3	300	480
7	长坡岭电站	白碗窑河			2000	2	300	1000
	合计				69440	18	9570	23940

第三节　火电厂建设

兴义市境内火电建设，仅三起。其一为1965年建设，1967年投运，1999年关闭的兴义发电厂。其二是2011年第一期工程建成投运的兴义火电厂，该厂属贵州省“西电东送”重点工程，电力输送至广西电网。其三是正在建设的兴义市煤铝一体化资源深加工基地“清水河工业园热电联产动力车间”项目，该项目为市地方自主筹建，其主要目的是为地方工业和电网发展提供热能和电力。

一、兴义发电厂

1965年建成第一座火力发电厂，主要用于原兴义县城区居民和城市公用照明。该电厂主设备皆为老旧产品，其中1台机组为20世纪20年代的英国产品，装机容量1000千瓦。另两台是“大跃进”时期某兵工厂的副产品，容量为2×1500千瓦。1967年10月建成发电，由于设备陈旧老化，发电煤耗高，事故频繁，污染大。改革开放后，黔西南州经济委员会于1988年批准扩建6000千瓦发电机组技改工程，总投资295万元，资金来源采取集体联营形式，其中，黔西南州劳动服务公司出资30万元，邹礼忠铁合金厂出资34万元，州技术改造资金10万元，银行贷款221万元。1990年技改完成，全厂装机总容量1万千瓦。1995年1月，由省电力工业局批准更名为兴义发电厂。

1999年，国家能源政策调整，5万千瓦以下小火电被列入关停之列。1999年2月兴义发电厂正式停运，人事由省电力局安排，债权债务划归兴义供电局。中华人民共和国成立后34年间，兴义市境内仅此一座小火电厂。

二、兴义火电厂

为充分利用兴义市优质煤炭资源，兴义火电厂工程立项。2004年9月该项目法人“贵州兴义电力发展有限公司”组建，同年11月预可研通过审查。2005年4月可研通过审查，选址意见书、水资源报告、取水许可、水土保持方案、环评报告等通过相关部门批复，并进行“四通一平”等前期工作。

兴义火电厂厂址在兴义市清水河镇黔西村。规划容量4×60万千瓦，分二期建成，工程总投资94亿元，预计年发电量160亿千瓦时，年产值32亿元。2011年5月23日第一台机组建成投运，同年12月26日二号机组建成投运。该工程为贵州省“西电东送”重点工程，电力分别通过220千伏系统和500千伏系统输送到广西电网。

三、清水河工业园热电联产动力车间项目

清水河工业园区热电项目，是在《黔西南州“十二五”工业园区（产业聚集区）发展规划》《兴义市国民经济和社会发展“十二五”规划》和《贵州兴义市煤电铝一体化资源深加工基地产业发展规划》等决策性文件的背景下立项的。其主要任务是要建成一个区域供电、供热的基础设施，为清水河工业园区提供工业电源和工业热源。

项目厂址在市清水河镇尾巴田村，属清水河工业园区。总体规划最终建设规模为新建4×350兆瓦超临界燃煤湿冷供热机组。项目分期建设，第一期为2×350兆瓦，于2013年开工，计划于2015年投产运行。机组年利用小时数为6000小时，年发电量42亿千瓦时，年供热量796.2万吉焦，年均供电标准煤耗率281.8克/千瓦小时，百万千瓦耗水率0.575立方米/秒兆瓦；单位动态投资4700元/千瓦，动态总投资32.9亿元，投资回收期8.68年。第一期工程建成后可提供450个就业岗位。

（一）项目业主情况

项目投资业主为贵州兴义阳光资产经营管理有限公司，股东构成分别是兴义市财政局国有资产管理局、兴义市水电开发有限责任公司和贵州顶效经济开发区顶效电力公司。公司于2011年8月15日注册成立，由兴义市人民政府直接监管。

（二）工程概况及设计

本项目工程由业主委托辽宁电力勘测设计院进行主体工程设计。电厂接入系统方案、厂外热力管网工程、电厂运输方案及厂外公路和电厂水源等工程设计另委托其他设计单位进行。

工程厂址位于尾巴田村东0.3公里，西侧0.5公里为沙马公路接入厂区道路。厂区南北向按三列式布置，厂区固定端向西，扩建端向东，主厂房汽机间向北。厂区建、构筑物及设备按功能主要分为主产区、配电装置区、冷却设施区、煤场区、辅助生产区。

主设备采用2×350兆瓦超临界凝汽式机组配2×1100吨/小时超临界直流锅炉，主蒸汽、再热蒸汽系统均采用2-1-2连接方式。机组采用发电机变压器组单元接线，变压器容量为2×440兆伏安，以2回220千伏线路接入兴义市地方电网（220千伏清水河变电站），厂内新建220千伏配电装置一座，接线方式为双母线接线。

工程锅炉燃煤主要来源于振兴、国宝、菜籽田、紫马四个煤矿，四个煤矿年生产原煤210万吨，供给充足，运输距离皆在70公里以内。

项目建成运行生产、生活用水取自木浪河水库，采用1根DN800的管道输送，距离约为4.8公里，全年总需水量约为1146.1万吨。现木浪河水库不能满足工农业、城镇用水和兴义火

电厂及本工程电厂用水，年缺水量为205.3万立方米。解决这一问题的方案就是扩建木浪河水库，扩建工程于2010年动工，2014年完工。

（三）主体工程施工进度情况

从2013年6月1日浇筑主厂房基础第一罐混凝土始，至2015年1月5日，主体工程1#厂房及机组主辅设备建设安装完成，并接受电力建设工程质量监督总站直属中心站厂用电受电、土建专项、土建试验室的认证质量监检。2015年1月18日厂用系统受电成功。2015年2月1日锅炉首次点火。2015年4月7日1#机组正式并网发电。

2#机组于2013年6月1日浇筑主厂房基础第一罐混凝土。截止到2015年5月12日发电机穿定子完成。2015年8月1日，锅炉水压试验完成。2015年8月1日厂用系统受电成功。2015年10月13日，锅炉首次点火。2016年1月13日，2#机组正式并网发电。

截至2016年12月31日，清水河工业园热电联产动力车间项目1、2号机组累计发电11.91亿千瓦时。

（四）输变电配套工程建设

2012年8月24日，阳光集团公司与中国电建四川电力设计咨询有限公司签订了《贵州省兴义市郑鲁万工业园区配套220千伏、110千伏输变电新建工程设计、采购、施工总承包工程》总承包合同，工程总投资18.5亿元。

贵州兴义阳光资产经营管理集团有限公司为项目的业主公司，负责项目的建设、运营、管理等方面的工作。

项目实行EPC总承包方式，中国电建集团四川电力设计咨询有限责任公司作为项目的EPC总承包单位。

项目监理公司为四川赛德工程监理有限责任公司。

1. 项目建设的必要性

本项目的建设，符合《兴义工业园区发展规划》中提出的该区域发展趋势，要求工业园区基础设施对这一区域提供强有力的支撑。该项目建成后，可承受100亿千瓦时/年的供电量，以缓解地区电网装机不足和供电紧张的局面，也将使地区电网结构得到极大改善，保证用电的可靠、稳定与安全，为兴义市及周边县市的经济社会发展提供强劲的电能保障，增强地方招商引资能力。

2. 项目规模及建设进度

根据贵州省人民政府黔府专议〔2012〕46号《关于研究兴义市煤电铝一体化资源深加工基地项目有关问题的会议纪要》精神，按照州、市党委政府关于兴义地方电网规划的要求，由贵州兴义阳光资产经营管理集团有限公司负责投资建设兴义地方电网配套、电网升级改造工程，工程总投资18.5亿元，分两期建设。

(1)220千伏清水河变

220千伏清水河变电站位于贵州兴义市清水河镇金星村，占地31亩，属于郑鲁万工业园区电网配套建设的枢纽变电站之一。220千伏清水河变电站由兴义阳光资产经营管理有限公司自筹资金建设，由四川电力设计咨询有限公司设计与施工总承包。工程施工单位为四川省送变电建设有限责任公司、监理单位为四川德赛工程监理有限责任公司。变电站一期工程于2013年3月开工建设，2014年11月10日投运。

220千伏清水河变电站主变最终规模4×240兆伏安，一期建设规模2×240兆伏安；220千伏出线最终规模10回，一期建设规模6回；110千伏出线最终规模16回，一期建设规模8回；35千伏出线最终规模4×3回，一期规模2×3回。变电站220千伏母线采用双母线双分段接线，110千伏母线最终采用双母线双分段接线，本期采用双母线接线。35千伏母线最终用单母线四分段环形接线，本期采用单母线单分段接线。220千伏配电装置采用户外GIS，110千伏配电装置采用户外GIS，35千伏配电装置采用户内高压开关柜双列布置。

(2)220千伏郑屯变

220千伏郑屯变电站位于兴义市万屯镇与鲁屯镇交界处的盘兴村，占地31亩，属于郑鲁万工业园区电网配套建设的枢纽变电站之一。220千伏郑屯变电站由兴义阳光资产经营管理有限公司自筹资金建设，由四川电力设计咨询有限公司设计与施工总承包。工程施工单位为中国水利水电第五工程局有限公司、监理单位为四川德赛工程监理有限责任公司。变电站于2012年10月开工建设，2014年11月10日投运。

220千伏郑屯变电站主变最终规模4×240兆伏安，一期建设规模2×240兆伏安；220千伏出线最终规模14回，一期建设规模12回；110千伏出线最终规模16回，一期建设规模8回；35千伏出线最终规模4×3回，一期规模2×3回。变电站220千伏母线采用双母线双分段接线，110千伏母线最终采用双母线双分段接线，一期采用双母线接线。35千伏母线最终用单母线四分段环形接线，一期采用单母线单分段接线。220千伏配电装置采用户外GIS，110千伏配电装置采用户外GIS，35千伏配电装置采用户内高压开关柜双列布置。

(3) 二期在建的输变电工程

110千伏变电站共有9座(分别为东贡、光辉、洒金、龙井、泥溪、下五屯、闽黔、万屯、凉水井)及相关联网线路，兴义市郑屯变—兴仁巴铃工业园220千伏输电线路，兴义市郑屯变—安龙普坪工业园220千伏输电线路，目前工程已完成投资15.1亿元。

3. 组网及接入地方电网方案

(1) 园区电网电源点，由清水河自备电厂发电，经220千伏清电I、II线双回线供220千伏清水河变运行。

(2) 园区电网电源经220千伏清水河变出220千伏清郑I线、220千伏清郑II线双回线对220千伏郑屯变供电。

(3) 经由220千伏清水河变供电的有：经110千伏清光I、II线双回线供110千伏光辉变；经110千伏清泥线供110千伏泥溪变；经110千伏清龙线供110千伏龙井变；经110千伏清东线供110千伏东贡变，再经110千伏东洒线供110千伏洒金变，再经洒金变供110千伏下午屯变。

(4) 经由220千伏郑屯变供电的有：经110千伏郑闽I、II线双回线供110千伏闽黔变；经110千伏郑万I、II线双回线供110千伏万屯变；经110千伏郑凉I、II线双回线供110千伏凉水井变。

清水河工业园热电项目及其配套工程，除为清水河工业园区提供工业电源和工业热源外，也配属兴义市地方电网。其与原电网的连接，主要经由110千伏清黄线、110千伏乌东线和110千伏江城线将地方电网的110千伏黄桷树变、110千伏乌沙变和110千伏城南变联接起来。其他皆由各110千伏变电站经10千伏出线供地方电网辖区电力。

（五）清水河工业园热电项目主要工程（已建成）建设规模一览表

清水河工业园热电项目主要工程（已建成）建设规模一览表

表2–7

序　号	项目名称	建设规模	设备型号
一	热电厂主体工程设备		
1	热电联产机组	2×350兆瓦， 2×1100吨/小时	QF秒N–35QZ 超临界抽气冷凝式； 超临界直流锅炉。
2	主变压器	2×440兆伏安	
二	220千伏电网配套工程		
1	220千伏清水河变	2×240兆伏安	
2	220千伏郑屯变	2×240兆伏安	
3	220千伏清电Ⅰ线	1.393千米	2×LGJ–500/45
4	220千伏清电Ⅱ线	1.428千米	2×LGJ–500/45
5	220千伏清郑Ⅰ线	33.133千米	2×JL/G1A–630/45
6	220千伏清郑II线	32.797千米	2×JL/G1A–630/45
7	郑巴I线	62.2千米	2×JL/G1A–400/35、2×JL/G1A–400/50
8	郑巴II线	62.2千米	2×JL/G1A–400/35、2×JL/G1A–400/50
三	110千伏电网配套工程		
1	110千伏东贡变	2×63兆伏安	
	110千伏清东线	21.52千米	JL/G1A–400/50
	110千伏乌东线	15.121千米	JL/GIA–400/50
2	110千伏洒金变	2×63兆伏安	
	下五屯—洒金110千伏线路	3.847千米	JL/GIA–400/35
	东洒110千伏线路	10.713千米	JL/GIA–400/35
3	110千伏光辉变	2×63兆伏安	
	清水河—光辉110千伏双回线	11.963千米	JL/GIA–400/35
4	110千伏龙井变	2×63兆伏安	
	清水河—龙井110千伏线	20.047千米	JL/G1A–300/25

续表 2-7

序　号	项目名称	建设规模	设备型号
5	110 千伏泥溪变	2×63 兆伏安	
	清水河—泥溪 110 千伏线	6.927 千米	JL/G1A-300/25
	龙井—泥溪 110 千伏线	13.743 千米	JL/GIA-400/35
6	110 千伏闽黔变	2×63 兆伏安	
	郑屯—闽黔 110 千伏双回线	7.728 千米	2×JL/G1A-300/25
7	110 千伏下五屯变	2×63 兆伏安	
	万峰湖下五屯 110 千伏双回线	46.2 千米	2×JL/G1A-300/40
8	110 千伏凉水井变	2×63 兆伏安	
	郑屯——凉水井 110 千伏双回线	6.8 千米	2×JL/G1 安 -300/40
9	万屯 110 千伏变	2×63 兆伏安	
	郑屯——万屯 110 千伏双回线	6.3 千米	2×JL/G1A-300/40
10	老江底电站——东贡变 110 千伏线路	26.6 千米	JL/G1A-300/40（15 毫米冰区）、JL/G1A-300/50（20 毫米冰区）
11	郑屯——巴铃 220 千伏双回线	60 千米	2×JL/G1A-400/35 2×JL/G1A-400/50
11	清水河　泰龙铁合金厂 110 千伏双回线	3.28 千米	JL/G1A-240/30
12	110 千伏清黄线	23.55 千米	JL/G1A-400/50

第四节　输变电建设

一、市电网概况

兴义市电网建设开始于 1989 年的鲁布革至兴义 110 千伏输变电工程。全市已建成以城南变电站和黄桷树变电站为枢纽的电网构架，初步形成布局合理、运行可靠的供电网络。供电范围覆盖全市 26 个乡镇和顶效开发区及云南省富源县部分乡镇。至 2016 年，兴义市电网拥有 220 千伏变电站 2 座，容量 960 兆伏安，220 千伏输电线路 6 条，193.151 千米。110 千伏变电站 10 座，容量为 1076.5 兆伏安。110 千伏输电线路 19 条，273.966 公里。35 千伏变电站 15 座，容量 154.45 兆伏安。35 千伏线路 39 条，385.596 千米。10 千伏配电主线路 109 条，总长度 806.56 千米。

二、变电站工程

(一)110千伏城南变电站

该变电站位于市文化路，占地面积15亩。1988年开工建设，1991年3月投产运行，是国家重点工程鲁布革电站为支持市移民工作而建的配套工程，是市电网的枢纽变电站。城南变电站电源来自于贵州、云南两网，分别由110千伏城黄线（110千伏丰城线为备用）、110千伏江城线和110千伏鲁兴线供给。变电站容量为3×31.5兆伏安，主接线方式为外桥接线。有110千伏输电线路5回，分别是鲁兴线（鲁布革电站至城南变），江城线（老江底电站到城南变），纳城线（纳灰河电站到城南变），丰城线（丰都变电站到城南变电站）。35千伏变电站出线6回，分别经城乌Ⅰ、Ⅱ馈线，城威线、城跑线、城合线、城箐线、城下线为35千伏乌沙变电站、35千伏云上变电站、35千伏跑马变电站、35千伏合兴变电站、35千伏箐口变电站、35千伏下五屯变电站提供电源。该变电站10千伏配电线路11回，直供城区市电网片区居民工厂用电。

(二)35千伏跑马变电站

该变电站始建于1990年，位于兴义市城北桔山街道办酸枣村民组，距市中心6公里，是兴义市郊工业比较集中的地区。继城南变电站建成后于1991年10月投入运行，为荣盛水泥厂、南方铁合金厂、兴义卷烟厂、兴义市礼忠铁合金厂及马岭镇龙井片区供电，是市电网供电任务较重的变电站。为适应经济及负荷发展的需要，该变电站在1997年进行了技改，将原变电容量2×8000千伏安增加到3×8000千伏安，对老旧的35千伏户外断路器及10千伏少油断路器进行了更新，采用较为先进的35千伏少油式户内式断路器和10千伏真空断路器。2005年，变电站再次进行技改，将常规的监控、保护及直流系统更换为先进的综合自动化系统。

(三)35千伏云上变电站

云上变电站原称威舍变，位于兴义北部发展重镇威舍猪场。“八五”期间南昆铁路较大的枢纽站威舍火车站在建，云上变电站一期工程的建设与此同时，于1992年9月动工至1993年2月建成，历时7个月，投资为205万元。

云上变电站占地面积41.5米×34.8米，站区主要建筑物有主控室、10千伏开关柜室、电容器室及值班休息室。变电站第一期建设工程容量为1×8000千伏安，留有二期工程建设场地。35千伏系统装于室外构架，电源来自110千伏城南变35千伏中压侧，采用单母线不分段接线，10千伏系统采用单母线分段带旁路接线方式，10千伏间隔8个，包括6个供电出线间隔，1个电容器间隔和1个旁路间隔。

随着兴义市工农业及居民用电负荷的发展，原城南变35千伏供电电源已不能满足供电需求。该变电站二期工程于2003年10月建成，通过35千伏威云线自兴义供电局威舍变引入电源。2010年6月，安装投运2号主变，容量为1×5000千伏安。至2010年6月，云上变电站容量为1×8000千伏安+1×5000千伏安。

(四)乌沙变电站

乌沙变电站位于兴义市乌沙镇乌沙村，主要为解决乌沙镇112个村民组供电不足及适应地方经济建设和发展的需要而建。工程项目于1997年1月11日经黔西南州计划局审批，于1997年2月动工，1997年8月竣工投入运行。工程项目由兴义市地方电力总公司投资承建，由市水电局和市地方电力局主管，工程实际投资334.9326万元。

乌沙变电站初期建设规模为1×3150千伏安，35千伏进线间隔1回，预留1回，10千伏出线间隔4回，主接线采用单母线接线方式，变电站采用常规监控及保护。电源取自110千伏城南变电站35千伏间隔，经23公里的35千伏城乌线至该变电站35千伏进线间隔。

2004年，为引入即将建成的老江底水电站电量以供给当地快速发展的工业之用，兴义市电力有限公司对乌沙变电站进行了110千伏间隔技改工程。技改工程包括建设110千伏间隔一回，增加110千伏50000千伏安主变1台，110千伏六氟化硫断路器1台，110千伏隔离刀闸2组，110千伏线路电压互感器1组，110千伏电流互感器1组，110千伏避雷器3只，35千伏真空断路器1台，35千伏隔离开关2组，接地网300米，设备及构架接地180米，并进行了变电站综合自动化改造。技改工程总投资297.3073万元，于2007年2月投入使用。

（五）110千伏黄桷树变电站

兴义市地方电网长期以来一直以城南变电站为枢纽向全市乡镇辐射，提供工农业及居民用电。随着全市各乡镇经济发展，用电负荷大幅提高，特别是顶效开发区的快速发展和今后义龙新区的开发，结构薄弱、电源点单一的市地方电网已不能满足全市及项目区域经济发展要求。在此情况下，建设兴义市地方电网第二座枢纽变电站——黄桷树变电站势在必行。

2006年6月，兴义市电力有限责任公司作出了“兴义市黄桷树110千伏变电站工程项目申请书（代可研报告）”。同年得到兴义市发展和改革局批复，并于同年12月作出了工程设计，2007年建成投运。变电站总投资864.17万元，其中银行贷款80%，企业自筹20%。

黄桷树变电站位于兴义市马岭镇红星村，占地面积25亩。主变压器居中，110千伏配电装置布置在站区南侧，35千伏配电室在北侧与主控制室、综合室呈东西向“一字”相连，站区左侧为进站公路，电容器布置在变电站东北角。

110千伏黄桷树变电站采用常规电气设备户外布置，出线一回，终期出线8回，采用单母线分段带旁路接线方式；35千伏采用户内布置架空出线，目前出线3回，预留1回，终期出线8回，采用单母线分段带旁路接线方式；主变压器容量为2×50兆伏安，三相二绕组有载调压；110千伏、35千伏系统均采用微机综合自动化进行监控，继电保护采用微机保护。

随着义龙新区的开发对供电的要求，2013年变电站增加了10千伏供电系统，共扩建10千伏出线间隔10个。截至2016年年底，又完成了对110千伏保护装置、测控装置和35千伏Ⅰ段母线保护装置和测控装置的技改工作。

三、输电工程

（一）110千伏输电线路

1. 110千伏鲁兴线

110千伏鲁兴线是国家重点工程鲁布革电站为支持市移民工作而建的配套工程鲁——兴输变电工程之输电工程。其主要任务是将鲁布革给予兴义市的留成电量输送到110千伏城南变电站。是兴义市地方电网的第一条110千伏骨干线路。

1989年，该输电工程根据云南省电力工业局“云电字第196号文”《关于报批“110千伏鲁布革电站至兴义输变电工程设计任务书”的请示》及国家能源投资公司“投计〔1989〕04号批文”、云南省电力工业局“云电计便字第3号文”《关于鲁布革至兴义送电线路T接岗上变电所和使用鲁布革电站广南间隔的通知》，由兴义市水电局和云南省电力设计院签订了该工程勘测设计合同。1989年1月6日设计单位组织人员赴现场进行了初勘，同年5月工程勘察设计完成。

鲁兴线起点“T接”岗上变电站110千伏系统，终点为110千伏城南变110千伏进线间隔，全长52.1千米，为单回输电线路。输电导线型号LGJ-150，线路全程共用杆塔185基，其中水泥杆74基，铁塔111基。工程投资517.98万元，于1991年3月与城南变一起正式投入运行。

2. 110千伏江城T乌线

110千伏江城T乌线起点老江底电站，终点110千伏城南变114开关，线路型号LGJ-240（最大负荷输送能力116兆伏安），该线路2005年建成投运。110千伏江城T乌线36-37号杆之间T接一条110千伏线路至110千伏乌沙变，T接点至乌沙变长27.3千米，T接点至老江底电站长13.2千米，T接点至城南变长16千米。110千伏江城T乌线主要负责由110千伏城南变向110千伏变供电，同时也是老江底电站的发电上网线路。

3. 110千伏纳城线

110千伏纳城起点纳灰河二级电站，终点110千伏城南变115开关，线路型号LGJ-120（最大负荷输送能力72兆伏安），该线路2006年建成投运。110千伏纳城线53-54号杆之间T接一条110千伏线路至纳灰河一级电站，T接点至纳灰河一级电站长0.586千米，城南至纳灰二级电站长18千米。110千伏纳城线主要是纳灰河一、二级电站的发电上网线路。

4. 110千伏围黄线

110千伏围黄线起点220千伏围山湖变电站，终点110千伏黄桷树变106开关，线路型号LGJ-240（最大负荷输送能力116兆伏安）。该线路产权分为2段，1-12号杆属于兴义市电力有限责任公司，长2.68千米；12号杆至围山湖变电站产权属于兴义供电局，长14.12千米。2006年围黄线建成投运，开始从220千伏围山湖变电站向110千伏黄桷树变输电。

5. 110千伏兴黄线

110千伏兴黄线起点220千伏兴义变电站，终点110千伏黄桷树变107开关，线路型号LGJ-240（最大负荷输送能力116兆伏安），线路总长3.32千米。2007年兴黄线建成投运，开始从220千伏兴义变电站向110千伏黄桷树变输电。

6. 110千伏城黄线

110千伏城黄线起点110千伏城南变电站117开关，终点110千伏黄桷树变108开关，线路型号LGJ-240（最大负荷输送能力116兆伏安），线路总长18.43千米。2008年城黄线建成投运，开始从110千伏黄桷树变电站向110千伏城南变输电。

(二)35千伏线路

1、35千伏城跑线

35千伏城跑线是跑马厂输变电工程之输电工程，其起点为110千伏城南变35千伏出线间隔，终点为35千伏跑马变电站35千伏进线间隔，线路全长12千米，采用LGJ-240导线，全程共用杆塔20基，其中水泥杆1基，铁塔19基，建设投资46.55万元。于1991年10月与跑马变电站一起投入正式运行。

2. 35千伏城东云线

35千伏城东云线于1992年9月与云上变电站同期建设，原名称为35千伏城威线，是威舍输变电工程之输电工程。其起点为110千伏城南变35千伏出线间隔。终点为35千伏云上变电站一期工程35千伏进线间隔。线路全长29.76千米，采用LGJ-120导线，全程共用杆塔103基，其中水泥杆74基，铁塔29基，建设投资232.1万元，于1993年2月与35千伏云上变一起正式投入运行。2003年10月云上变二期工程35千伏威云线投入运行后，本线路减少了负荷量和运行时间，主要用作备用线路。

3. 35千伏城坪乌线

该输电线路原名35千伏城乌线，属乌沙输变电工程之输电工程。工程始建于1997年2月，同年8月与35千伏乌沙变电站同时正式投入运行。其起点为110千伏城南变35千伏出线间隔，终点为乌沙变电站一期工程35千伏进线间隔。该线路全长29.7千米，采用LGJ-95导线，线路全程共用杆塔71基，其中水泥杆48基，铁塔23基。2007年11月35千伏坪东变电站建成投入运行，其电源T接35千伏城乌线，为此线路进行了技术改造，即城南变至坪东变T接点段9千米线路更换输电导线为LGJ-240，T接点至乌沙变段16.73千米更换输电导线为LGJ-150，线路同时更名为35千伏城坪乌线。

(三)2014年“四在农家·美丽乡村”小康电项目建设情况

2014年，兴义市电力公司响应省政府“四在农家·美丽乡村”小康电项目建设，计划投资1149万元，项目规模为10千伏线路新建与改造10.064千米，低压线路建设与改造104.354千米，配电变压器建设与改造44台（5550千伏安），一户一表改造2194户。截止到2015年4月10日，该项目现阶段已全部竣工投运。

随着兴义市经济的快速发展，原城、乡配电网已难以满足城、乡人民生活水平不断提高，以及扶贫工作开展的需要，并与众多新建工程不相配套，工程改造势在必行。为此，兴义市地方电力于2015年申请城市和农村配电网改造工程项目立项，并于同年获核准批复。

1. 城网改造工程项目实施情况

城网改造工程项目立项核准批复的项目投资是55200万元（其中专项基金7728.00万元，企业自筹资金47472.00万元）。2016年8月专项基金到位3000万元，地方贷款的有关资料已提供给银行。该项目工程施工设计工作已完成，正在转第三方进行设计审查。城网改造工程于2016年11月份全面开工，施工进度方面完成电缆敷设8.45千米，对接箱模板制作、基础浇筑已完65个，排管布设0.035千米，完成工程投资大约8500万元。

2. 农村电网升级改造工程项目实施情况

农网升级改造工程项目立项核准批复的项目投资是51800万元（其中专项基金10400万元，企业自筹资金41400万元）。根据申报的兴义市2016年第一批专项建设基金的资本金和单位自筹资金，兴义市农村电网升级改造工程计划投资6000万元，主要涉及兴义市的敬南镇、乌沙镇、捧乍镇、下五屯办，义龙试验区的鲁屯镇、万屯镇。建设规模：10千伏线路长74.35千米，其中电缆长26.153千米，配变77台，低压线路长121.37千米，无功补偿169台，容量2020千乏，户表改造3144户，综合配电箱382台。进度完成情况：杆洞开挖866个，拉线坑完成713个，电杆组立71个，10千伏电缆敷设完成23.02千米，共92个工程项目。已开工42个项目，完成投资大约3800万元，涉及未网改项目和扶贫项目，于2016年12月底竣工。

兴义市地方电网自组建以来，建设了多座220千伏、110千伏、35千伏变电站和众多220千伏、110千伏、35千伏、10千伏、400V输、配电网络。除清水河工业园热电联产动力车间项目配套工程外，110千伏及以下变电容量为385.4兆伏安；110千伏输电线路182.021千米，35千伏配电线路385.596千米，10千伏配电主线路806.6千米。下面以列表形式表明各条线路的建设概况（未包括清水河热电联产动力车间项目配套工程）。

兴义市电网110千伏/35千伏变电站概况表

表2-8

序　号	变电站名称	主接线方式	主变台数	总容量（兆伏安）	负载率（%）	产权关系
一	110千伏变电站					
1	城南变	单母线分段	3	94.5	72.2	市公司
2	岗上变	单母线	2	41.5	55.08	云南
3	黄楠树变	单母线分段	1	50	100	市公司
4	乌沙变	单母线	1	50		市公司
二	35千伏变电站					
1	跑马变	单母线分段	3	24	119.44	市公司
2	云上变	单母线	2	13	97.06	市公司
3	泥凼变	单母线	1	4	30	市公司
4	仓更变	单母线	1	2.5	62.12	市公司
5	箐口变	—	1	2	73.53	市公司
6	坪东变	—	1	10	109.41	市公司
7	木陇变	单母线	2	20	116.02	市公司
8	合兴变	单母线分段	2	20	78.24	市公司
9	白碗窑变	单母线	2	8.15	48.55	农网

续表 2-8

序　号	变电站名称	主接线方式	主变台数	总容量（兆伏安）	负载率（%）	产权关系
10	清水河变	—	2	6.3	25.15	农网
11	捧乍变	单母线	2	10	93.37	农网
12	万屯变	单母线	2	8.15	115.78	农网
13	下午屯	单母线分段	2	11.3	33.93	市公司
14	敬南变	单母线分段	1	5		农网
15	东贡临时变	单母线	1	5		市公司
	合计		32	385.4		

兴义市电网 110 千伏 /35 千伏输电线路概况表

表 2-9

序　号	电压等级（千伏）	线路名称	电气连接方式	导线型号	线路长度（千米）	杆塔数量（基）			产权单位
						杆数	塔数	杆塔总和	
1	110 千伏	鲁兴线	双 T	LGJ-150	52.1	74	111	185	兴义市电力公司
2	110 千伏	江城 T 乌线	单 T	LGJ-240	27.3	15	21	36	兴义市电力公司
3	110 千伏	纳城线	单 T	LGJ-120	18.000	48	17	65	兴义市电力公司
4	110 千伏	围黄线	单环网	LGJ-240/30	2.680	5	6	12	兴义市电力公司
5	110 千伏	兴黄线	单环网	LGJ-240	3.32		14	14	兴义市电力公司
6	110 千伏	城黄线	单环网	LGJ-240	18.43		77	77	兴义市电力公司
7	35 千伏	黄合线	单 T	LGJ-240	15.59	29	38	67	兴义市电力公司
8	35 千伏	城跑线	单环网	LGJ-240	12	1	19	20	兴义市电力公司
9	35 千伏	岗仓线	单环网	LGJ-150	21.8	55	11	66	兴义市电力公司
10	35 千伏	城下箐 T 线	单 T	LGJ-95	25.672	59	46	105	兴义市电力公司
11	35 千伏	下白敬 T 白线	单 T	LGJ-95、LGJ-150	16.3	99	22	121	兴义市电力公司
12	35 千伏	敬捧泥 T 捧线	单环网	LGJ-95、LGJ-70	26.7	155	4	159	兴义市电力公司
13	35 千伏	泥仓线	单环网	LGJ-70	14.6	52	5	57	兴义市电力公司
14	35 千伏	城东云线	单环网	LGJ-120	29.762	74	29	103	兴义市电力公司
15	35 千伏	云啊线	单回辐射	LGJ-70	8.31	33	1	34	兴义市电力公司

续表 2-9

序　号	电压等级（千伏）	线路名称	电气连接方式	导线型号	线路长度（千米）	杆塔数量（基）			产权单位
						杆数	塔数	杆塔总和	
16	35 千伏	城坪乌线	单环网	LGJ-150、LGJ-240	29.7	48	23	71	兴义市电力公司
17	35 千伏	乌普线	单 T	LGJ-120、LGJ-150	13	34	16	50	兴义市电力公司
18	35 千伏	城合线	单回辐射	LGJ-120	23.004	66	16	82	兴义市电力公司
19	35 千伏	合铁线	单回辐射	LGJ-120	2.281	12	3	15	兴义市电力公司
20	35 千伏	城绿线	单回辐射	LGJ-120	4.802	14	11	25	兴义市电力公司
21	35 千伏	跑荣线	单回辐射	LGJ-120	1.612		7	7	兴义市电力公司
22	35 千伏	威云线	单回辐射	LGJ-150	0.489		4	4	兴义市电力公司
23	35 千伏	合泰 I 回线	单环网	LGJ-185	2.02		13	13	兴义市电力公司
24	35 千伏	合泰 II 回线	单环网	LGJ-185	2.02		13	13	兴义市电力公司
25	35 千伏	黄荣线	单回辐射	LGJ-240	5.279		31	31	兴义市电力公司
26	35 千伏	岗捧线	单回辐射	LGJ-150	10.643	26	11	37	兴义市电力公司
27	35 千伏	跑响线	单环网	LGJ-120	15.5	70	15	85	兴义市电力公司
28	35 千伏	响木线	单环网	LGJ-120	4.6	34	4	38	兴义市电力公司
29	35 千伏	云木线	单环网	LGJ-120	4.856	15	1	16	兴义市电力公司
30	35 千伏	乌白线	单环网	LGJ-95	13.959	51	3	54	兴义市电力公司
31	35 千伏	合木线	单回辐射	LGJ-120	6.4	26	1	27	顶效公司
32	35 千伏	郑合线	单环网	LGJ-185	3.2		15	15	顶效公司
33	35 千伏	郑合 II 回线	单回辐射	LGJ-240	3.227		16	16	顶效公司
34	35 千伏	顶木线	单环网	YJLV-300	1.55				顶效公司
35	35 千伏	顶万瑞线	单环网	LGJ-120	4.961	16		16	顶效公司

续表 2-9

序 号	电压等级（千伏）	线路名称	电气连接方式	导线型号	线路长度（千米）	杆塔数量（基）			产权单位
						杆数	塔数	杆塔总和	
36	35 千伏	万鑫线	单回辐射	LGJ-185/25	2.79	12		12	顶效公司
37	35 千伏	响木 T 清线	单回辐射	LGJ-120	5.4				顶效公司
38	35 千伏	跑木线	单环网	LGJ-240、LGJ-95	7.56	27	4	31	顶效公司
39	35 千伏	合云线	单回辐射	LGJ-185	4.667	4	16	20	顶效公司
40	35 千伏	合昌线	单回辐射	LGJ-240	3.272		7	7	顶效公司
41	35 千伏	合嘉 II 回线	单回辐射	LGJ-300	2.28				
42	35 千伏	合闽线	单回辐射	YJLV-300	0.7				
43	35 千伏	郑万线	单环网	LGJ-150	8.3	10	15	25	顶效公司

兴义市电网 10 千伏配网主要线路概况表

表 2-10

变电站	线路名称	性 质	线路情况		装接配变情况（千伏安）					
			主干线		公 用		专 用		合 计	
			型号	长度千米	台数	容量	台数	容量	台数	容量
35 千伏白碗窑变	10 千伏白大线	公用	LGJ-50	11.0390	16	1630	28	1670	44	3300
	10 千伏白漆线	公用	LGJ-70	14.2160	1	50	32	8885	33	8935
	10 千伏白镇线	公用	LGJ-50	5.7780	26	3310	22	1620	48	4930
	10 千伏白岔线	公用	LGJ-70	7.7820	11	1360	10	730	21	2090
	10 千伏江白线	公用	LGJ-120	8.7060	0	0	0	0	0	0
35 千伏仓更变	10 千伏仓更线	公用	LGJ-50	9.9020	46	3110	11	410	57	3520
	10 千伏沧江线	公用	LGJ-70	7.1460	67	2930	11	200	78	3130
	10 千伏落万线	公用	LGJ-70	9.5140	85	4650	10	430	95	5080
	10 千伏联网线	专用	LGJ-70	9.8100	0	0	1	30	1	30

续表 2-10

变电站	线路名称	性质	线路情况		装接配变情况（千伏安）					
			主干线		公用		专用		合计	
			型号	长度千米	台数	容量	台数	容量	台数	容量
35千伏敬南变	10千伏敬雄线	公用	LGJ-120	10.4530	26	2715	31	2595	57	5310
	10千伏敬镇线	公用	LGJ-120	1.4860	5	1390	6	250	11	1640
	10千伏敬海线	公用	LGJ-50	1.9700	12	900	12	590	24	1490
	10千伏敬新线	公用	LGJ-70	1.9700	28	2330	31	820	59	3150
	10千伏泥镇线（敬南所）	公用	LGJ-120	5.2300	0	0	12	270	12	270
35千伏泥凼变	10千伏泥镇线（泥凼所）	公用	LGJ-120	1.2070	51	3490	20	980	71	4470
	10千伏泥巴线	公用	LGJ-70	12.5000	59	4360	37	1480	96	5840
110千伏城南变	10千伏城区Ⅰ馈线路	公用	JKLYJ-150	4.2635	55	10435	66	20560	121	30995
	10千伏城区Ⅱ馈线路	公用	JKLYJ-150	5.3195	28	7305	47	16505	75	23810
	10千伏城区Ⅲ馈线	公用	LGJ-50	0.4350	1	50	3	1250	4	1300
	10千伏城面线路	公用	LGJ-70	2.5325	11	2410	11	2730	22	5140
	10千伏城酒线路	公用	LGJ-50	5.9235	0	0	13	5610	13	5610
	10千伏兴泰Ⅰ回线路	公用	JKLYJ-240	0.9910	0	0	0	0	0	0
	10千伏兴泰Ⅱ回线路	公用	JKLYJ-240	0.9910	0	0	0	0	0	0
	10千伏城润Ⅰ回线路	公用	JKLYJ-240	1.8500	0	0	0	0	0	0
	10千伏城润Ⅱ回线路	公用	JKLYJ-240	1.8500	0	0	0	0	0	0
	10千伏城纳线	公用	LGJ-120	2.7060	17	4015	14	2920	31	6935
	10千伏城坡线	公用	LGJ-120	2.9300	28	4155	42	8285	70	12440
	10千伏鸡场线	公用	LGJ-50	2.1070	6	1095	5	2360	11	3455

续表 2-10

变电站	线路名称	性质	线路情况		装接配变情况（千伏安）					
			主干线		公用		专用		合计	
			型号	长度千米	台数	容量	台数	容量	台数	容量
35千伏坪东变	10千伏坪东Ⅰ馈线	公用	LGJ-120	3.5810	3	880	26	16425	29	17305
	10千伏坪东Ⅱ馈线	公用	JKLYJ-150	1.4030	4	1230	20	6575	24	7805
	10千伏木贾线	公用	JKLYJ-185	4.4575	29	5595	57	14770	86	20365
	10千伏坪心线	公用	YJV22-240	1.0700	0	0	3	4100	3	4100
35千伏跑马变	10千伏那年线	公用	LGJ-120	8.9610	12	1730	14	1755	26	3485
	10千伏跑水线	公用	LGJ-120	2.4295	8	1190	15	4680	23	5870
	10千伏跑水线路（马岭）	公用			8	1050	13	4130	21	5180
	10千伏跑南线路	专用	LGJ-240	0.3755	0		1	250	1	250
	10千伏四分监线路	专用	JKLYJ-95	0.7660	0		1	1250	1	1250
	10千伏跑荣线路	专用	LGJ-120	1.7240	0		3	4500	3	4500
	10千伏跑铁线路	公用	LGJ-240	2.4385	2	630	2	70	4	700
	10千伏龙井线	公用	LGJ-120	5.6100	7	1380	30	6390	37	7770
35千伏绿叶沟变	10千伏绿盘线	公用	JKLYJ-185	0.0000	0	0	0	0	0	0
	10千伏绿锑线	公用	LGJ-50	0.4800			0	0	0	0
	10千伏绿陵线	公用	JKLYJ-185	6.1300	13	3780	9	1800	22	5580
	10千伏绿瑞线	公用	JKLYJ-185	5.4200	8	740	6	2865	14	3605
	10千伏绿瑞线（老鼠坝支线）		LGJ-50	1.5150	5	570	4	370	9	940
110千伏桔山变	10千伏电大线	公用	JKLYJ-120	5.6000	6	1400	1	250	7	10千伏电大线
	10千伏酒厂线	公用	JKLYJ-120	6.2000	5	1420	6	1200	11	10千伏酒厂线
	10千伏电大线	公用	JKLYJ-120	5.6000	6	1400	1	250	7	1650
	10千伏酒厂线	公用	JKLYJ-120	6.2000	5	1420	6	1200	11	2620

续表 2-10

变电站	线路名称	性　质	线路情况		装接配变情况（千伏安）					
			主干线		公　用		专　用		合　计	
			型号	长度千米	台数	容量	台数	容量	台数	容量
110千伏三毛山变	10千伏三马线	公用	LGJ–120	1.0560	32	4295	53	11015	85	15310
	10千伏三铁线	公用	LGJ–120	6.0180	17	2560	22	4990	39	7550
	10千伏三义线	公用	LGJ–120	9.6300	11	1370	14	3180	25	4550
	10千伏三枫线（马岭所）	公用	LGJ–120	1.3400	6	540	25	8195	31	8735
	10千伏三枫线（威舍所）	公用	LGJ–50	6.4400	26	2410	20	1665	46	4075
110千伏岗上变	10千伏捧乍线	公用	LGJ–95	9.7000	56	3950	24	1100	80	5050
	10千伏罗陇线	公用	LGJ–70	14.2250	34	2015	26	940	60	2955
	10千伏发玉线	公用	LGJ–70	4.7360	34	3295	21	1090	55	4385
	10千伏鲁毗线	公用	LGJ–50	4.7310	5	300	3	100	8	400
	10千伏羊洞脚线（鲁布格）	公用	LGJ–50	8.9160	3	220	5	170	8	390
	10千伏羊洞脚线	公用	LGJ–50	10.0500	8	600	7	150	15	750
35千伏箐口变	10千伏则戎线	公用	LGJ–70	10.7370	23	970	28	1100	51	2070
	10千伏巴结线	公用	LGJ–120	6.1580	31	2725	61	3655	92	6380
	10千伏箐口线	公用	LGJ–120	1.7840	4	420	30	1160	34	1580
35千伏云上变	10千伏云博线	公用	LGJ–120	3.8180	12	2100	41	9510	53	11610
	10千伏云谢线	公用	LGJ–120	2.62	9	510	24	6250	33	6760
	10千伏云硅线	公用	LGJ–120	6.5200	20	1530	45	10055	65	11585
	10千伏云品线	专用	LGJ–120	18.1900	0	0	2	60	2	60
	10千伏云锆线	专用	LGJ–120	6.8000	0	0	2	660	2	660
	10千伏云万线	专用	LGJ–120	1.0770	0	0	2	2400	2	2400

续表 2-10

变电站	线路名称	性　质	线路情况		装接配变情况（千伏安）					
			主干线		公　用		专　用		合　计	
			型号	长度千米	台数	容量	台数	容量	台数	容量
35 千伏捧乍变	10 千伏捧猪线	公用	LGJ–50	5.3000	63	4850	53	2260	116	7110
	10 千伏捧铁线	公用	LGJ–50	6.6000	79	6275	74	3675	153	9950
	10 千伏捧镇线	公用	LGJ–50	1.5000	5	1395	0	0	5	1395
	10 千伏捧雄线	专用	LGJ–95	16.8000	0		34	11955	34	11955
	10 千伏雄武线	公用	LGJ–120	15.3170	27	2185	24	1830	51	4015
	10 千伏捧猪线	公用	LGJ–50	5.3000	63	4850	53	2260	116	7110
35 千伏清水河变	10 千伏清雨线	公用	LGJ–70	3.9870	20	1570	57	13410	77	14980
35 千伏清水河	10 千伏清章线	公用	LGJ–70	5.8030	32	3210	39	2820	71	6030
	10 千伏清火 I 馈	专用	LGJ–70	3.2070	1	30	2	410	3	440
	10 千伏清火 II 馈	专用	LGJ–70	2.4070	0	0	1	100	1	100
	10 千伏清泥线	公用	LGJ–50	4.0040	16	1490	32	5480	48	6970
110 千伏乌沙变	10 千伏乌沙线	公用	LGJ–50	39.1520	31	3830	40	1945	71	5775
	10 千伏佳克线	公用	LGJ–50	54.8770	32	2400	39	3100	71	5500
	10 千伏窑上线	公用	LGJ–50	35.4030	12	1340	12	1610	24	2950
	10 千伏革里线	公用	LGJ–50	25.3280	9	800	17	850	26	1650
35 千伏下五屯变	10 千伏下化线	专用	LGJ–50	1.7950			3	750	3	750
	10 千伏下落线	公用	LGJ–50	14.3240	31	3970	43	8635	74	12605
	10 千伏下南线	公用	LGJ–120	0.8770	6	1750	16	6200	22	7950
	10 千伏小区 I 线	公用	LGJ–120	2.4710	3	2400			3	2400
	10 千伏下敬线	公用	LGJ–120	3.5800	2	410	11	1880	13	2290
	10 千伏下马线	公用	LGJ–185	12.1490	23	2530	38	12580	61	15110
	10 千伏下则线	公用	LGJ–95	15.8530	18	2605	22	1790	40	4395

续表 2-10

变电站	线路名称	性　质	线路情况		装接配变情况（千伏安）					
			主干线		公　用		专　用		合　计	
			型号	长度千米	台数	容量	台数	容量	台数	容量
	市公司合计			617.9340	1446	158790	1730	311880	3176	470670
35千伏木陇变	10千伏木开Ⅰ回	公用	LGJ-70、LGJ-120、JKLYJ-10/240	4.035	15	2865	55	8280	70	11145
	10千伏木开Ⅱ回	公用	LGJ-50、LGJ-120、JKLYJ-10/240	1.582	5	740	25	9340	30	10080
	10千伏木峡线	公用	LGJ-120	3.37	8	1730	22	7430	30	9160
	10千伏木红线	公用	LGJ-25、LGJ-50、LGJ-70、LGJ-120	6.426	16	2015	77	14130	93	16145
	10千伏木南线	公用	LGJ-70、LGJ-120、JKLYJ-10/150	5.093	4	695	16	5935	20	6630
	10千伏木中线	公用	LGJ-25、LGJ-50、JKLYJ-10/150	1.935	3	765	9	1395	12	2160
	10千伏木合线	公用	LGJ-120、JKLYJ-10/150	5.827	5	665	6	4430	11	5095
	10千伏木纳线	公用	LGJ-70、JKLYJ-10/150	12.571	36	5295	63	8750	99	14045
35千伏合兴变	10千伏合水线	公用	LGJ-70、LGJ-95	5.419	6	380	28	8755	34	9135
	10千伏合闽线	公用	LGJ-120	0.227	6	945	12	6155	18	7100
	10千伏合南线	公用	LGJ-70、LGJ-120	0.91	0	0	5	3675	5	3675
	10千伏合郑Ⅱ回	公用	LGJ-/70	0.667	0	0	2	2850	2	2850
	10千伏合丰线	专用	LGJ-95	0.531	0	0	2	3500	2	3500
	10千伏合鲁线	省公司	LGJ-50、LGJ-120	8.029	9	1325	41	7595	50	8920
	10千伏合郑Ⅰ回	省公司	LGJ-70、LGJ-120、LGJ-50	26.207	69	7705	3	4325	72	12030

续表 2-10

变电站	线路名称	性　质	线路情况		装接配变情况（千伏安）					
			主干线		公　用		专　用		合　计	
			型号	长度千米	台数	容量	台数	容量	台数	容量
110千伏顶效变	10千伏轧钢厂线	专用	LGJ-120	0.321	0	0	2	1800	2	1800
	10千伏宏旺线	专用	LGJ-120	0.267	0	0	4	13450	4	13450
	10千伏玻璃厂线	专用	LGJ-70	0.313	0	0	2	1600	2	1600
	10千伏炉料厂线	专用	LGJ-120	0.328	0	0	1	315	1	315
	10千伏顶鑫线	专用	LGJ-120	6.348	1	315	10	4050	11	4365
	10千伏绿荫线	公用	LGJ-120	2.61	6	460	9	8520	15	8980
35千伏万屯变	10千伏万兴线路	公用	LGJ-120	12.728	44	4335	39	2785	83	7120
	10千伏万街线路	公用	LGJ-70	15.08	31	2695	60	5435	91	8130
	10千伏万盘线路	公用	LGJ-50	3.441	6	860	10	1025	16	1885
	10千伏万合线路	公用	LGJ-70	2.821	10	1150	16	3590	26	4740
	10千伏万鲁线	公用	LGJ-120	60.97	56	5415	165	13320	221	18735
	合计（顶效公司）			188.6230	336	40355	684	152435	1020	192790
	合计（公司汇总）			806.5570	1782	199145	2414	464315	4196	663460

第三章 水力发电

第一节 发电能力

一、水力发电利用

1999年以前，兴义市共有小水电站14座，装机规模均小于1000千瓦，均为径流式设计，无调节能力。全市小水电总装机容量为8479千瓦，年发电量2700余万千瓦时。1994年前这些电站大都是孤立运行，就近区域供电；负荷、电压、频率极不稳定，只能惠及偏远山区部分群众用电。概况如下：

纳省河：纳烘一级电站，装机容量为500千瓦/2台。纳烘二级电站，装机容量为800千瓦/2台。围山湖坝后电站，装机容量为200千瓦/2台。水冲口电站，装机容量为250千瓦/2台。小寨电站，装机容量为500千瓦/2台。

纳灰河：兴西湖坝后电站，装机容量为525千瓦/3台。枫洞电站，装机容量为600千瓦/2台。兴西湖柯沙电站，装机容量为960千瓦/3台。狮子山电站，装机容量为224千瓦/2台。

达力河：鸡场电站，装机容量为500千瓦/2台。团结电站，装机容量为325千瓦/2台。

白碗窑河：白陶厂电站，装机容量为400千瓦/2台。

小黄泥河：普梯一级电站，装机容量为200千瓦/2台。普梯二级（犀牛塘）电站，装机容量200千瓦/2台。

进入九十年代中后期，随着部分乡镇变电站的陆续建成，小水电开始并网运行，供电能力得到增强，各方投资水电的意愿大为活跃。1999年以后，为加快地方经济发展，政府加大小水电扶持力度，拓宽融资渠道，开放民间资本，一座座投入小、见效快、出力好且具有调节性能的小水电站陆续投运。截至2008年底，分别新建（技改）的电站有：位于达力河上的达力河一、二、三级电站。位于木浪河上的木浪河坝后电站、响革电站。纳省河上的纳省电站。小黄泥河上的威舍电站、先锋电站、普梯一级电站、普梯二级电站。位于黄泥河上小田坝电站和老江底电站。截至2016年，兴义市境内共有小水电站32座，总装机达202兆瓦。上兴义地方电网的水电站装机为148兆瓦（含位于盘县境内的鲁础坡电站，装机8兆瓦），年发电量约为5.0亿千瓦时。2015年猪场电站因木浪河水库加坝工程、兴西湖坝后、枫洞、柯沙、狮子山电站2016年6月因百年一遇洪水导致厂房损毁、先后退出运行。退出运行的水电站共8座，装机容量4.3兆瓦。现小水电站25座（不含鲁础坡电站），在运装机容量为197.9兆瓦。

1. 达力河一级电站是达力河上游的第一级引水式电站，该电站始建于1976年1月，原引水渠长3.67公里，水头55米，电站于1982年建成，原装机2×320千瓦。投运一年后，因渠道多处塌方，难予修复，后经省、州、县有关技术部门论证予以报废。1985年，兴义市水电局向省水电厅专题报告，省厅批准将原厂房迁至原渠道760米处新建发电站。该站设计水头20米，原装机容量250千瓦，于1987年4月运行发电。1992年进行增容技改，目前电站的装机容量为500千瓦。经有关技术部门到现场进行考察，认为达力河水资源还有潜力可挖，拟定对该电站进行易地技改增容。建设的新电站位于现运行的老电站下游约1.2公里，由于两座电站共用拦河坝和一段引水渠，现运行的老电站机组命名为“达力河一级电站1、2#机”，新增容的命名为“达力河一级电站3、4、5#机”。该工程拦河坝为堆石滚水坝，坝高为3.8米，坝顶长19米；设计水头40米，引用流量4.8立方米/秒装机容量为1500千瓦/3台，年利用小时数为5304小时，保证出力为273千瓦，年发电量为810万千瓦时。

2. 达力河二级电站：达力河二级电站位于兴义市泥凼镇达力村，距兴义市52公里，为达力河上规划开发的第一级引水式电站。属新建项目，电站设计水头37.4米，引用流量10.06立方米/秒，引水渠长200米。

达力河二级电站为引水式无调节电站，枢纽建筑物由拦河坝、引水渠道、前池、泄水渠、压力钢管、地面厂房、升压站及电气设备等。电站装机容量为3130千瓦/3台，年发电量1536万千瓦时，年利用小时数5120小时，保证出力为680千瓦。

3. 达力河三级电站：达力河三级电站是达力河规划的第二级引水式电站，位于兴义市泥凼镇，距兴义市63.5公里，距达力河二级电站0.5公里。枢纽建筑物由拦河坝、进水口、引水渠、前池、泄水渠压力钢管、地面厂房、升压站组成，所有枢纽建筑物布置于达力河左岸。引水渠全长3.24公里，水头36米，引用流量1.18立方米/秒，装机容量为2000千瓦/4台，年发电量1000万千瓦时，年利用小时5400小时，保证出力273千瓦。

4. 木浪河坝后电站：木浪河坝后电站位于马别河右岸一级支流，南盘江二级支流木浪河上，属坝后式电站。

木浪河水库是以灌溉和城市供水为主、发电为辅的综合利用水利工程，水库正常蓄水位1225米，死水位1196.6米，总库容4710万立方米。坝址以上流域集水面积309平方公里。坝后电站设计水头33.9米，引用流量4.4立方米/秒装机容量2500千瓦/2台，年发电量1190万千瓦时，保证出力为760千瓦。

5. 响革电站：响革电站属于木浪河水库工程干渠附属电站，该工程是一项综合利用工程，以灌溉供水为主，兼顾发电，属引水式电站。电站设计水头145.1米，引用流量2.2立方米/秒。电站于2001年建成投产，装机容量5000千瓦（2×2500千瓦），由于运行后，在汛期有较多弃水，水能资源未能充分利用，在2003年对响革电站实行增容，新增2000千瓦装机容量。电站现总装机容量7000千瓦，年发电量3200万千瓦时，保证出力为1400千瓦。

6. 纳省电站位于马别河左岸的一条一级支流纳省河上。纳省河发源于兴仁格沙屯的低古么塘，水流自东向西，至纳省乡左岸汇入马别河。主河长32.5米，平均坡降16.6%，流域面积204平方公里。该电站是在原化工总厂供水工程基础上的改、扩建工程，但已不再向化工厂供水，只有小量的农灌供水。该工程为引水式电站，设计水头120米，引用流量6.3立方米/秒，总装机容量为：6000千瓦/3台，保证出力1300千瓦，年发电量21000千瓦时，年利用小时数3490小时。该工程的开发目标主要是发电，但枯水期发电要受马岭河峡谷核心景区景观瀑布调节用水的影响，要在确保景观瀑布用水的基础上，多余水量方可用于发电。

7. 威舍电站：兴义市威舍电站位于南盘江二级支流黄泥河中上游地带的兴义市威舍镇，电站距兴义市45公里，距威舍5公里。坝址以上流域面积890平方公里，多年平均流量42立方米/秒。威舍水电站工程库容小，电站设计水头6.3米，引用流量39立方米/秒，装机容量1890千瓦/3台，保证出力480千瓦，多年平均发电量988万千瓦时，年利用小时5200小时。

8. 先锋电站：先锋水轮泵站技改工程位于小黄泥河中下游干流上，行政区域属兴义市威舍镇。坝址以上集雨面积963平方公里，主河道长62.3公里，平均坡降6.25‰，多年平均流量30.76立方米/秒。先锋水轮泵站技改由小黄泥河上修建的拦河坝，发电工程组成。主要建筑物有砌石坝、发电引水明渠、前池、发电厂房、升压站等。水库正常蓄水位1238.50米，总库容5.4万立方米。拦河坝最大坝高6米，引水渠长27米，设计水头6米，引用流量28立方米/秒，电站装机容量1300千瓦/4台，多年平均发电量为457.8万千瓦时，保证出力133千瓦，年利用小时数4578小时。

9. 普梯一级电站（技改工程）：普梯电站技改工程位于兴义市境内小黄泥河下游，距兴义市31公里。有2×100千瓦小电站1座，是50—60年代人工修筑的，机电设备已经老化陈旧，无法修复，整个电站处于停产状态，须对其进行技术改造，方能发挥效益。兴义市普梯发电有限责任公司于2002年7月对电站实施技改，设计水头22.4米，引用流量34.6立方米/秒，装机6000千瓦（2×3000千瓦）。坝型为埋石砼重力拱坝，布置为坝后式水电站，年发电量3180万千瓦时，保证出力为1300千瓦，是按综合自动化设计建设的水电站。

10. 普梯二级（犀牛塘）电站技改工程：犀牛塘水电站是小黄泥河梯级开发的二级电站，距离普梯一级水电站6.9公里。电站开发河段为河边村至犀牛塘大桥段，总长7公里，流域面积1424平方公里，电站坝址位于兴义市乌沙镇岔江办事处。1958年修建的装机容量2×100千瓦的普梯水轮泵电站，由于设备老化，无法修复，已处于停产状态。兴义市普梯发电有限责任公司2004年9月对电站实施技改。电站技改工程采用径流引水开发方式，拦河坝基本不具备调节功能，总库容195万立方米，设计水头为24.5米，总装机规模为9500千瓦/3台，年发电量4437万千瓦时，保证出力为1460千瓦，引用流量为38立方米/秒。电站投产运行后，经专家评测，电站仍有2000千瓦增容空间。

11. 小田坝电站：小田坝电站位于云南与贵州两省界河——黄泥河下游左岸。电站是利用南盘江的干流黄泥河上的一条支流——龙潭河水流发电，整个流域面积124平方公里，属小型流域。流域气候温和湿润，多年平均气温17.6℃，平均年降雨量1290毫米。电站以发电为主，兼顾少量农田灌溉。电站建筑物由拦河坝、引水渠道、前池、压力管道及厂房组成，取水坝坝顶高程1387.7米，引水渠道共280.2米，压力管道长458.4米，厂房为河岸式砼框架结构。电站设计流量1.2立方米/秒，水头为380.33米，属小流量，高水头电站。装机容量为3200千瓦/2台，保证出力为994千瓦，多年平均发电量为1700万千瓦时，年利用小时数为5600小时。

12. 老江底电站：老江底水电站位于兴义市雄武乡北侧，距雄武乡约8公里，有雄武乡至补作村的简易乡村公路相通。该电站是黄泥河流域梯级电站的第六级，电站开发目标为单一发电电站。正常蓄水位为1180米，尾水与已建的鲁布革电站正常水平1130米相衔接。坝址以上流域面积7090平方公里，多年平均流量160立方米/秒，相应库容587万立方米，死水位1176米，有效库容253万立方米，死库容334万立方米，为日调节水库。电站装机容量2×50兆瓦，多年平均发电量为40000万千瓦时。业主为兴义黄泥河水电开发有限责任公司。

13. 永康桥电站：兴义市永康桥水电站（原名大桥电站），位于兴义市乌沙镇岔江办事处新江底村民组永康桥，在云贵两省界河黄泥河上游，距兴义市30公里。该电站是一座低水头电站，设计流量215立方米/秒，取用水头7米，电站装机容量12000千瓦/3台，年利用小时数5231小时，多年平均发电量4165万千瓦时，保证出力1414千瓦。是兴义市境内唯一一座灯泡贯流式机组电站。

14. 阿依水电站：位于小黄泥河中下游，行政区域属兴义市威舍镇，距威舍镇4公里。该电站是在阿依拦河坝原有基础上进行技术改造，属坝后式径流电站。坝址以上集雨面积777平方公里，主河道长48.3米，平均坡降6.25‰，多年平均径流量7.82亿立方米，多年平均流量34.57立方米/秒。阿依电站技改工程总体布置为：利用原阿依水轮泵站拦河坝，在坝顶设4米高橡胶坝，雍抬水位至999.5米；在坝首左岸设取水口，经86.5米引水明渠到压力前池，经压力钢管发电。水库正常蓄水位999.5米，拦河坝最大坝高5.9米，引水渠长86.5米。电站装机容量2400千瓦/3台，设计水头7.5米，引用流量33立方米/秒，年利用小时数为4550小时，保证出力为480千瓦，多年平均发电量为1092万千瓦时。

15. 木贾（乌拉）电站：木贾（乌拉）电站位于兴义市马岭镇，在木贾河与马岭河河口上游500米处，距兴义市13公里。木贾河流域面积100平方公里，电站开发引用水源点主要为地表水、泉水和生活排污水。根据实地调研和观察分析，坝址处年平均流量约为1.5立方米/秒，最枯流量为0.3立方米/秒。枯水期该电站应在确保马岭河景区瀑布用水，服从调度，剩余水量方可用于发电。该工程在木贾河上游1040.0米处建4米高拦河小坝，形成取水条件，设计水头为65米，引用流量为2.0~3.0立方米/秒。总装机容量为2000千瓦/2台，年发电量约为560万千瓦时，年利用小时为3500小时。

16. 纳怀电站：纳怀电站位于兴义市清水河镇境内联合村卡敖组四棱坡脚。该水电站引用坪东镇丰塘办事处大寨村下寨坝子的水，筑13米高的坝，使水通过引水渠、隧道，流向四棱坡脚，利用300多米的落差发电。设计水头300米，引用流量0.68立方米/秒。设计装机总容量为2390千瓦/4台，年利用小时数为3300小时，年发电量为1000万千瓦时，保证出力149千瓦。

17. 猫鼻梁电站：猫鼻梁电站位于达力河一、二级电站之间，属引水式电站，为技改项目。电站装机容量1200千瓦（3×400千瓦），设计水头11米，引用流量为12立方米/秒，总投资450万元，年平均发电量为400万千瓦时，年利用小时约3400小时。

18、纳灰河一级电站：纳灰河一级电站位于兴义市下午屯镇大海子村。电站取水口位于纳灰河伏流上游约600米处，引水隧洞长5195米，设计引水流量7.65立方米/秒，设计水头为137米，为无压引水式隧洞。一级电站设计装机容量为9000千瓦/2台，2007年建成投产后，多年平均发电量达3119万千瓦时，年利用小时数为3466小时。

19. 纳灰河二级电站：纳灰河二级电站位于则戎乡纳桑村万峰湖畔。电站引水建筑物从纳灰一级电站尾水渠末端开始，由引水明渠和引水隧洞组成，总长 3997 米。电站设计引用流量为 7.65 立方米 / 秒，设计水头为 168 米。二级电站设计装机为 10500 千瓦，2007 年建成投产后，多年平均发电量为 3476 万千瓦时，年利用小时数为 3466 小时。

20. 猪场水电站：猪场水电站位于兴义市威舍镇猪场村。电站为引水式开发，利用猪场河下游水能资源引水发电，渠道沿猪场河右岸布置。猪场河属木浪河水库一级支流，全河长 15 公里，全河流域面积 36 平方公里，项目坝址以上流域面积 34.2 平方公里，坝址处多年平均流量 0.4 立方米 / 秒。电站设计水头 58 米，引用流量 1.6 立方米 / 秒。总装机容量 750 千瓦 /2 台，年发电量 250 万千瓦时，保证出力 480 千瓦。2014 年因木浪河水库大坝增高，电站处于淹没区内，2014 年 9 月已停产。

此外，位于盘县境内（靠近兴义市威舍镇）的鲁础坡电站，总装机 8 兆瓦，业主为盘县江源电力公司。2014 年 7 月并入兴义市地方电网运行。

二、兴义市小水电历年上网电量

兴义市小水电站历年上网电量一览表

表 3-1

年　度	上网电量（亿千瓦时）	年　度	上网电量（亿千瓦时）
2001	0.42	2009	2.33
2002	0.39	2010	3.81
2003	0.35	2011	1.93
2004	0.53	2012	3.79
2005	0.86	2013	3.80
2006	1.35	2014	4.94
2007	2.11	2015	5.11
2008	3.15	2016	3.64

第二节　发电厂运行

一、运行指挥与体制

兴义市在二十世纪七八十年代修建了一批小水电。计划经济时期，其建设一般由市（县）水电局提供物资、设计，由所在公社或大队投工投劳，投运后一般由公社（大队）自行组织生产，水电局提供技术支持。小水电基本属于集体经济范畴，只在一定范围内的山区自行供电，供电质量（频率、电压）较差，且不稳定，丰水期经常由于山洪冲垮渠道等，导致不能发电。

进入二十世纪九十年代，市场经济迅猛推进，兴义市水电局成立了供电所，专门管理调度鲁布格电站给予地方的留成电，建立地方电网和调度中心。1999年9月，其直属的木浪河电站建成发电，管理上执行公司领导下的站长负责制，由公司负责检修、调度、物资供应，电站只负责运行和维护。

2000年以后，随着进入小水电领域的资本多样化，新建电站和原有电站的权属发生了很大变化。在地方电网的统一技术要求下，管理模式多样，有委托运行的，有委托检修的，有两者都委托的，其目的都是为了降低成本和更加经济安全。

二、运行管理（以老江底电站为例）

2003年9月，云南省罗平县政府和贵州省兴义市政府就老江底电站的建设达成协议，根据协议由兴义市电力有限责任公司、云南罗平锌电股份公司和云南南磷（集团）股份有限公司分别按35%、33%和32%的股权注册成立兴义黄泥河发电有限责任公司，开发老江底电站。电站建成后，电量按兴义、罗平各50%比例分配。

老江底水电站位于云贵交界的兴义市雄武乡补作村，为黄泥河梯级开发的第六级电站，电站装机容量2×50兆瓦。挡水大坝设计为常态混凝土单曲拱坝，坝顶高程1190.5米，坝顶宽5米。河床坝段建基面高程1123.5米，最大坝高67.0米，最大坝底宽20米，正常蓄水位1182米，对应库容739万立方米，死水位1175米，死库容281万立方米，相应调节库容458万立方米。老江底电站2008年8月建成发电。

（一）在黄泥河公司下成立生技部、安监部、财务部，电站运行维护委托兴义市水电开发公司负责管理。

运行管理由受委托方的站长负责。制订运行规程，结合现场实际，陆续完成了三次修编。

每月由站长主持召开生产例会，公司及检修方派员参加。

（二）安全文明生产

运行方每周自行组织班前会、班后会，安排每周生产与工作以及安全交代，分析与总结每周生产与工作存在的问题。

从2009年开始，黄泥河公司安排资金，运行方组织实施了厂站范围内的6S管理，全面推进“6 S”活动，人员素养得以极大提升，安全意识加强，设备管理水平明显提高。

黄泥河公司每月对两票进行考核，纳入合同奖惩。

（三）事故

2009年，在枯水期设备例行检查中发现，1号机2号机转轮均有不同的裂纹，由机组生产厂家进行补焊处理。2010年又发现该缺陷，公司专门组织了专家会诊，然未能根治，只是程度减轻。

2009年，因清污机仍在安装，未投入使用，运行不到一年，拦污栅出现垮塌事故。

（四）老江底电站历年发电量数据

老江底水电站历年发电一览表

表 3-2

年　度	发电量（万千瓦时）
2008	8556
2009	23482
2010	34410
2011	19429
2012	36000
2013	33700
2014	43400
2015	43500
2016	35500

第三节　设备维修与更新改造（以老江底电站为例）

一、设备维修

电站检修委托罗平腊庄电厂负责，每年12月份至次年5月份的枯水期进行计划检修。日常维护由运行方负责，运行部对运行方的消缺率进行考核。

设备维护由运行方按年计划、月计划、周计划实施，并由运行方每季度进行设备评级。在此基础上，由运行方每年提出检修计划，公司建立了班组、站部、黄泥河公司运行部三级验收制度。

二、检修与更新改造计划

检修计划每年12月完成上报，同时由公司运行部提出更新改造项目。（见表）

老江底水电站××××年检修项目计划表

表3-3

部件名称	检修项目	安全性评价发现的问题及缺陷
一、1、2#水轮发电机组及辅助设备		(1)1#机推力轴承油盆盖渗严重，水机室积油严重 (2) #1调速器引导阀存在卡塞现象 (3) 补气装置不能自动补气 (4) 油压装置，连接法兰、仪表接头存在渗油现象；转速表已坏；压油灌排油阀漏油；油压装置油处理 (5)1#机组总冷却水压力表工作不正常
(一) 水轮机		
水轮机轴承	(1) 测量轴承间隙	(6)1#调速器接力器排油管堵塞处理 (7)1#调速器接力器排油管堵塞处理 (8) #2机调速器部分连接法兰、仪表接头存在渗现象 (9)2#机调速器转速表显示不正常 (10) 机组绕组部分测温点显示不正确，常误发越限信号或无显示 (11) 推力轴承油盆底座渗油 (12) #2机下导轴承漏油严重，水机室积油
	(2) 解体、清扫、检修止水装置与轴承	
	(3) 清扫、检查并修整轴承瓦	
	(4) 清扫、测量轴颈	
	(5) 检修轴瓦球面	
	(6) 清扫油盆，检查渗漏，进行油冷却器水压试验	
导水机构	(1) 解体、清扫、检查顶盖排水装置	
	(2) 对导水机构润滑部分加注润滑剂	
	(3) 测量与调整接力器压紧行程	
	(4) 检查接力器锁定装置，进行动作试验	
	(5) 检查剪断销及信号装置	
转轮	(1) 检查泄水锥（浮球阀）固定情况	
	(2) 检测转轮是否有异常情况	
引水管、蜗壳与尾水管	(1) 检查蜗壳及尾水管	(13) 振摆保护未启用
	(2) 检查引水钢管、伸缩节漏水并堵漏	(14) 测流装置不准确
	(3) 检查及修理空气阀、蜗壳排水阀、尾水管排水阀、技术供水阀	(15)1号主变低压侧隔离柜00120接地隔离开合不到位 (15)10千伏开关柜部分电磁锁解锁损坏
	(4) 清扫、检查测量表计管路	
水轮机补气装置	(1) 对真空破坏阀进行解体、清扫、处理及试验调整	(16) 事故照明回路切换装置控制器损坏，不能自动切换
	(2) 检查、修补十字补气架	(17)0.4千伏Ⅰ段至油处理室动力电源电流表指示异常

续表 3-3

部件名称	检修项目	安全性评价发现的问题及缺陷
调速器	(1) 检查及清洗调速器各零件和管路	(18)400 伏厂用电室 405 断路器柜电压表无电压指示
	(2) 检查并试情况调整导水叶开度指示	(19)400 伏厂用电Ⅰ、Ⅲ段 BZT 装置未投入
	(3) 测量及调整接力器行程、导水叶开度关系曲线	(20)0.4 千伏厂用电系统部分表计损坏
	(4) 进行调速器静特性试验	(21)2B 主变中性点接地隔离开关 1020 不能电动操作
	(5) 测量和调整导水叶两段关闭时间	(22)1B 主变风机不会自动启动
	(6) 检查电液转换器（司服控制装置）	(23) GI 秒通风系统电源回路布置不符合规范要求
	(7) 检查并清扫电气回路端子	(24)061 断路器不能远控操作
油压装置和漏油装置	(1) 清扫、检查、处理压油罐、贮油箱、漏油箱并防腐	(25)061、0616 指示与上位机不符
	(2) 清扫、检查油过滤网并进行修理或更换	(26) G I S 刀闸 24 伏闭锁电源端子已切断，控制电源箱故障
	(3) 解体检查、修理及试验油泵、安全阀、放空阀、止回阀、补气阀，必要时更换	(27)1B 主变绕组温度上位机上无显示
	(4) 过滤、化验透平油	(28)1#、2# 机组各轴承油位无数据显示
	(5) 对调速系统进行泄漏试验	(29)1#、2# 调速器油压装置压力油槽油位与上位机显示不符
主阀	(1) 测量及调整检修前后开关时间	(30)1#、2# 蝶阀油压装置压力油槽油位与上位机显示不符
	(2) 对止水密封进行密封性检查	(30) 渗漏集水井水位无数据显示
	(3) 检查并清洗油压装置油管路	(31) 检修集水井水位无数据显示
	(4) 检查操作机构压力信号装置	(32) 保护装置 110 千伏 I 母断线命名为 II 母断线
	(5) 分解、检查并调试油泵、安全阀	(33)1# 机组 1B 主变差动模块复归按钮损坏
	(6) 检查、试验电气控制系统及整体系统操作整定	(34)9110 接地刀闸分闸动作时上位机语音报警为合闸
(二) 发电机		(35) 中低压气蓄罐数显表计不能上传数据
定子	(1) 检修定子机座和铁芯，检查径向千斤顶紧固情况	(36) 中低压冷凝水不能正常排出，空压机本体有积水现象，排污管道有堵塞现象
	(2) 检查定子绕组及槽口部位	(37)1# 低压空压机轴套喷油，轴颈磨损

续表 3-3

部件名称	检修项目	安全性评价发现的问题及缺陷
定子	(3) 检查、修理挡风板，灭火装置	(38) 渗漏排水 1#、2# 泵轴摆动较大，盘根漏水较大，2# 泵的中心轴盘根处有磨损，需换轴
	(4) 进行电气预防性试验	(39) 大坝值班室房屋给排水需改造
	(5) 校验测温元件	(40) 泄洪洞工作闸门锁定梁严重损坏，需更换
转子及主轴	(1) 测量发电机空气间隙	(41) 大坝 2#、4# 溢流弧形闸门漏水
	(2) 检查磁极、磁极键、磁极接头、阻尼环、转子风扇	(42) 泄洪洞工作闸门操作时震动大，存在安全隐患
	(3) 清扫转子 (包括通风沟)	(43) 坝区 071 断路器远控不能操作
	(4) 检查制动环及其挡块	(44)4#、5# 弧形闸门液压站控制阀组漏油
	(5) 检查、调整滑环电刷装置及引线	(45) 冲沙底孔检修闸门和工作闸门齿轮箱漏油
	(6) 进行电气预防性试验及测量轴电压、轴电流	(46) 冲沙底孔和泄洪洞工作闸门配重不足，不能全关到位
	(9) 调整机组轴线	(47) 浮桶拦污栅钢筋拦污网有部分脱落，浮桶生锈
轴承	(1) 检查推力轴承转动部分、轴承座及油槽	(48) 清污机需维护保养 (抓齿变形、折断，结构梁柱的链接螺栓锈蚀更换加固等)
	(3) 检查轴瓦，进行水冷轴瓦通道除垢及水管路水压试验	(49) 全站仪已到检期，需校检
	(4) 测量、调整导轴瓦间隙，检查导轴承	(50) 大坝部分护栏损坏，电缆线槽板被风吹走
	(5) 检查、处理轴承绝缘	
	(6) 处理润滑油	
	(7) 检查油冷却器并进行水压试验，清扫油管路、水管路并进行水压试验	
	(8) 对油水分离器进行校验	
机架	(1) 检查、清扫机架	
励磁系统	1) 检查、试验励磁变压器、电压互感器、电流互感器	
	2) 检查、测试单元板、脉冲板、功率柜及整流元件	
	3) 检查并校验各继电器、接触电器，检查二次回路并测试绝缘	

续表 3-3

部件名称	检修项目	安全性评价发现的问题及缺陷
励磁系统	4) 检修风机	
	5) 回路模拟试验并进行静态、空载、带负荷工况下试验	
	6) 励磁调节器特性试验	
	7) 检查、调试系统稳定装置	
	8) 检查、修理灭磁装置及转子过电压保护装置	
通风及其冷却系统	(1) 对冷却器进行检查、清污、防腐、水压试验	
	(2) 检修管系阀门并进行水压试验	
	(3) 检查、修理通风系统	
制动装置	(1) 测量与调整制动器闸板与制动环间隙	
	(2) 检修制动器并进行耐压试验	
	(3) 检修制动系统油、气管路、阀门并进行压力试验	
	(4) 进行制动系统模拟动作试验	
	(5) 校验电气制动系统，检修开关	
发电机系统的一、二次设备	(1) 检查、修理发电机开关、母线、电流互感器、电压互感器、避雷器	
	(2) 检查、校验及修理各种仪表和变送器，检测原始测点	
	(3) 修理、调整、校验继电保护与自动装置及其元件或更换部分元件	
	(4) 检查、测试故障录波器装置	
	(5) 测试电气设备接地系统	
	(6) 检查、测试母线及高压电缆绝缘特性	
	(7) 电气设备进行预防性试验	
	(8) 核对振摆测点与实际显示相符	
	(9) 检查核验测流装置	
二、1、2# 主变压器及升压站设备		

续表 3-3

部件名称	检修项目	安全性评价发现的问题及缺陷
外壳和绝缘油	(1) 检查和清扫外壳及其附件，消除渗油、漏油	
	(2) 检查和清扫防爆管、压力释放阀、气体继电器等安全保护装置	
	(3) 检查呼吸器	
	(4) 检查及清扫油位指示装置	
	(5) 绝缘油的电气试验和化学试验	
	(6) 检查外壳、铁芯接地	
冷却系统	(1) 检查风扇电动机及其控制回路	
	(3) 检查、清理冷却器	
分接开关	检查分接开关切换装置并进行绕组直流电阻测试	
套管	(1) 检查、清扫全部套管	
	(2) 检查充油式套管的绝缘油质	
电气一、二次设备及继电保护装置	(1) 检查及清扫与变压器一次系统配电的装置及电缆	
	(2) 检查、校验测量仪表、保护装置、在线监测装置及控制信号回路	
	(3) 检查、清扫二次设备各保护屏、瑞子箱	
	(4) 电气设备进行预防性试验	
	(5) GI 秒断路器、隔离开关、接地开关操作机构检查及转动试验	
	(5) GI 秒装置接地电阻的测量	
	(6) 检查并清扫出线电压互感器、避雷器	
	继电保护装置校验	
三、计算机监控系统	(1) 清扫、检查工作站（服务器）及其模块，必要时更换备件	
	(2) 清扫、检查语音报警机	
	(3) 清扫、检查通信部件，必要时更换	
	(4) 清扫、检查电源及其接线	
	(5) 清扫、检查、测试光纤、网线	
	(6) 清扫、检查同步时钟（GP 秒）	
	(7) 检测网络并进行主备网切换试验	

续表 3-3

部件名称	检修项目	安全性评价发现的问题及缺陷
三、计算机监控系统	(8) 进行数据库整理、备份	
	(9) 进行画面更新、完善	
	(10) 测试软件功能并备份	
	(11) 清扫、检查工控机	
	(12) 清扫、检查、巡检温度测试仪	
	(13) 检测、试验 I/O 接点及元件动作特性	
	(14) 检测 I/O 控制回路	
	(15) 检查、测试自动化测量元件及执行元件	
	(16) 检查、测试接地系统	
	(17) 综合模拟试验控制、保护功能	
	(18) 处理 061 断路器上位机不能远控操作	
	(19) 检查处理 061、0616 指示与上位机不符	
	(20) 更换 G I S LCU 控制电源箱	
	(21) 检查处理 1B 主变绕组温度上位机上无显示	
	(22) 检查处理 1#、2# 机组各轴承油位无数据显示	
	(23) 检查处理 1#、2# 调速器油压装置压力油槽油位与上位机显示不符	
	(24) 检查处理 1#、2# 蝶阀油压装置压力油槽油位与上位机显示不符	
	(25) 检查处理渗漏集水井水位无数据显示	
	(26) 检查处理检修集水井水位无数据显示	
四、公用部分	(1)1#、2# 中压空压机系统检查、维护，压力变送器更换 (2)2# 储气罐排污管堵塞处理	
	(3)1#、2# 机组制动柜排污装置更换	
	(4)2# 低压空压机系统检查、维护，压力变送器更换	
	(5) 完善 1#、2# 中、低压空压机自动轮换运行	
	(6)1#、2# 技术供水（循环水池供水）冷却器清洗	
	(7)1#、2# 技术供水（循环水池供水）各水泵及阀门维护	
	(9)1#、2# 机组滤水器维护	
	(10) 渗漏排水泵和检修排水泵检修	

续表 3-3

部件名称	检修项目	安全性评价发现的问题及缺陷
四、公用部分	(11) 循环水池供水泵水力机械阀检查，调整	
	(12) 渗漏、检修排水泵水力机械阀检查，调整	
	(13) 技术供水电动机轴承清理及加注润滑剂	
	(14) 蓄电池核对情放电	
	(15) GI 秒电源控制配电箱改造	
	(16) 中、低压蓄气罐内部检查、除锈、防腐	
	(17)1# 低压空压机修复或更换，2# 低压空压机解体检查、修理	
	(18) 透平油室蓄油罐清理	
	(19) 循环水池清理	
	(20) 中压空压机检查	
五、坝区	(16) 更换并改造事故照明切换装置	
	(1) 弧形闸门液压站液压油过滤或更换	
	(2) 弧形闸门液压系统检查，清扫及防渗油处理	
	(2) 检查、清扫启闭机，并对变速箱加注机油	
	(3) 清污机电源线修复	
	(4) 泄洪洞工作闸门检查及调整	
	(5) 各启闭电动机轴承清理及加注润滑剂	
	(8) 清污机抓把校正处理	
	(10) 坝区电源改造处理	
	(11) 坝区排水设施清理	
	(12) 冲沙孔工作闸门的检查处理	
	(13) 启闭机控制柜、控制回路检查、清扫	
	(14) 坝区 400V 电源检查、各盘柜清扫	
	(15) 内观数据测点检查	

说明：本检修计划参照《发电企业设备检修导则》DL/T838-2003 及 2012 年老江底水电站安全性评价发现的问题及缺陷编制；本计划检修项目主要以消缺及完善为主，其检修级别为 C 级和 D 级，部分项目根据设备的运行状态属于 B 级检修；坝区及公用设备《导则》没有着明确规定，所列项目按安全性评价中存在的问题及缺陷为依据

2006 年 6 月维护每周工作计划

表 3-4

日　期	工作内容							
	设备维护	设备定期工作	设备定期清扫	安全整改	“6 S”活动	缺陷处理	培训	其他
06.01–06.07	1# 调速器维护	1 日定期工作	按“6 S”卫生责任区对设备进行不定期清洁	随运行班组学习	1. 2# 检修结束后，完成 2# 机组相关设备及发电机层、10 千伏高压室设备卫生整治；2. 以空压机室设备为试点，安相关标准对现场设备标识；3. 对已清扫的设备卫生区域保持每星期检查并针对性清扫一次	根据缺陷情况处理		2# 机组检修结束后，对其滤水器滤网进行清洗
06.07–06.14	检修、渗漏排水系统维护					根据缺陷情况处理		
06.14–06.21	1# 机组技术供水系统维护	15 日定期工作				根据缺陷情况处理		
06.21–06.28	1# 机组蝶阀及油压装置维护					根据缺陷情况处理		

第四章　供　电

第一节　供电能力

一、输电能力

(一)220 千伏线路

1. 220 千伏清郑 I 线

220 千伏清郑 I 线属于兴义市工业园区电网（以下简称园区电网）建设项目，线路由贵州兴义阳光资产经营管理有限公司出资建设。工程采取总承包方式委托四川电力设计咨询有限责任公司承建，监理单位为四川赛德工程监理有限责任公司。郑屯段由四川省秭源建设工程有限公司负责施工，清水河段由四川省岳池送变电工程公司负责施工。线路起点园区电网 220 千伏清水河变电站，终点为园区电网 220 千伏郑屯变电站。导线采用 2×JL/G1A-630/45 型导线（最大负荷输送能力 860 兆伏安），地线一根采用 JLB35-120，另一根采用 OPGW-140（24 芯），全长 33.13 公里。2014 年 11 月 10 日建成投运。

2. 220 千伏清郑 II 线

220 千伏清郑 II 线属于兴义市园区电网建设项目，由贵州兴义阳光资产经营管理有限公司出资建设。工程采取总承包方式委托四川电力设计咨询有限责任公司承建，监理单位为四川赛德工程监理有限责任公司。郑屯段由四川省秭源建设工程有限公司负责施工，清水河段由四川省岳池送变电工程公司负责施工。起点为园区电网 220 千伏清水河变电站，终点为园区电网 220 千伏郑屯变电站。采用同塔双回设计，本期单侧挂线，导线采用 2×JL/G1A-630/45 型导线（最大负荷输送能力 860 兆伏安），地线一根采用 JLB35-120，另一根采用 OPGW-140(24 芯)，全长 32.8 千米。于 2014 年 11 月 10 日建成投运。

3. 220 千伏清电 I 线

220 千伏清电 I 线属于兴义市园区电网建设项目，由贵州兴义阳光资产经营管理有限公司出资建设。采取总承包方式委托四川电力设计咨询有限责任公司承建，监理单位为四川赛德工程监理有限责任公司，由四川省岳池送变电工程公司负责施工。起点园区电网 220 千伏清水河变电站，终点为园区电网清水河自备电厂 220 千伏升压变进线门架。采用单回路设计，导线采用 2×JL/G1A-500/45 型导线（最大负荷输送能力 740 兆伏安），地线一根采用 JLB35-120，另一根采用 OPGW-140(24 芯)，全长 1.393 千米。2014 年 11 月建成投运。

4. 220 千伏清电 II 线

220 千伏清电 II 线属于兴义市园区电网建设项目，由贵州兴义阳光资产经营管理有限公司出资建设。采取总承包方式委托四川电力设计咨询有限责任公司承建，监理单位为四川赛德工程监理有限责任公司，由四川省岳池送变电工程公司负责施工。起点园区电网 220 千伏清水河变电站，终点为园区电网清水河自备电厂 220 千伏升压变进线门架。采用单回路设计，导线采用 2×JL/G1A-500/45 型导线（最大负荷输送能力 740 兆伏安），地线一根采用 JLB35-120，另一根采用 OPGW-140（24 芯），全长 1.428 千米。2014 年 11 月建成投运。

5. 220 千伏郑巴 I 线、郑巴 II 线

220 千伏郑巴 I 线、郑巴 II 线属于兴义市园区电网建设项目，由贵州兴义阳光资产经营管理有限公司出资建设。采取总承包方式委托中煤科工集团重庆设计研究院有限公司承建。线路起点园区电网 220 千伏郑屯变电站，终点为规划新建的兴仁 220 千伏巴铃变电站。采用双回路设计，导线采用 2×JL/G1A-400/35 及 2×JL/G1A-400/50（最大负荷输送能力 644 兆伏安），地线采用 2 根 OPGW-24B1-130 型号 24 芯 OPGW 光缆，线路单回全长 62.2 千米。2015 年 12 月 11 日建成投运。

6. 220 千伏巴登 I 线、巴登 II 线

220 千伏巴登 I 线、巴登 II 线属于兴义市园区电网建设项目，由贵州兴义阳光资产经营管理有限公司出资建设。采取总承包方式委托中煤科工集团重庆设计研究院有限公司承建。线路起点园区电网 220 千伏巴铃变电站，终点为兴仁登高铝厂 220 千伏变电站。采用双回路设计，导线采用 2×JL/G1A-400（最大负荷输送能力 644 兆伏安），地线采用 2 根 OPGW-24B1-130 型号 24 芯 OPGW 光缆。220 千伏巴登 I 线全长 1.8 千米，220 千伏巴登 II 线全长 4.2 千米，线路于 2016 年 10 月 12 日建成投运。

（二）110 千伏线路

1. 110 千伏鲁兴线

110 千伏鲁兴线起点 T 接 110 千伏鲁岗线 23-24 号杆之间（鲁布革电厂至 110 千伏岗上变线路，导线型号 LGJ-185，产权属于曲靖供电局，由曲靖供电局运行维护）。终点 110 千伏城南变 111 开关，型号 LGJ-150（最大负荷输送能力 84.8 兆伏安）。1991 年 1 月 17 日带电运行，全长 52.1 千米。110 千伏鲁兴线由云南省电力设计院设计，云南送变电工程公司承建。110 千伏鲁兴线是兴义市电网的第一条输电线路。

2. 110 千伏江城 T 乌线

110 千伏江城 T 乌线起点老江底电站，终点 110 千伏城南变 114 开关，型号 LGJ-240（最大负荷输送能力 116 兆伏安），2005 年建成投运。110 千伏江城 T 乌线 36-37 号杆之间 T 接一条 110 千伏线路至 110 千伏乌沙变，T 接点至乌沙变长 27.3 千米，T 接点至老江底电站长 13.2 公里，T 接点至城南变长 16 公里。110 千伏江城 T 乌线主要负责由 110 千伏城南变向 110 千伏乌沙变供电，同时也是老江底电站的发电上网线路。

3. 110 千伏纳城线

110 千伏纳城线起点纳灰河二级电站，终点 110 千伏城南变 115 开关，线路型号 LGJ-120

(最大负荷输送能力72兆伏安)，该线路2006年建成投运。110千伏纳城线53-54号杆之间T接一条110千伏线路至纳灰河一级电站，T接点至纳灰河一级电站长0.586公里，城南变至纳灰二级电站长18千米。110千伏纳城线主要是纳灰河一二级电站的发电上网线路。

4. 110千伏围黄线

110千伏围黄线起点220千伏围山湖变电站，终点110千伏黄桷树变106开关，线路型号LGJ-240(最大负荷输送能力116兆伏安)。该线路产权分为2段，1-12号杆属于兴义市电力有限责任公司，长2.68千米；12号杆至围山湖变电站产权属于兴义供电局，长14.12公里。2006年建成投运，开始从220千伏围山湖变电站向110千伏黄桷树变输电。

5. 110千伏兴黄线

110千伏兴黄线起点220千伏兴义变电站，终点110千伏黄桷树变107开关，线路型号LGJ-240(最大负荷输送能力116兆伏安)，线路总长3.32千米。2007年兴黄线建成投运，开始从220千伏兴义变电站向110千伏黄桷树变输电。

6. 110千伏城黄线

110千伏城黄线起点110千伏城南变电站117开关，终点110千伏黄桷树变108开关，线路型号LGJ-240(最大负荷输送能力116兆伏安)，线路总长18.43千米。2008年城黄线建成投运，开始从110千伏黄桷树变电站向110千伏城南变输电。

7. 110千伏乌东线

110千伏乌东线属于兴义市工业园区电网建设项目，由贵州兴义阳光资产经营管理有限公司出资建设。采取总承包方式委托四川电力设计咨询有限责任公司承建，线路监理单位为四川赛德工程监理有限责任公司，施工单位四川省华蓥市南方送变电有限公司。线路起点110千伏乌沙变电站，终点为园区电网110千伏东贡变电站。导线型号1×JL/G1A-400/50、(最大负荷输送能力160兆伏安)，地线型号JLB35-100、JLB35-120、OPGW-120、OPGW-140，全长15.121千米。2014年11月10日建成投运。

8. 110千伏清东线

110千伏清东线属于兴义市工业园区电网建设项目，由贵州兴义阳光资产经营管理有限公司出资建设。采取总承包方式委托四川电力设计咨询有限责任公司承建，监理单位为四川赛德工程监理有限责任公司，施工单位四川省华蓥市南方送变电有限公司。线路起点220千伏清水河变电站，终点为园区电网110千伏东贡变电站，导线型号1×JL/G1A-400/50、(最大负荷输送能力160兆伏安)，地线型号JLB35-100、JLB35-120、OPGW-120、OPGW-140，全长21.52千米。2014年11月10日建成投运。

9. 110千伏清黄线

110千伏清黄线属于兴义市工业园区电网建设项目，由贵州兴义阳光资产经营管理有限公司出资建设。采取总承包方式委托四川电力设计咨询有限责任公司承建，监理单位为四川赛德工程监理有限责任公司，施工单位四川南充水电工程公司。线路起点220千伏清水河变电站，终点为110千伏黄桷树变电站。导线型号1×JL/G1A-400/50、(最大负荷输送能力160兆伏安)，地线型号JLB35-100、JLB35-120、OPGW-120、OPGW-140，全长23.55千米。2014年11月建成投运。

10. 110 千伏江东线

110 千伏江东线属于兴义市工业园区电网建设项目，由贵州兴义阳光资产经营管理有限公司出资建设，采取总承包方式委托中煤科工集团重庆设计研究院有限公司承建。线路起点 110 千伏老江底电站，终点为 110 千伏东贡变电站。导线型号 JL/G1A-300/50、40(最大负荷输送能力 135 兆伏安)，地线型号 OPGW-100、OPGW-120、JLB35-100、JLB20A-120，全长 26.6 千米。2015 年 6 月 16 日建成投运。

11. 110 千伏清光 I 线、清光 II 线

110 千伏清光 I 线、清光 II 线属于兴义市工业园区电网建设项目，由贵州兴义阳光资产经营管理有限公司出资建设。线路起点 220 千伏清水河变电站，终点为 110 千伏光辉变电站。采用双回路建设，导线型号 JL/G1A-300 (最大负荷输送能力 135 兆伏安)，线路单回全长 11.96 千米。2015 年 6 月 24 日建成投运。

12. 110 千伏郑闽 I 线、郑闽 II 线

110 千伏郑闽 I 线、郑闽 II 线属于兴义市工业园区电网建设项目，由贵州兴义阳光资产经营管理有限公司出资建设。线路起点 220 千伏郑屯变电站，终点为 110 千伏闽黔变电站。采用双回路建设，导线型号 2 × JL/G1A-300/25 (最大负荷输送能力 270 兆伏安)，线路单回全长 7.73 公里。于 2015 年 7 月 19 日建成投运。

13. 110 千伏清泥线

110 千伏清泥线属于兴义市工业园区电网建设项目，由贵州兴义阳光资产经营管理有限公司出资建设。线路起点 220 千伏清水河变电站，终点为 110 千伏泥溪变电站。导线型号 2 × JL/G1A-300/25(最大负荷输送能力 270 兆伏安)，全长 6.93 千米。2015 年 11 月建成投运。

14. 110 千伏郑万 I 线、郑万 II 线

110 千伏郑万 I 线、郑万 II 线属于兴义市工业园区电网建设项目，由贵州兴义阳光资产经营管理有限公司出资建设。起点 220 千伏郑屯变电站，终点为 110 千伏万屯变电站。线路采用双回路建设，导线型号 2 × JL/G1A-300/40 (最大负荷输送能力 270 兆伏安)，线路单回全长 6.3 千米。2015 年 11 月 19 日建成投运。

15. 110 千伏清泰 I 线、清泰 II 线

110 千伏清泰 I 线、清泰 II 线属于兴义市工业园区电网建设项目，由贵州兴义阳光资产经营管理有限公司出资建设。线路起点 220 千伏清水河变电站，终点为焱鑫钛合金厂。采用双回路建设，导线型号 LGJ-240/30(最大负荷输送能力 116 兆伏安)，线路单回全长 3.22 千米。2015 年 12 月建成投运。

16. 110 千伏郑凉 I 线、郑凉 II 线

110 千伏郑凉 I 线、郑凉 II 线属于兴义市工业园区电网建设项目，由贵州兴义阳光资产经营管理有限公司出资建设。线路起点 220 千伏郑屯变电站，终点为 110 千伏凉水井变。采用双回路建设，导线型号 2 × JL/G1A-300/40 (最大负荷输送能力 270 兆伏安)，单回线路全长 6.8 千米。2016 年 1 月 15 日建成投运。

17. 110东洒线

110千伏东洒线属于兴义市工业园区电网建设项目，由贵州兴义阳光资产经营管理有限公司出资建设。线路起点110千伏东贡变电站，终点为110千伏洒金变。采用单回路建设，线路型号1×JL/G1A-400/35、(最大负荷输送能力160兆伏安)，单回线路全长10.68公里。2016年3月17日建成投运。

18. 110下洒线

110千伏下洒线属于兴义市工业园区电网建设项目，由贵州兴义阳光资产经营管理有限公司出资建设。线路起点110千伏下五屯变电站，终点为110千伏洒金变。采用单回路建设，线路型号1×JL/G1A-400/35、(最大负荷输送能力160兆伏安)，单回线路全长4.895公里。2016年6月1日建成投运。

19. 110千伏清冶I线、清冶II线

110千伏清冶I线、清冶II线属于兴义市工业园区电网建设项目，由贵州兴义阳光资产经营管理有限公司出资建设。线路起点220千伏清水河变电站，终点为万峰实业110千伏冶金变。采用双回路建设，导线型号2×JL/G1A-300/25(最大负荷输送能力270兆伏安)，单回线路全长5.271千米。2016年10月12日建成投运。

20. 110千伏清龙线

110千伏清龙线属于兴义市工业园区电网建设项目，由贵州兴义阳光资产经营管理有限公司出资建设，采取总承包方式委托四川电力设计咨询公司总包建设。线路起点220千伏清水河变电站，终点为110千伏龙井变电站。导线型号2×JL/G1A-300/25(最大负荷输送能力270兆伏安)，单回线路全长20.047千米。2016年11月10日建成投运。

21. 110泥龙线

110千伏泥龙线属于兴义市工业园区电网建设项目，由贵州兴义阳光资产经营管理有限公司出资建设。线路起点110千伏泥溪变电站，终点为110千伏龙井变。采用单回路建设，线路型号JL/G1A-400/35、(最大负荷输送能力160兆伏安)，单回线路全长13.743千米。2016年11月10日建成投运。

(三)35千伏线路

1. 35千伏城坪乌线

35千伏城坪乌线，线路起点110千伏城南变电站，终点110千伏乌沙变电站，从11号杆T接线向35千伏坪东变供电。1991年带电运行，导线型号为LGJ-150(最大负荷输送能力27兆伏安)，总长29.7千米。该线路从110千伏城南变向35千伏乌沙变供电，乌沙变2006年升压为110千伏变电站，35千伏城坪乌线主要供35千伏坪东变，必要时从110千伏乌沙变反供35千伏坪东变。

2. 35千伏城跑线

35千伏城跑线，线路起点110千伏城南变电站，终点35千伏跑马变电站。1991年带电运行，投运时导线型号为LGJ-120(最大负荷输送能力23兆伏安)，总长12千米，负责从110千伏城南变向35千伏跑马变供电，以满足兴义酸枣、马岭、龙井片区供电需求。因跑马变负荷增长迅速，2008年35千伏城跑线技改为LGJ-240导线（最大负荷输送能力37兆伏安），线路T接向提灌站供电，更名为35千伏城提跑线，35千伏城提跑线供跑马、清水河、木陇等变电站。

3. 35千伏城东云线

35千伏城东云线，线路起点110千伏城南变电站，终点35千伏云上变电站，从29号杆T接线向35千伏东贡变供电。1992年带电运行，投运时导线型号为LGJ-120(最大负荷输送能力23兆伏安)，总长29.7千米。该线路从110千伏城南变向35千伏云上变、35千伏东贡变供电，以满足兴义木贾、威舍片区供电需求。

4. 35千伏乌普线

35千伏乌普线，线路起点110千伏乌沙电站，终点普梯二级电站。该线路属于普梯一、二级电站的上网线路，1993年7月投运。从乌沙变至普梯一级站T接点（20号杆）为LGJ-150导线，长14.5公里；20号杆至普梯二级电站为LGJ-120导线，长1.4千米。

5. 35千伏跑木线

35千伏跑木线（原35千伏跑顶线），线路起点35千伏跑马变电站，终点35千伏顶效变电站。由黔西南州水力电力局勘测设计院设计，四川岳池建筑安装公司第一架线队负责施工，1993年10月建成投运，总长7.56千米，投运时导线型号为LGJ-95（最大负荷输送能力20.3兆伏安）。该线路主要从35千伏跑马变向35千伏木陇变供电，以满足顶效开发区工农业用电要求。2007年35千伏顶效变更名为35千伏木陇变后，35千伏跑顶线更名为35千伏跑木线。因顶效经济开发区负荷增长迅速，为解决顶效区域供电问题，2006年35千伏跑木线技改为LGJ-240导线（最大负荷输送能力37兆伏安），供电范围经35千伏合木线延伸到35千伏合兴变。

6. 35千伏下白敬线

35千伏下白敬线，线路起点35千伏下五屯变电站，终点35千伏敬南变电站，1995年建成投运。线径为LGJ-95导线（最大负荷输送能力20.3兆伏安），全长14.185千米。该线路原为城南至泥凼35千伏线路，2010年新建35千伏敬南变电站后，从原城泥线开π接入35千伏敬南变电站。因35千伏下五屯变只有2个35千伏出线间隔，故从35千伏下白敬线2号杆T接一条35千伏线路至35千伏白碗窑变电站。

7. 35千伏城下线

35千伏城下线，线路起点110千伏城南变电站，终点35千伏下五屯变电站，1995年建成投运。线径为LGJ-95导线（最大负荷输送能力20.3兆伏安），全长3.14千米。原为城南至泥凼35千伏线路，2006年新建35千伏下五屯变电站后，从原城泥线开π接入35千伏下五屯变电站。

8. 35千伏敬捧泥线

35千伏敬捧泥线，线路起点35千伏敬南变，终点35千伏泥凼变，1995年建成投运。线径为LGJ-95导线（最大负荷输送能力20.3兆伏安），原为城南至泥凼35千伏线路，敬南变至泥凼变全长17.421千米。

9. 35千伏泥仓线

35千伏泥仓线起点35千伏泥凼变电站，终点35千伏仓更变电站，1997年建成投运。线径为LGJ-70导线（最大负荷输送能力16.7兆伏安），全长14.6千米。从35千伏泥仓线12-13号杆T接一条35千伏线路到三座发电站，达泥河三座电站通过T接线路向35千伏泥凼变、仓更变发电上网。

10. 35千伏城合线

35千伏城合线起点110千伏城南变电站，终点35千伏合兴变电站，1999年建成投运。线径为LGJ-120导线（最大负荷输送能力23兆伏安），全长23千米。初期主要供35千伏合兴变电站，2012年起合兴变改由35千伏黄合线供电后，35千伏城合线主要向嘉泰铁合金厂供电。

11. 35千伏跑响线

35千伏跑响线起点35千伏跑马变电站，终点35千伏响革电站，1999年建成投运。线径为LGJ-120导线（最大负荷输送能力23.04兆伏安），全长15.5千米。最初为响革电站的发电上网线路，后来纳怀电站、木贾河电站、纳省河电站通过该线路发电上网。

12. 35千伏响木线

35千伏响木线起点响革电站，终点木浪河电站，1999年建成投运。线径为LGJ-120导线（最大负荷输送能力23.04兆伏安），全长4.6千米。为木浪河电站的发电上网线路。

13. 35千伏合木线

35千伏合木线起点35千伏木陇变电站，终点35千伏合兴变电站，1999年建成投运。线径为LGJ-120导线（最大负荷输送能力23兆伏安），全长6.4千米。主要为35千伏木陇变与35千伏合兴变的联络线。

14. 35千伏城下箐T线

35千伏城下箐T线，线路起点35千伏城下线2号杆，终点35千伏箐口变电站，2000年建成投运。线径为LGJ-70导线（最大负荷输送能力16.7兆伏安），全长22.5千米。

15. 35千伏云木线

35千伏云木线起点云上变电站，终点木浪河电站，2001年建成投运。线径为LGJ-120导线（最大负荷输送能力23.04兆伏安），全长4.86千米。为木浪河电站向云上变电站的发电上网线路。

16. 35千伏合铁线

35千伏合铁线起点35千伏合兴变电站，终点嘉泰铁合金厂，2002年建成投运。线径为LGJ-120导线（最大负荷输送能力23兆伏安），全长2.28千米。主要为35千伏合兴变向嘉泰铁合金厂供电线路。

17. 35千伏敬捧泥T捧线

35千伏敬捧泥T捧线起点35千伏敬捧泥线70-71号杆，终点35千伏捧乍变电站，2004年建成投运。线径为LGJ-70导线（最大负荷输送能力16.7兆伏安），全长26.7千米。

18. 35千伏顶万瑞线

35千伏顶万瑞线起点110千伏顶效变电站，终点35千伏万屯变电站，2004年建成投运。

线径为 LGJ–120 导线（最大负荷输送能力 23 兆伏安），线路全长 4.96 千米。主要为 110 千伏顶效变至 35 千伏万屯变供电线路，在 44–45 号杆 T 接向瑞安水泥厂供电。

19. 35 千伏响木 T 清线

35 千伏响木 T 清线起点 35 千伏响木线 6–7 号杆，终点 35 千伏清水河变电站，2004 年建成投运。线径为 LGJ–120 导线（最大负荷输送能力 23.04 兆伏安），全长 5.4 千米。主要为 35 千伏清水河变电站供电。

20. 35 千伏威云线

35 千伏威云线起点 110 千伏威舍变电站，终点 35 千伏云上变电站，2004 年建成投运。线径为 LGJ–150 导线（最大负荷输送能力 27 兆伏安），全长 0.49 千米。主要为 110 千伏威舍变向 35 千伏云上变供电线路。

21. 35 千伏云阿线

35 千伏云阿线起点 35 千伏云上变电站，终点阿依一级电站，2005 年建成投运。线径为 LGJ–70 导线（最大负荷输送能力 16.7 兆伏安），全长 8.31 千米。从 31 号杆 T 接至阿依二级电站，属于阿依一二级电站的上网线路。

22. 35 千伏郑合 I 回线

35 千伏郑合 I 回线起点 110 千伏郑屯变电站，终点 35 千伏合兴变电站，2006 年建成投运。线径为 LGJ–185 导线（最大负荷输送能力 31.2 兆伏安），全长 3.2 千米。主要为 110 千伏郑屯变向 35 千伏合兴变供电线路。

23. 35 千伏跑荣线

35 千伏跑荣线起点 35 千伏跑马变电站，终点 35 千伏荣盛变电站，2007 年建成投运。线径为 LGJ–120 导线（最大负荷输送能力 23 兆伏安），全长 1.6 千米。主要向荣盛水泥厂供电，必要时经 35 千伏黄荣线将 35 千伏跑马变接入 110 千伏黄桷树变运行。

24. 35 千伏黄合线

35 千伏黄合线起点 110 千伏黄桷树变电站，终点 35 千伏合兴变电站，2008 年建成投运。线径为 LGJ–240 导线（最大负荷输送能力 37 兆伏安），全长 15.6 千米。

25. 35 千伏黄荣线

35 千伏黄荣线起点 110 千伏黄桷树变电站，终点 35 千伏荣盛变电站，2008 年建成投运。线径为 LGJ–240 导线（最大负荷输送能力 37 兆伏安），全长 5.28 千米。主要向荣盛水泥厂供电，必要时经 35 千伏跑荣线向 35 千伏跑马变供电。

26. 35 千伏合泰 I 回线

35 千伏合泰 I 回线起点 35 千伏合兴变电站，终点泰安水泥厂，2008 年建成投运。线径为 LGJ–185 导线（最大负荷输送能力 31.2 兆伏安），全长 2.02 千米。主要为 35 千伏合兴变向泰安水泥厂供电线路。

27. 35 千伏合泰 II 回线

35 千伏合泰 II 回线起点 35 千伏合兴变电站，终点泰安水泥厂，2008 年建成投运。线径为 LGJ–185 导线（最大负荷输送能力 31.2 兆伏安），全长 2.02 千米。主要为 35 千伏合兴变向泰安水泥厂供电线路。

28. 35千伏岗仓线

35千伏岗仓线起点35千伏仓更变电站，终点110千伏岗上变电站，2009年建成投运。线径为LGJ-150导线（最大负荷输送能力27兆伏安），全长21.8千米。

29. 35千伏岗捧线

35千伏岗捧线起点35千伏捧乍变电站，终点110千伏岗上变电站，2009年建成投运。线径为LGJ-150导线（最大负荷输送能力27兆伏安），全长10.64千米。

30. 35千伏乌白线

35千伏乌白线起点110千伏乌沙变电站，终点35千伏白碗窑变电站，2009年建成投运。线径为LGJ-95导线（最大负荷输送能力20.3兆伏安），全长14千米。

31. 35千伏郑万线

35千伏郑万线起点110千伏郑屯变电站，终点35千伏万屯变电站，2009年建成投运。线径为LGJ-150导线（最大负荷输送能力27兆伏安），全长8.3千米。主要为110千伏郑屯变至35千伏万屯变供电线路。

32. 35千伏万鑫线

35千伏万鑫线起点35千伏万屯变电站，终点鑫扬铁厂，2009年建成投运。线径为LGJ-185导线（最大负荷输送能力31.2兆伏安），全长2.8千米。主要为35千伏万屯变向鑫扬铁厂供电线路。

33. 35千伏郑合II回线

35千伏郑合II回线起点110千伏郑屯变电站，终点35千伏合兴变电站，2010年建成投运。线径为LGJ-240导线（最大负荷输送能力37兆伏安），全长3.3千米。主要为110千伏郑屯变向35千伏合兴变供电线路。

34. 35千伏合云线

35千伏合云线起点35千伏合兴变电站，终点云鑫富锰渣厂，2010年建成投运。线径为LGJ-185导线（最大负荷输送能力31.2兆伏安），全长4.7千米。主要为35千伏合兴变向云鑫富锰渣厂供电线路。

35. 35千伏下白敬T白线

35千伏下白敬T白线，线路起点35千伏下白敬线2号杆，终点35千伏白碗窑变电站，2012年建成投运。线径为LGJ-150导线（最大负荷输送能力27兆伏安），全长16.3千米。

36. 35千伏顶木线

35千伏顶木线起点110千伏顶效变电站，终点35千伏木陇变电站，2012年建成投运。线径为YJLV-300电缆线路（最大负荷输送能力29.8兆伏安），全长1.55千米。主要为110千伏顶效变向35千伏木陇变供电线路。

37. 35千伏合嘉II回线

35千伏合嘉II回线起点110千伏合兴变电站，终点嘉泰铁合金厂，2013年建成投运。线径为LGJ-300导线（最大负荷输送能力43兆伏安），全长2.28千米。主要为110千伏合兴变向嘉泰铁合金厂供电线路。

38. 35千伏合闽线

35千伏合闽线起点110千伏合兴变电站，终点闽黔金属厂，2013年建成投运。线径为YJLV-300电缆线路（最大负荷输送能力29.8兆伏安），全长0.7千米。主要为110千伏合兴变向闽黔金属厂供电线路。

39. 35千伏合昌线

35千伏合昌线起点110千伏合兴变电站，终点昌威铁合金厂，2013年建成投运。线径为LGJ-240导线路（最大负荷输送能力37兆伏安），全长3.2千米。主要为110千伏合兴变向昌威铁合金厂供电线路。

截至2016年年底，市电网35千伏及以上输电线路基本情况见表4-1（2016年底市电网输电线路基本情况表），历年市电网输电线路规模见表4-2(市电网历年输电线路规模汇总表)

2016年底市电网输电线路基本情况表

表4-1

序　号	线路名称	电压等级（千伏）	导线型号	长度（千米）	极限可输送容量（兆瓦）	投运时间
一	220千伏线路					
1	清郑I线	220	2×JL/G1A-630/45	33.13	860	2014
2	清郑III线	220	2×JL/G1A-630/45	32.8	860	2014
3	清电I线	220	2×JL/G1A-500/45	1.393	740	2014
4	清电II线	220	2×JL/G1A-500/45	1.428	740	2014
5	郑巴I线	220	2×JL/G1A-400/35、2×JL/G1A-400/50	62.2	644	2015.12.11
6	郑巴II线	220	2×JL/G1A-400/35、2×JL/G1A-400/50	62.2	644	2015.12.11
7	巴登I线	220	2×JL/G1A-400/35	1.8		2016.10.12
8	巴登II线	220	2×JL/G1A-400/35	4.2		2016.10.12
	小计			199.151		
二	110千伏线路					
1	鲁兴线	110	LGJ-150	52.1	84.8	1991
2	江城T乌线	110	LGJ-240	27.3	116	2005
3	纳城线	110	LGJ-120	18	72	2006
4	围黄线	110	LGJ-240	2.68	116	2006
5	兴黄线	110	LGJ-240	3.32	116	2007

续表 4-1

序　号	线路名称	电压等级（千伏）	导线型号	长度（千米）	极限可输送容量（兆瓦）	投运时间
6	城黄线	110	LGJ-240	18.43	116	2008
7	乌东线	110	1×JL/G1A-400/50	15.121	160	2014
8	清东线	110	1×JL/G1A-400/50	21.52	160	2014
9	清黄线	110	1×JL/G1A-400/50	23.55	160	2014
10	江东线	110	JL/G1A-300/50、40	26.6	135	2015.06.16
11	清光 I 线	110	JL/G1A-1*300	11.963	135	2015.06.24
12	清光 II 线	110	JL/G1A-1*300	11.963	135	2015.06.24
13	郑闽 I 线	110	2×JL/G1A-300/25	7.728	270	2015.07.19
14	郑闽 II 线	110	2×JL/G1A-300/25	7.728	270	2015.07.19
15	清泥线	110	2×JL/G1A-300/25	6.927	270	2015.11
16	郑万 I 线	110	2×JL/G1A-300/40	6.3	270	2015.11.19
17	郑万 II 线	110	2×JL/G1A-300/40	6.3	270	2015.11.19
18	清泰 I 线	110	LGJ-240/30	3.218	116	2015.12
19	清泰 II 线	110	LGJ-240/30	3.218	116	2015.12
20	郑凉 I 线	110	2×JL/G1A-300/4O	6.8	270	2016.01.15
21	郑凉 II 线	110	2×JL/G1A-300/4O	6.8	270	2016.01.15
22	东洒线	110	JL/G1A-400/35	10.68	160	2016.03.17
23	下洒线	110	JL/G1A-400/35	4.895	160	2016.06.01
24	清冶 I 线	110	2×JL/G1A-300/25	5.271	270	2016.10.12
25	清冶 II 线	110	2×JL/G1A-300/25	5.271	270	2016.10.12
26	清龙线	110	2×JL/G1A-300/25	20.047	270	2016.11.10
27	泥龙线	110	JL/G1A-400/35	13.743	160	2016.11.10
	小计			347.473		
三	35 千伏线路					
1	城坪乌线	35	LGJ-150	29.7	27	1991
2	城跑线	35	LGJ-120	12	23	1991

续表 4-1

序 号	线路名称	电压等级（千伏）	导线型号	长度（千米）	极限可输送容量（兆瓦）	投运时间
3	城东云线	35	LGJ-120	29.7	23	1992
4	乌普线	35	LGJ-150	13	27	1993
5	跑木线	35	LGJ-95	7.56	20.3	1993
6	下白敬线	35	LGJ-95	14.185	20.3	1995
7	城下线	35	LGJ-95	3.14	20.3	1995
8	敬捧泥线	35	LGJ-95	17.421	20.3	1995
9	泥仓线	35	LGJ-70	14.6	16.7	1997
10	城合线	35	LGJ-120	23	23	1999
11	跑响线	35	LGJ-120	15.5	23	1999
12	响木线	35	LGJ-120	4.6	23	1999
13	合木线	35	LGJ-120	6.4	23	1999
14	城箐线	35	LGJ-70	22.5	16.7	2000
15	云木线	35	LGJ-120	4.86	23	2001
16	合铁线	35	LGJ-120	2.28	23	2002
17	敬捧泥 T 捧线	35	LGJ-70	26.7	16.7	2004
18	顶万瑞线	35	LGJ-120	4.96	23	2004
19	响木 T 清线	35	LGJ-120	5.4	23	2004
20	威云线	35	LGJ-150	0.49	27	2004
21	云阿线	35	LGJ-70	8.31	16.7	2005
22	郑合 I 回线	35	LGJ-185	3.2	31.2	2006
23	跑荣线	35	LGJ-120	1.6	23	2007
24	黄合线	35	LGJ-240	15.6	37	2008
25	黄荣线	35	LGJ-240	5.28	37	2008
26	合泰 I 回线	35	LGJ-185	2.02	31.2	2008
27	合泰 II 回线	35	LGJ-185	2.02	31.2	2008
28	岗仓线	35	LGJ-150	21.8	27	2009
29	岗捧线	35	LGJ-150	10.64	27	2009
30	乌白线	35	LGJ-95	14	20.3	2009

续表 4-1

序　号	线路名称	电压等级（千伏）	导线型号	长度（千米）	极限可输送容量（兆瓦）	投运时间
31	郑万线	35	LGJ-150	8.3	27	2009
32	万鑫线	35	LGJ-185	2.8	31.2	2009
33	郑合 II 回线	35	LGJ-240	3.3	37	2010
34	合云线	35	LGJ-185	4.7	31.2	2010
35	下白敬 T 白线	35	LGJ-150	16.3	27	2012
36	顶木线	35	YJLV-300	1.55	29.8	2012
37	合嘉 II 回线	35	LGJ-300	2.28	43	2013
38	合闽线	35	YJLV-300	0.7	29.8	2013
39	合昌线	35	LGJ-240	3.2	37	2013
	小计			385.596		

表 4-2　2016 年底市电网历年输电线路规模汇总表

表 4-2

序　号	年　度	220 千伏线路		110 千伏线路		35 千伏线路		备　注
		条　数	长度（千米）	条　数	长度（千米）	条　数	长度（千米）	
1	1991	0	0	1	52.1	2	41.7	
2	1992	0	0	1	52.1	3	71.4	
3	1993	0	0	1	52.1	5	91.96	
4	1994	0	0	1	52.1	5	91.96	
5	1995	0	0	1	52.1	8	126.706	
6	1996	0	0	1	52.1	8	126.706	
7	1997	0	0	1	52.1	9	141.306	
8	1998	0	0	1	52.1	9	141.306	
9	1999	0	0	1	52.1	13	190.806	
10	2000	0	0	1	52.1	14	213.306	
11	2001	0	0	1	52.1	15	218.166	
12	2002	0	0	1	52.1	16	220.446	
13	2003	0	0	1	52.1	16	220.446	
14	2004	0	0	1	52.1	20	257.996	
15	2005	0	0	2	79.4	21	266.306	

续表 4-2

序　号	年　度	220 千伏线路		110 千伏线路		35 千伏线路		备　注
		条　数	长度（千米）	条　数	长度（千米）	条　数	长度（千米）	
16	2006	0	0	4	100.08	22	269.506	
17	2007	0	0	5	103.4	23	271.106	
18	2008	0	0	6	121.83	27	296.026	
19	2009	0	0	6	121.83	32	353.566	
20	2010	0	0	6	121.83	34	361.566	
21	2011	0	0	6	121.83	34	361.566	
22	2012	0	0	6	121.83	36	379.416	
23	2013	0	0	6	121.83	39	385.596	
24	2014	4	68.751	9	182.021	39	385.596	
25	2015	6	193.151	19	273.966	39	385.596	
26	2016	8	199.151	27	347.743	39	385.596	

二、变电能力

（一）220 千伏变电站

1. 220 千伏清水河变

220 千伏清水河变电站位于兴义市清水河镇金星村，占地 31 亩，属于郑鲁万工业园区电网配套建设的枢纽变电站之一。220 千伏清水河变电站由兴义阳光资产经营管理有限公司自筹资金建设，四川电力设计咨询有限公司设计与施工总承包，工程施工单位为四川省送变电建设有限责任公司、监理单位为四川德赛工程监理有限责任公司。变电站一期工程于 2013 年 3 月开工建设，2014 年 11 月 10 日投运。

220 千伏清水河变电站主变最终规模 4×240 兆伏安，一期建设规模 2×240 兆伏安；220 千伏出线最终规模 10 回，一期建设规模 6 回；110 千伏出线最终规模 16 回，一期建设规模 8 回；35 千伏出线最终规模 4×3 回，一期规模 2×3 回。变电站 220 千伏母线采用双母线双分段接线，110 千伏母线最终采用双母线双分段接线，本期采用双母线接线。35 千伏母线最终用单母线四分段环形接线，本期采用单母线单分段接线。220 千伏配电装置采用户外 GIS，110 千伏配电装置采用户外 GIS，35 千伏配电装置采用户内高压开关柜双列布置。

2. 220 千伏郑屯变

220 千伏郑屯变电站位于兴义市万屯镇与鲁屯镇交界处的盘兴村，占地 31 亩，属于郑鲁万工业园区电网配套建设的枢纽变电站之一。220 千伏郑屯变电站由兴义阳光资产经营管理有限公司自筹资金建设，四川电力设计咨询有限公司设计与施工总承包，工程施工单位为中国水利水电第五工程局有限公司，监理单位为四川德赛工程监理有限责任公司。变电站于 2012 年 10 月开工建设，2014 年 11 月 10 日投运。

220千伏郑屯变电站主变最终规模4×240兆伏安，一期建设规模2×240兆伏安；220千伏出线最终规模14回，一期建设规模12回；110千伏出线最终规模16回，一期建设规模8回；35千伏出线最终规模4×3回，一期规模2×3回。变电站220千伏母线采用双母线双分段接线，110千伏母线最终采用双母线双分段接线，一期采用双母线接线。35千伏母线最终用单母线四分段环形接线，一期采用单母线单分段接线。220千伏配电装置采用户外GIS，110千伏配电装置采用户外GIS，35千伏配电装置采用户内高压开关柜双列布置。

3. 220千伏巴铃变

220千伏巴铃变电站位于兴仁县巴铃镇重工业园区，属于黔西南州工业园区电网配套建设的枢纽变电站之一。220千伏郑屯变电站由兴义阳光资产经营管理有限公司自筹资金建设，由中煤科工集团重庆设计研究院有限公司总承包建设。变电站220千伏及10千伏部分于2016年12月9日投运，110千伏部分于2017年1月4日投运。

220千伏巴铃变电站主变最终规模2×150兆伏安，一期建设规模1×150兆伏安；220千伏出线最终规模14回，一期建设规模6回；110千伏出线最终规模10回，一期建设规模2回。变电站220千伏母线采用双母线双分段接线，110千伏母线最终采用双母线。220千伏配电装置采用户外GIS，110千伏配电装置采用户外GIS。

(二)110千伏变电站

1. 110千伏岗上变

110千伏岗上变电站位于兴义市鲁布格镇，距兴义市68公里，占地面积4亩，资产产权属于云南省曲靖供电局。1982年投入运行，投运时变电站规模2×10000千伏安，该变电站是为建设鲁布革水电站修建的施工变电站。1991年11月26日，在兴义市召开了关于将岗上变电站移交兴义市供电所运行管理的专题会，会议确定兴义市供电所无偿接收110千伏岗上变电站，负责变电站运行、管理。1992年4月，市供电所正式派人接手岗上变的运行管理工作。2009年4月、2013年6月增容技改。现有规模为2×31500千伏安，110千伏进线1回，35千伏进线2回，10千伏出线8回，备用线2回。岗上变电站主要担负云南鲁布格镇库区近区、兴义市七捧片区、仓更等9个乡镇生活及工农业生产用电。现变电站由曲靖供电局委托兴义市电力有限责任公司运行管理。

2. 110千伏城南变

110千伏城南变电站位于兴义市市区文化路，占地面积15.1亩。1989年开工建设，1991年2月7日试运行，3月投产运行，是兴义市电力有限责任公司电网中的重要枢纽变电站。该变电站由云南省送变电工程公司承建。

变电站投运时规模为：主变1×31500千伏安，110千伏进线1回，35千伏出线3回，10千伏出线6回，二次系统为常规电磁式继电器保护系统。1995年扩建2号主变，2002年扩建3号主变，主变规模达3×31500千伏安。2008年，市电力公司生技部负责，对110千伏城南变二次系统进行微机综合自动化保护改造。2013年市电力公司生技部负责，对110千伏城南变高压开关进行无油化改造。变电站现有规模为主变容量3×31500千伏安，110千伏进线5回，35千伏出线6回，10千伏出线11回，主要向兴义市电力有限责任公司所属供电片区生活用电及工农业生产用电。

3. 110千伏乌沙变

110千伏乌沙变电站位于兴义市乌沙镇乌沙办事处乌沙村民组，距兴义市15公里，占地面积5.2亩。1997年开工建设，于1997年6月29日竣工投入运行。一期建设按35千伏电压等级建设，建设3150千伏安主变1台。为满足乌沙片区工业用电需求，2006年技改升压为110千伏变电站。2014年，配合兴义市园区电网建设项目，扩建110千伏出线间隔2个（110千伏江城T乌线，110千伏乌东线），扩建110千伏母线。该变电站主要负责向兴义市乌沙镇、白碗窑镇供电。

4. 110千伏黄桷树变

110千伏黄桷树变电站位于兴义市马岭镇红星村，距兴义市19公里，占地面积25亩。2007年开工建设，于2007年9月2日竣工投入运行。设计规模为2×50000千伏安，一期投运时主变规模为1×50000千伏安，110千伏/35千伏二级电压。因马岭红星片区列为兴义轻工业园区，变电站周边10千伏负荷发展较快，2013年，兴义市电力公司筹资进行2号主变增容扩建，2号主变采用110/35/10千伏电压等级。现主变规模为50000千伏安+63000千伏安，110千伏进线4回，35千伏出线7回，10千伏出线10回。黄桷树变电站主要负责向马岭红星片区、顶效合兴片区供电。

5. 110千伏东贡变

110千伏东贡变电站位于贵州兴义市木贾办东贡村，由兴义阳光资产经营管理有限公司自筹资金建设，四川电力设计咨询有限公司总承包，于2015年6月16日建成投运。110千伏东贡变电站110千伏出线4回，10千伏出线20回，主变容量2×63兆伏安。变电站110千伏母线采用单母线分段接线，10千伏母线采用单母线分段接线。110千伏配电装置采用户外GI秒，10千伏配电装置采用户内高压开关柜布置。变电站按无人值守变电站设计，保护采用北京四方综合自动化微机保护控制系统。该变电站主要负责兴义城区西部的坪东、木贾片区供电。

6. 110千伏光辉变

110千伏光辉变电站位于贵州兴义市威舍镇光辉村，由兴义阳光资产经营管理有限公司自筹资金建设，四川电力设计咨询有限公司总承包，于2015年6月24日建成投运。110千伏光辉变电站110千伏出线4回，35千伏出线8回，10千伏出线12回，主变容量2×63兆伏安。变电站110千伏母线采用单母线分段接线，35千伏母线采用单母线分段接线，10千伏母线采用单母线分段接线。110千伏配电装置采用户外GI秒，35千伏及10千伏配电装置采用户内高压开关柜双列布置。变电站按无人值守变电站设计，保护采用北京四方综合自动化微机保护控制系统。该变电站主要负责向兴义市威舍镇供电。

7. 110千伏闽黔变

110千伏闽黔变电站位于义龙试验区顶效镇合兴村，由兴义阳光资产经营管理有限公司自筹资金建设，四川电力设计咨询有限公司总承包。因位于闽黔钛合金厂隔壁，变电站分为2部分，一部分为兴义阳光资产经营管理有限公司建设的公用变电站；一部分为闽黔钛合金厂建设的专用变电站。公用变电站于2015年7月19日建成投运。110千伏闽黔变电站公用部分110

千伏出线4回，35千伏出线8回，10千伏出线16回，主变容量2×63兆伏安。变电站110千伏母线采用单母线分段接线，35千伏母线采用单母线分段接线，10千伏母线采用单母线分段接线。110千伏配电装置采用户外GI秒设备，35千伏及10千伏配电装置采用户内高压开关柜双列布置。变电站按无人值守变电站设计，保护采用深圳南瑞综合自动化微机保护控制系统。该变电站主要负责向义龙实验区顶效镇、郑屯镇供电。

8. 110千伏泥溪变

110千伏泥溪变电站位于兴义市清水河镇泥溪，由兴义阳光资产经营管理有限公司自筹资金建设，四川电力设计咨询有限公司总承包建设，于2015年11月5日建成投运。110千伏泥溪变电站110千伏出线设计4回，一期出线2回（1回至220千伏清水河变，1回至110千伏龙井变），35千伏出线8回，10千伏出线20回，主变容量2×63兆伏安。变电站110千伏母线采用单母线分段接线，35千伏母线采用单母线分段接线，10千伏母线采用单母线分段接线。110千伏配电装置采用户外GIS设备，35千伏及10千伏配电装置采用户内高压开关柜双列布置。变电站按无人值守变电站设计，保护采用深圳南瑞综合自动化微机保护控制系统，主要负责向兴义市清水河镇供电。

9. 110千伏万屯变

110千伏万屯变电站位于义龙试验区万屯镇贡兴村，由兴义阳光资产经营管理有限公司自筹资金建设，中煤科工集团重庆设计研究院有限公司总承包，与35千伏万屯变相邻，于2015年11月20日建成投运。110千伏万屯变电站110千伏出线设计4回，一期出线2回，35千伏出线6回，10千伏出线16回，主变容量2×63兆伏安。变电站110千伏母线采用单母线分段接线，35千伏母线采用单母线分段接线，10千伏母线采用单母线分段接线。110千伏配电装置采用户外GIS设备，35千伏及10千伏配电装置采用户内高压开关柜双列布置。变电站按无人值守变电站设计，保护采用北京四方综合自动化微机保护控制系统。负责向义龙实验区顶效镇、万屯镇、鲁屯镇供电。

10. 110千伏下五屯变

110千伏下五屯变电站位于兴义市下五屯镇耳寨，由兴义阳光资产经营管理有限公司自筹资金建设，四川电力设计咨询有限公司总承包建设，于2015年12月24日建成投运。110千伏下五屯变电站110千伏出线设计6回，一期出线3回，35千伏出线6回，10千伏出线20回，主变容量2×63兆伏安。变电站110千伏母线采用双母线接线，35千伏母线采用单母线分段接线，10千伏母线采用单母线分段接线。110千伏配电装置采用户外AIS设备，35千伏及10千伏配电装置采用户内高压开关柜双列布置，变电站按无人值守变电站设计。110千伏下五屯变电站负责向下五屯城区及南部乡镇供电。

11. 110千伏凉水井变

110千伏凉水井变电站位于义龙试验区鲁屯镇凉水井，由兴义阳光资产经营管理有限公司自筹资金建设，国网电力科学研究院武汉南瑞有限责任公司总承包建设，变电站于2016年01月15日建成投运。110千伏凉水井变电站110千伏出线设计4回，一期出线2回，35千伏出线8回，10千伏出线20回，主变容量2×63兆伏安。变电站110千伏母线采用单母线接线，35

千伏母线采用单母线分段接线，10千伏母线采用单母线分段接线。110千伏配电装置采用户外AIS设备，35千伏及10千伏配电装置采用户内高压开关柜双列布置，变电站按无人值守变电站设计。110千伏凉水井变电站负责向义龙试验区鲁屯镇及周边区域供电。

12. 110千伏洒金变

110千伏洒金变电站位于兴义市坪东办事处洒金，由兴义阳光资产经营管理有限公司自筹资金建设，四川电力设计咨询有限公司总承包建设，变电站于2016年3月17日建成投运。110千伏洒金变电站110千伏出线设计4回，一期出线2回，35千伏出线8回，10千伏出线20回，主变容量2×63兆伏安。变电站110千伏母线采用单母线接线，10千伏母线采用单母线分段接线。110千伏配电装置采用户外AIS设备，10千伏配电装置采用户内高压开关柜双列布置，变电站按无人值守变电站设计。110千伏洒金变电站负责向兴义城区西部区域供电。

13. 110千伏冶金变

110千伏冶金变电站位于兴义市清水河镇，由万峰实业有限公司筹资、四川电力设计咨询有限公司总承包建设，变电站于2016年10月12日建成投运。110千伏冶金变电站110千伏出线设计12回，一期出线3回，10千伏出线13回，主变容量40兆伏安。变电站110千伏母线采用双母线接线，10千伏母线采用单母线分段接线。110千伏配电装置采用户内AIS设备，10千伏配电装置采用户内高压开关柜单列布置，变电站按无人值守变电站设计。110千伏冶金变电站主要负责向万峰实业冶炼基地供电。

14. 110千伏龙井变

110千伏冶金变电站位于兴义市清水河镇，由兴义阳光资产经营管理有限公司筹资、四川电力设计咨询有限公司总承包建设，变电站于2016年11月10日建成投运。110千伏龙井变电站110千伏出线设计4回，一期出线2回，10千伏出线20回，主变容量2×63兆伏安。变电站110千伏母线采用单母线分段接线，10千伏母线采用单母线分段接线。110千伏配电装置采用户外GIS设备，10千伏配电装置采用户内高压开关柜双列布置，变电站按无人值守变电站设计。110千伏龙井变电站主要负责向兴义城区北部区域供电。

(三)35千伏变电站

1. 35千伏跑马变

35千伏跑马变电站位于兴义市桔山办事处酸枣村，距兴义市6公里，占地面积3亩，1990年开工建设，于1992年5月竣工投入运行。建成投运时主变规模1×8000千伏安，10千伏出线8回。1994年变电站增容技改，扩建2号主变，主变规模达2×8000千伏安，2002年扩建3号主变，主变规模达3×8000千伏安。2012年因变电站周边的铁合金企业因污染搬迁，跑马变电站负荷下降，而下五屯变电站主变过负荷，故将跑马变3号主变调整到35千伏下五屯变电站。跑马变现有规模为主变容量2×8000千伏安，35千伏进线4回，10千伏出线9回。主要负责向桔山、马岭片区供电。

2. 35千伏云上变

35千伏云上变电站位于兴义市威舍经济开发区，距兴义市38公里，占地面积3亩，1992年开工建设，于1993年6月竣工投入运行。投运时主变规模1×8000千伏安，因威舍经济开发区经济发展迅速，供电负荷增长较快，2008年云上变扩建2号主变，主变容量5000千伏安。现云上变主变容量8000+5000千伏安，35千伏进线7回，10千伏出线6回。主要负责向威舍片区供电。

3. 35千伏木陇变

35千伏木陇变电站（原称为35千伏顶效变，因与兴义供电局的110千伏顶效变重名，2007年35千伏顶效变更名为35千伏木陇变）位于兴义市东部顶效镇木陇村，距兴义市16公里，占地面积2.1亩，1993年3月开工建设，1993年10月26日竣工投入运行。变电站设计规模2×2500千伏安，投运时，主变容量2×2500千伏安，35千伏进线一回，10千伏出线八回，变电二次保护系统采用湖南湘南电气设备控制厂生产的WJBX-3型四合一集控台。因顶效开发区负荷增长迅速，该变电站多次进行增容技改，现有规模为主变容量1×20000千伏安，35千伏进线三回，10千伏出线八回，变电站二次系统采用重庆新世纪生产的EDC秒-6000微机保护综合自动化系统。主要负责向顶效经济开发区供电。

4. 35千伏泥凼变

35千伏泥凼变电站位于兴义市泥凼镇风波湾村，距兴义市34公里，占地面积3亩，1995年2月开工建设，于1995年08月竣工投入运行。设计规模为2×4000千伏安，投运时主变1台4000千伏安，35千伏进线2回，10千伏出线3回。2008年市电力公司生技部组织对35千伏泥凼变进行微机综合自动化改造，主要负责兴义市泥凼片区供电。2016年为满足上述区域负荷发展需求，35千伏泥凼变1号主变增容为6300千伏安（主变从35千伏下五屯变调用），增加电容补偿装置1套1200千乏。

5. 35千伏仓更变

35千伏仓更变电站位于兴义市仓更镇，距兴义市61公里，占地面积3.2亩，1996年开工建设，于1997年9月竣工投入运行。设计规模为2×2500千伏安，现有规模为主变容量1×2500千伏安，35千伏进线2回，10千伏出线4回。主要负责向兴义市仓更、沧江、洛万三个乡镇供电。2016年为满足上述区域负荷发展需求，35千伏仓更变1号主变增容为6300千伏安（主变为新购）。

6. 35千伏合心变

35千伏合心变电站位于兴义市东部顶效镇合兴村，距兴义市22公里，占地面积2.5亩。1998年开工建设，1999年竣工投入运行，设计规模2×5000千伏安。投运时变电站规模，主变容量2×5000千伏安，35千伏进线一回，10千伏出线6回。2012年根据南网公司兴义供电局规划，35千伏合兴变在原站址就地升压为110千伏变电站并更名为110千伏阿嘎变电站。为解决合兴变升压问题，公司无偿将合兴变土地划转交兴义供电局，并在110千伏阿嘎变电站隔壁扩征土地，将35千伏合兴变搬迁到110千伏阿嘎变电站隔壁。兴义供电局110千伏阿嘎变电站投运后，原35千伏合兴变的35千伏负荷由110千伏阿嘎变供电，10千伏负荷仍由35千伏合兴变供电。现有规模为主变容量1×10000千伏安，35千伏进线一回，10千伏出线6回，主要担负兴义市郑屯镇生活用电及工农业生产用电。

7. 35千伏七舍变

35千伏七舍变电站位于兴义市七舍镇街上，2000年5月投产运行。投运时主变容量

1×2000千伏安，35千伏进线1回，10千伏出线6回，主要负责向兴义市七舍镇、捧乍镇片区供电。2004年，35千伏捧乍变电站建成投运后，七舍变电站负荷转移到35千伏捧乍变供电，35千伏七舍变退出运行。

8. 35千伏箐口变

35千伏箐口变电站位于兴义市巴结镇箐口办事处，距兴义市28公里，占地面积1.8亩。2000年1月开工建设，2001年1月投产运行。现有规模为主变容量1×2000千伏安，35千伏进线1回，10千伏出线4回。2014年，因箐口片区负荷增长，箐口变主变增容为3150千伏安。主要负责向兴义市巴结镇、则戎乡供电。

9. 35千伏坪东变

35千伏坪东变电站位于兴义市坪东新区，占地面积3亩。2001年4月开工建设，2002年1月15日竣工投入运行。投运时主变1台，5000千伏安，35千伏进线1回，10千伏出线4回。2012年坪东变主变增容为20000千伏安，扩建10千伏间隔1个，最终35千伏间隔1个，10千伏出线间隔5个。主要负责向兴义市城区坪东片区供电。

10. 35千伏万屯变

35千伏万屯变电站位于兴义市东部万屯镇新联村黑山脚，属于贵州电网公司农网改造建设项目，距兴义市24公里，占地面积2.3亩。2003年11月开工建设，2004年6月9日竣工投入运行，设计规模2×3150千伏安。投运时变电站规模1×3150千伏安，主变容量3150千伏安，35千伏进线1回，10千伏出线4回。2013年2月技改，规模为主变容量1×5000千伏安+1×10000千伏安，35千伏进线二回，35千伏出线一回，10千伏出线5回，主要担负兴义市万屯镇生活用电及工农业生产用电。2016年，为满足义龙大数据供电需求，万屯变2号主变增容为20000千伏安，总容量为30000千伏安。

11. 35千伏捧乍变电站

35千伏捧乍变电站位于兴义市西南部捧乍镇，属于贵州电网公司农网改造建设项目，距兴义市58公里，占地面积2.16亩。2003年5月开工建设，于2004年6月竣工投入运行。投运时主变1台5000千伏安，2009年增容扩建，现有规模为主变容量2×5000千伏安，35千伏进线二回，10千伏出线7回，10千伏采用电容器集中补偿方式。主要担负兴义市捧乍镇生活用电及工农业生产用电。

12. 35千伏白碗窑变

35千伏白碗窑变电站位于兴义市西南部白碗窑镇海子村海子组，属于贵州电网公司农网改造建设项目，距兴义市30公里，占地面积1.75亩。2003年11月开工建设，2004年7月9日竣工投入运行。变电站设计规模2×3150千伏安，投运时主变1台3150千伏安。2010年变电站增容扩建，现有规模为主变容量2×3150千伏安，35千伏进线2回，10千伏出线4回。主要担负兴义市白碗窑镇生活用电及工农业生产用电。

13. 35千伏清水河变电站

35千伏清水河变电站位于兴义市北部清水河镇尾巴田村，属于贵州电网公司农网改造建设项目，距兴义市30公里，占地面积2.14亩。2004年2月开工建设，2005年1月竣工投入运行。2009年3月进行了技改增容，变电站现有规模为主变容量3150+5000千伏安，35千伏进线2回，10千伏出线8回，10千伏采用电容器集中补偿方式。主要担负兴义市清水河镇生活用电及工农业生产用电。

14. 35千伏下五屯变电站

35千伏下五屯变电站位于兴义市下五屯街道办事处耳寨村平桥，距兴义城区3公里处，占地面积4亩。2006年5月开工建设，2006年11月25日竣工投入运行。设计规模2×5000千伏安，投运时变电站主变1×5000千伏安，35千伏进线2回，10千伏出线9回。因下五屯片区城市化发展迅速，2011年扩建2号主变，2号主变容量6300千伏安，主变规模达5000+6300千伏安。2012年将下五屯变1号变更换为8000千伏安（从跑马变调用），主变规模达6300+8000千伏安，主要负责兴义城区的下五屯片区供电。2016年随110千伏下五屯变建成投运后，35千伏下五屯变负荷逐步转移，由110千伏下五屯变供电，下五屯2号主变（6300千伏安）调到35千伏泥凼变。

15. 35千伏敬南变电站

35千伏敬南变电站位于兴义市南部敬南镇，属于贵州电网公司农网改造建设项目，距兴义市16公里，占地面积4.1亩。2010年7月开工建设，2010年12月23日竣工投入运行。变电站设计规模，2×5000千伏安，一期投运时主变容量1×5000千伏安，35千伏进线二回，10千伏出线4回，主要向敬南片区供电。2016年为满足上述区域负荷发展需求，35千伏敬南变进行2号主变扩建技改，增加2号主变增容为10000千伏安（主变从原35千伏东贡临时变调用），扩建10千伏Ⅱ段母线，扩建10千伏Ⅱ段母线出线间隔5个，扩建10千伏2号电容器组3204千乏。

16. 35千伏东贡临时变

35千伏东贡临时变电站位于兴义市木贾街道办东贡。因木贾物流园区负荷增长迅速，该区域原由35千伏坪东变10千伏木贾线供电，为解决该区域的供电问题，2011年兴义市电力公司建设东贡临时变电站，并于2012年1月投运。投运时主变为5000千伏安，10千伏出线2条（10千伏党校线与示范线），东贡变T接于35千伏城云线供电。35千伏东贡临时变采用无人值守模式，线路动作信号采用手机短信形式发送给运维、调度部门负责人。2012年底，东贡变主变增容为10000千伏安，主要向兴义城区的木贾片区供电。随兴义市木贾片区的负荷发展，35千伏东贡临时变电站已经无法满足该区域的负荷发展需求，由兴义阳光资产经营管理有限公司自筹资金，在35千伏东贡临时变电站旁边新建110千伏东贡变电站。2015年6月，110千伏东贡变电站建成投产，同时35千伏东贡临时变电站退运。

17. 35千伏火电厂施工变

35千伏火电厂施工变电站位于兴义市清水河镇自备电厂内。为解决兴义阳光集团清水河自备电厂的施工用电问题，2012年底开始建设，2013年6月投运。投运时主变规模为5000千伏安，10千伏出线4条（全部供电厂施工用）。35千伏电厂施工变T接于35千伏响木T清线供电。清水河自备电厂投运后，35千伏电厂施工变主要为自备电厂提供启动及保安电源。

以上35千伏、110千伏变电站2016年现状情况见表4-3（2016年兴义市电网变电站基本情况统计表），历年市电网变电站规模见表4-4（市电网历年变电站规模汇总表）。

2016 年底兴义市电网变电站基本情况统计表

表 4-3

序号	变电站名称	投运时间	电压等级（千伏）	主变台数	容量组成（兆伏安）	总容量（兆安）	无功补偿容量（兆乏 r）	出线间隔情况（个）			
								220 千伏	110 千伏	35 千伏	10 千伏
一	220 千伏变电站										
1	清水河变电站	2014.11.10	220	2	2×240	480	60	6	7	6	0
2	郑屯变电站	2014.11.10	220	2	2×240	480	60	12	8	6	0
3	巴铃变电站	2016.12.9	220	1	1×150	150	24	14	10	0	0
	小计			5		1110	144	32	25	12	0
二	110 千伏变电站										
1	岗上变电站	1982 年	110	2	2×31.5	63			1	2	10
2	城南变电站	1991.2.7	110	3	3×31.5	94.5	7.8		5	6	11
3	乌沙变电站	1997.6.29	110	2	1×50	50			2	7	4
4	黄桷树变电站	2007.9.2	110	2	1×50+1×63	113	6.012		4	6	10
5	东贡变电站	2015.6.16	110	2	2×63	126			4	0	20
6	光辉变电站	2015.6.24	110	2	2×63	126			2/4	8	12
7	闽黔变电站	2015.7.19	110	2	2×63	126			4	8	16
8	泥溪变电站	2015.11.5	110	2	2×63	126			2	8	20
9	万屯变电站	2015.11.20	110	2	2×63	126	20.04		2	6	16
10	下五屯变电站	2015.12.24	110	2	2×63	126			6	8	20
11	凉水井变	2016.1.15	110	2	2×63	126	20		2	8	20
12	洒金变	2016.3.17	110	2	2×63	126	24.048		2	0	20
13	冶金变	2016.10.12	110	1	1×40	40	8		12		13
14	龙井变	2016.11.10	110	2	2×63	126	24.048		2	0	20
	小计			28		1494.5	109.948	0	49	67	212
三	35 千伏变电站										
1	跑马变电站	1992.5	35	2	2×8	16				4	9
2	云上变电站	1992.6	35	2	1×5+1×8	13	0.9			7	6

续表 4-3

序号	变电站名称	投运时间	电压等级（千伏）	主变台数	容量组成（兆伏安）	总容量（兆安）	无功补偿容量（兆乏 r）	出线间隔情况（个）			
								220千伏	110千伏	35千伏	10千伏
3	木陇变电站	1993.10.26	35	1	1×20	20	0.6			3	8
4	泥凼变电站	1995.8	35	1	1×4	4	1.2			2	3
5	仓更变电站	1997.9	35	1	1×2.5	2.5	1.2			2	4
6	合兴变电站	1999 年	35	1	1×10	10	1.8			1	6
7	箐口变电站	2001.1	35	1	1×3.15	3.15	0.8			1	4
8	坪东变电站	2002.1.15	35	1	1×20	20				1	5
9	万屯变电站	2004.6.9	35	2	10+5	15	1.8			3	5
10	捧乍变电站	2004.6	35	2	2×5	10	1.8			2	7
11	白碗窑变电站	2004.7.9	35	2	3.15+5	6.3	2.4			2	4
12	清水河变电站	2005.1	35	2	3.15+5	8.15	0.6			2	8
13	下五屯变电站	2006.11.25	35	2	8+6.3	14.3	0.76			2	9
14	敬南变电站	2012.12.23	35	1	1×5	5	3.204			2	4
15	电厂施工变电站	2013.6	35	1	1×5	5				1	4
	小计			22		152.4	17.064	0	0	35	86

市电网历年变电站规模汇总表

表 4-4

序号	年度	220千伏变电站			110千伏变电站			35千伏变电站		
		座数（座）	主变台数（台）	主变容量（兆伏安）	座数（座）	主变台数（台）	主变容量（兆伏安）	座数（座）	主变台数（台）	主变容量（兆伏安）
1	1991	0	0	0	2	3	51.5	0	0	0
2	1992	0	0	0	2	3	51.5	1	1	8
3	1993	0	0	0	2	3	51.5	3	4	21
4	1994	0	0	0	2	3	51.5	3	5	29
5	1995	0	0	0	2	4	83	4	6	33
6	1996	0	0	0	2	4	83	4	6	33
7	1997	0	0	0	2	4	83	5	7	35.5
8	1998	0	0	0	2	4	83	5	7	35.5

续表 4-4

序　号	年　度	220千伏变电站			110千伏变电站			35千伏变电站		
		座数（座）	主变台数（台）	主变容量（兆伏安）	座数（座）	主变台数（台）	主变容量（兆伏安）	座数（座）	主变台数（台）	主变容量（兆伏安）
9	1999	0	0	0	2	4	83	6	9	45.5
10	2000	0	0	0	2	4	83	7	10	47.5
11	2001	0	0	0	2	4	83	9	12	54.5
12	2002	0	0	0	2	5	114.5	9	13	62.5
13	2003	0	0	0	2	5	114.5	9	13	62.5
14	2004	0	0	0	2	5	114.5	11	15	71.8
15	2005	0	0	0	2	5	114.5	12	16	74.95
16	2006	0	0	0	3	6	164.5	13	17	79.95
17	2007	0	0	0	4	7	214.5	13	17	79.95
18	2008	0	0	0	4	7	214.5	13	18	84.95
19	2009	0	0	0	4	7	257.5	13	20	94.95
20	2010	0	0	0	4	7	257.5	14	22	104.95
21	2011	0	0	0	4	7	257.5	15	23	116.25
22	2012	0	0	0	4	7	257.5	15	23	131.25
23	2013	0	0	0	4	7	257.5	16	23	163.3
24	2014	2	4	960	4	8	320.5	16	23	132.4
25	2015	2	4	960	10	21	1076.5	15	22	154.45
26	2016	3	5	1110	14	28	1494.5	15	23	183.5

注：110千伏变电站含代管的岗上变

第二节　供电运行

一、线路运行

1990年兴义市水电局供电所成立，同时设置线路队与修试科，负责输电线路巡视、维护、检修。1993年6月成立线路一队与线路二队，线路一队负责线路的新建工作，线路二队负责线路维管工作。

1996年7月，成立输电管理所，输电管理所设置巡线班、抢修班、操作班、带电作业班四个班组，负责输电线路的检修、操作、运行管理工作。

1998年，公司派输电管理所4人到云南滇东电力局输电所学习带电作业，同年配置带电作业工器具，在市电网开展输电带电作业工作。

2002年，兴义市电力有限责任公司成立后，成立输电管理所，负责市电网输电线路的运行、检修、维护工作，生技部设立输电线路管理专责，负责公司输电线路的管理工作。

2007年，结合南方电网公司县级供电企业基础管理达标要求，生技部组织输电管理所建立健全输电线路设备台账，并对输电设备台账进行动态更新。

2007年，根据南网公司《设备状态评价标准》，兴义市电力有限责任公司生技部每半年组织输电管理所对输电设备开展一次评级工作，对设备评级发现的问题列入大修、技改计划进行整改，提高输电设备的健康水平。

2012年，根据南网公司安全风险管理体系建设要求，兴义市电力有限责任公司每年开展输电设备风险评估，对评出的中等及以上输电设备风险及时制定设备风险控制措施并进行风险管控，确保设备安全运行。

二、变电运行

兴义市水电局供电所成立以来，对变电站运行管理一直参照行业标准规范管理。

为加强兴义市电网的管理，1990年3月2日，兴义市水电局供电所与云南省滇东电业局签订《兴义市水电局供电所委托代培协议》。兴义市水电局供电所委托云南滇东电业局代培变电运行等有关人员，代培变电运行工20人，修试人员4人，调度人员6人，电能表校验工2人，于1990年3月15日至1990年5月10日，培训2个月。以上工种的培训，对兴义市变电站安全运行奠定了良好的基础。

1990年，城南变电站、跑马变电站以站为单位负责变电站生产进行管理。技术科负责生产技术管理、工程设计施工、人员技术培训工作。线路与修试科负责变电站一、二次设备检修、高压试验，继保校验、调整工作。

1991年12月，兴义市供电所编制《1991～1992年度检修计划》。1992年2月25日至3月15日对110千伏城南变进行第一次检修。

1993年2月，成立变电工区，工区下辖城南、跑马、威舍3个变电站，负责管理变电站的生产运行工作。

1996年7月，成立变电运行管理所，负责变电站运行管理工作；成立变电检修试验所，负责变电站设备检修工作。

1997年4月，兴义市地方电力局成立设备评级工作领导小组，设备评级领导小组下设办公室，办公室设在生技科，组织在全局开展设备评级工作。

1999年7月，贵州南江水利电力集团公司编制印发《变电站现场运行规程（通用部分）》，各变电站根据通用规程，结合各站实际，编制各变电站的现场运行规程。

2002年，兴义市电力有限责任公司成立后，成立变电管理所，负责市电网变电站运行、值守、管理工作。成立修试中心，负责变电站设备检修、维护工作。生技部设立变电管理专责，负责公司变电管理工作。

2007年，结合南方电网公司下达的县级供电企业基础管理达标要求，生技部组织变电管理所建立健全变电设备台账，并对变电设备台账进行动态更新。结合梳理的设备台账，完成公司各变电站《变电站现场运行规程》的修编。

2007年，根据南网公司《设备状态评价标准》要求，兴义市电力有限责任公司按照标准，每半年对变电设备开展一次评级工作，对设备评级发现的问题列入大修、技改计划进行整改，提高设备的健康水平。

2012年，根据南网公司安全风险管理体系建设要求，兴义市电力有限责任公司每年开展变电设备风险评估，对评出的中等及以上变电设备风险，及时制定设备风险控制措施并进行风险管控，确保设备安全运行。

2012年，兴义市电力有限责任公司通过生产管理系统，对设备台账信息录入生产管理系统，实现了输变电设备信息的网络化、信息化管理。

2015年，随着大量新变电站的建成投运，兴义市电力有限责任公司网内运行变电站已经达27座，为开展正常的变电运行管理工作，公司变电管理按有人值守、无人值守相结合的管理模式开展变电运行管理工作。2015年8月18日，公司下发《关于调整变电站运行机构设置的通知》，对新变电运行模式组织机构进行调整。在变电管理所下设变电运行监控中心，负责管辖范围内变电站监视、遥控、遥调操作。城南巡维中心，负责110千伏城南变、东贡变、洒金变、下五屯变，35千伏敬南变、箐口变、泥凼变、下五屯变、坪东变、跑马变等11座变电站的巡视、现场操作及设备管理。清水河巡维中心，负责220千伏清水河变、110千伏黄桷树变、光辉变、龙井变、泥溪变，35千伏清水河变、云上变、火电厂施工变等8座变电站的巡视、现场操作及设备管理。保留220千伏郑屯变，110千伏岗上变。顶效电力公司，负责110千伏万屯变、闽黔变、凉水井变，35千伏木陇变、合兴变、万屯变6座变电站运行及设备管理。2015年8月28日，生技部发布《变电运行监控中心运行管理实施细则（试行）》《变电运行巡维中心运行管理实施细则（试行）》，对公司变电运行监控中心、巡维中心工作进行规范管理。

第三节　供电设备检修与更新改造

1992年11月3日，兴义市水电局供电所成立线路队和修试队。线路队主要工作职责：全面负责供电所电网内的输电线路勘测、设计和施工，负责输电线路的运行维护、检修和管理等工作，调度操作班设在线路队。修试队的主要工作责任：全面负责供电所电网内变电工程检修、试验工作及变电工程的一、二次设备维护和管理。1992年11月以前，上述相关工作均委托云南省滇东电力局相关技术人员完成。

一、线路检修与更新改造

(一)10千伏线路检修与改造

1991年9月20日，市政府、市支重办、供电所、捧乍区、恫利乡、七舍区，对鲁布革电站库区供电线路进行完善建设及改造。项目为:(1)改造岗上变电站至发玉乡10千伏线路LGJ-50导线3.0千米，以保证发玉乡的用电。(2)改造岗上变电站至捧乍10千伏线路，将原LGJ-35线改为LGJ-70线8.7千米。(3)新建岗上变电站至空岩线路，采用LGJ-50线，T接三条支线至鲁毗、大碑、中寨，采用LGJ-50导线8.7千米。(4)新建恫利至吊洞输电线路，采用LGJ-25导线3.6千米，作为岗上变通恫利的主要供电线路。(5)新建岗上变电站至黄梨树线路，期间通过发耐、大山，采用LGJ-35导线7.7千米。(6)改造七舍至雄武线路，将原LGJ-25线改为LGJ-50导线6.0千米。(7)新建雄武至板革线路，期间经过拖拉，采用LGJ-35导线6.0千米。上述七条线路的改造和建设在1992年6月底前完成。

1991年10月～1992年6月，实施兴义市中部地区电网技改工程。技改项目内容为:(1)从城南变架设10千伏线路LGJ-95导线3.8千米至柯沙坡电站，将兴西湖坝后电站(2×200千瓦+125千瓦)、枫洞电站(200千瓦+400千瓦)、柯沙坡电站(3×320千瓦)连接起来并网运行，投资13.52万元。(2)从城南变架设10千伏线路LGJ-50导线4.7公里至狮子山电站，将兴西湖狮子山电站(100千瓦+124千瓦)连接起来并网运行，投资11.75万元。(3)改造柯沙坡电站至枫洞电站、至坝后电站10千伏线路LGJ-95导线9.2千米，投资36.8万元。以上投资共计62.07万元。

1992年7月，改造岗上变到捧乍10千伏配电线路，全长10.9千米，拨杆Ȼ150-9米13根，立杆22根、打洞，拆回旧导线、架设新导线工程，费用2.0925万元。

兴义市水电局供电所九五期间农村10千伏电网改造计划见表4-5。

兴义市九五期间农村10千伏电网改造计划工程汇总表

表4-5

乡镇名称	地名		线路长度（千米）	改造项目	原用导线型号	现改用			备　注
	起点地名	止点地名				导线型号	单价万元 / 千米	金额（万元）	
乌沙	老乌沙	磨舍	7	更换导线、瓷瓶与部分电杆	LGJ–25	LGJ–50	3.5	24.5	随着农村用电普及、乡镇企业发展、原输电导线截面过小、输电容量已难以保证供电质量、因此、有计划地改造部分输电线路主干线、更换部分电杆和瓷瓶，适当调整部分输电线路路径方案，以满足农村用电需求、降低线损，提高农村电网经济效益，保证电网安全
乌沙	兴西湖坝后电站	乌沙、洒布	12	更换导线、瓷瓶与部分电杆	LGJ–25	LGJ–50	3.5	42	
乌沙	普梯电站	猴子箐、谢米、大水井	12	更换导线、瓷瓶与部分电杆	LGJ–25	LGJ–50	3.5	42	
乌沙	普梯电站	革居、新普蛤	7	更换导线、瓷瓶与部分电杆	LGJ–25	LGJ–50	3.5	24.5	
下午屯	兴西湖坝后电站	黄泥箐	5	更换导线、瓷瓶与部分电杆	LGJ–25	LGJ–50	3.5	15	
下午屯	兴西湖枫洞电站	雷打田	3.4	更换导线、瓷瓶与部分电杆	LJ–16	LGJ–35	3	10.5	
乌沙	旱马石电站	革上、雷家寨	11.5	更换导线、瓷瓶与部分电杆	LJ–16	LGJ–35	3	34.5	
乌沙	旱马石电站	白碗窑电站	2	更换导线、瓷瓶与部分电杆	LJ–16	LGJ–35	3	6	
乌沙	白碗窑电站	海子、大雨堵	4	更换导线、瓷瓶与部分电杆	LJ–16	LGJ–35	3	12	
乌沙	白碗窑电站	下抹挫、大戈多	5.5	更换导线、瓷瓶与部分电杆	LJ–16	LGJ–35	3	16.5	
泥凼	红椿电站	箐口	6	更换导线、瓷瓶与部分电杆	LJ–16	LGJ–35	3	18	
泥凼	油榨房	水打龙、巴结	5	更换导线、瓷瓶与部分电杆	LJ–16	LGJ–35	3	15	
泥凼	泥凼	团结电站、达力	8.5	更换导线、瓷瓶与部分电杆	LGJ–25	LGJ–50	3.5	29.75	
泥凼	泥凼、风坡弯	学校、梨树坪	6.5	更换导线、瓷瓶与部分电杆	LGJ–16	LGJ–35	3	19.5	
泥凼	风坡弯、新场	永新、丫口寨	14	更换导线、瓷瓶与部分电杆	LGJ–16	LGJ–35	3	42	
泥凼	泥凼、坡尾	歪染、纳磨	16.5	更换导线、瓷瓶与部分电杆	LGJ–25	LGJ–50	3.5	57.75	
仓更	仓更、纳米田	鸡场电站、鸡场	13	更换导线、瓷瓶与部分电杆	LGJ–25	LGJ–50	3.5	45.5	1994年10月26日
仓更	仓更	沧江、坝达章	11.5	更换导线、瓷瓶与部分电杆	LGJ–25	LGJ–50	3.5	40.25	
仓更	仓更、络万、平寨	秧木、浪击河口	18	更换导线、瓷瓶与部分电杆	LGJ–16、25	LGJ–50	3.5	63	
仓更	秧木	梨树坪、回龙庙	6	更换导线、瓷瓶与部分电杆	LGJ–16	LGJ–35	3.5	18	
仓更	平寨	安马、伯家寨	4.8	更换导线、瓷瓶与部分电杆	LJ–16	LGJ–35	3.5	14.4	
合计			179.2					590.65	

1998年6～7月，兴义市地方电力局对35千伏仓更变架设10千伏（LGJ-35）线路至洛万乡政府7.5千米，采用LGJ-25线改造洛万乡政府至平寨办事处4.5千米，全长12千米。共采用9米直线单杆51基，9米转角耐张杆19基，直线耐张门杆13基，转角耐张门杆14基，共计97基，共用Ȼ150×9米124基，工程总投资68.2万元。1999年11月3日，兴义市地方电力局成立农网改造与建设领导小组，下设规划设计组、安全筹措组、物资供应组、质量督查组等4个组，对兴义市农村电网进行改造。1999年兴义市农村电网电力设施改造统计见表4-6：

1999年兴义市农村电网电力设施改造统计表

表4-6

项 目	明 细				
		序号	原线路状况	改造方案	投资（万元）
10千伏主干线	改造长度（千米）	1	LGJ-16/44.8公里	LGJ-25	144.4
		2	LGJ-16/9.5公里	LGJ-35	33.4
	249	3	LGJ-16/1.75公里	LGJ-50	8.8
		4	LGJ-25/32.8公里	LGJ-35	114.8
		5	LGJ-25/6.4公里	LGJ-50	33.3
		6	LGJ-35/55公里	LGJ-50	275.0
	投资（万元）	7	LGJ-35/13公里	更换瓷瓶	3.9
		8	LGJ-50/20.4公里	LGJ-70	137.7
	116.4	9	LGJ-50/42.05公里	更换瓷瓶及破股线	250.0
		10	LGJ-50/23公里	新建	115.0
10千伏支干线	改造长度（千米）	1	LGJ-16/373.3公里	LGJ-25	1194.6
		2	LGJ-16/35.1公里	LGJ-25	172.8
	799.7	3	LGJ-25/137.38公里	LGJ-25	410.6
		4	LGJ-25/118.2公里	LGJ-25	501.0
	投资（万元）	5	LGJ-25/36.6公里	更换水泥杆	22.0
		6	LGJ-25/83.1公里	更换瓷瓶	25.0
		7	LGJ-35/1.1公里	LGJ-25	5.5
	2494.5	8	LGJ-35/3.7公里	LGJ-25	13.0
		9	LGJ-35/11.3公里	新建	40
低压线路	改造长度（千米）	2736.33		投资（万元）	5472.4
高耗能变压器	更换台数（台）	213	更换高耗能变压器总容量（千伏安）	9755	投资542.2(万元)
备注	以上四项共投资9625.5万元				

2002年8月20日，兴义市电力有限责任公司对10千伏城区Ⅰ、Ⅱ馈线路进行改造和检修：更换10千伏城区Ⅰ、Ⅱ馈50号杆支重局10千伏线路及低压线路破损导线；更换10千伏

城区Ⅰ、Ⅱ馈55号铁塔大顺加油站处高低压线路；更换财苑宾馆侧面10千伏城区Ⅰ馈33号水泥电杆为铁塔。

根据兴义市桔山新区324国道扩建需要，2003年7～8月，对桔山新区段10千伏跑烟线、10千伏跑药线改道和涉及的配变搬迁及低压线路改道，投资31万元。

2003年7月，10千伏威舍线43号～44号杆由15米水泥电杆更换为13米铁塔2基，投资0.98万元。

2006年下半年，贵州电网公司下达技改计划至兴义市电力有限责任公司，投资6.2万元对仓更镇街上高低压线路改造。

2012年12月～2013年3月，对涉及10千伏线路146台重（过）载配变更换专项技改，投资521万元。减少配变烧毁，解决了配变设备安全可靠过冬。

2013年12月～2014年4月，对涉及18个乡镇的10千伏线46台重（过）载配变更换专项技改，保证部分负荷集中的配变设备安全可靠过冬。

2013年10月～2014年12月，2013年度生产检修、技改项目：新建10千伏线路14.85千米，10千伏线路更换1.95千米，10千伏真空断路器安装14台；新建10千伏配变台区19台，10千伏配变增容技改50台，加装低压刀闸18组；0.4千伏线路更换42.8千米，0.4千伏线路延伸新建9.05千米，0.22千伏线路皮线更换3.8千米，拉线更换945组，总投资约1015万元。

2014年9～12月，2014年度生产检修、技改10千伏项目，涉及14个供电所项目，新建/更换10千伏线路共计4.916千米；10千伏真空断路器安装4台；新建10千伏配变台区12台；10千伏配变增容技改28台；安装低压计量箱32台、高压熔断器34组、氧化锌避雷器28组；0.4千伏线路新建、更换27.741千米；0.22千伏线路皮线更换1.695千米；拉线安装109组。总投资约543万元。

2015年度生产设备生产检修、技改10千伏项目，涉及14个供电所项目，新建/更换10千伏线路共计24.94公里，10千伏真空断路器安装2台；新增10千伏配变台区8台；10千伏配变增容技改44台；10千伏配变推磨增容轮换25台；高压熔断器安装63组；电杆组立（9–15米）121基；电杆拆除（8–10米）37基；土方开挖307立方米；柱上配变安装50台；柱上配电计量箱安装34个；400伏线路架设共计66.73千米；220伏线路架设共计230.14千米；锈蚀拉线更换安装377组。

2016年度生产设备生产检修、技改10千伏项目，为避免配网检修技改资金的重复投资与浪费，根据公司生技部《关于结合新一轮农网升级改造对相关工作进行调整的通知》要求，取消该年度大修技改计划中配网项目的实施。

（二）35千伏线路检修与改造

1991年10～11月，由云南省输变电工程公司负责对城南——跑马厂35千伏线路37基砼杆检修、新组立铁塔两基（包括该塔放紧线），取消两基水泥杆。该项目改造检修施工费用2万元。

1991年12月，技改项目内容为：从跑马厂将35千伏线路LGJ–70延伸10公里至顶效，在顶效建设一座5000千伏安变电站，将围山湖坝后电站（2×200千瓦）、水冲口电站（80+125千瓦）及顶效小寨电站（2×250千瓦）连接起来并网运行。投资107万元，项目于1992年4月技术改造。

1992 年 12 月 ~ 1993 年 1 月，35 千伏城跑线 1 号 ~ 4 号杆技改工程承包给云南省送变电公司送电二处二队承建，投资 3 万元。

2004 年 5 月，35 千伏城威线 66 号 ~ 69 号杆线路技改工程（LGJ-120）1.076 公里承包给四川岳池石垭建筑总公司施工，投资 7.9 万元。

2003 年 5 ~ 6 月，35 千伏城跑、城威、城乌、城泥 4 条线路防腐除锈刷漆检修工程，承包给四川岳池裕民建安公司直属二处施工，投资 22.68 万元。

根据兴义市机场大道建设需要，2003 年 5 ~ 6 月，对 35 千伏城合线 13 号 ~ 19 号杆线路迁移改道技改，投资 39 万元。

2004 年，泥凼变电站至达力二、三级电站 35 千伏输电线路工程：35 千伏泥仓线 1 号 ~ 4 号杆导线由 LGJ-70 技改为 LGJ-95 导线 5 千米，投资 27.5 万元；达力二级电站至三级电站新建 LGJ-70 线路 3.4 千米，投资 27.2 万元；35 千伏泥仓线 T 接达力二级电站 LGJ-95 线路 3.5 千米，投资 33.25 万元，总投资 87.95 万元。

2004 年 6 月，35 千伏城跑线改道，改道线路 7.132 千米，架设架空地线 1.366 千米，共用杆塔 68 基，其中：水泥电杆 51 基、水泥支线门杆 3 基、耐张转角门杆 7 基、YJ2-12 型铁塔 2 基、秒 J 型铁塔 5 基、导线用 LGJ-240/30 钢芯铝绞线，架空地线用 GJ-50 镀锌钢绞线。工程总投资 173.04 万元。

兴义机场建设需要，2004 年 9 ~ 11 月，对 35 千伏城合线 P18 号 ~ P30 号段线路改道及拆除原有电杆，改道线路全长 5.63 千米，共用砼杆 18 基，其中砼直线门杆 5 基，砼耐张杆 13 基，导线为 LGJ-120/20 钢芯铝绞线，绝缘子采用 XP-70、直线杆 4 片、耐张终端 5 片。投资 57.43 万元。

2005 年 3 月，对 35 千伏城泥线线路大修（更换雷击、破损、污染绝缘子、锈蚀接触金具、校倾斜电杆、调整拉线等）。总费用 3.78 万元。

2005 年 5 月，将 35 千伏城合线杆塔防腐处理承包给兴义市德胜输电线路工程有限公司施工，费用 3.084 万元。

2007 年 6 月，35 千伏城威线、城乌线（双回同杆架设）1 号 ~ 4 号、5 号 ~ 8 号塔拆除架空避雷线换上新钢绞线 GJ-30，35 千伏城威线 5 号 ~ 7 号塔拆除破损导线换上新钢芯铝绞线 LGJ-120 技改项目实施，施工费用 1.355 万元。

2008 年 8 月，将 35 千伏下泥 T 捧线、35 千伏乌白线（共 105 基）电杆焊缝及横担防腐刷漆检修工程承包给河南省特种防腐有限公司施工，施工费用 5.88 万元。

2009 年 3 ~ 4 月，将 35 千伏城合线 8 号杆至 75 号杆、35 千伏跑响线 1 号杆（塔）至 65 号杆（塔）、35 千伏响木线 1 号杆至 17 号杆（塔）共 144 基电杆焊缝及横担防腐刷漆检修工程承包给河南省特种防腐有限公司施工，施工费用 10.81 万元。

2010 年 5 月，因市政建设移民搬迁占用电力通道，35 千伏城乌线 N18 ~ N24 杆塔拆迁改道技改，投资 138 万元。

2011 年 10 月 ~ 2012 年 8 月，35 千伏乌白线 N17 ~ 31 段抗冰加固专项技改：将原导线

LGJ-95 拆除更换为 LGJ-120 导线全长 4.75 千米，新建杆塔 5 基（其中 7732-18 型铁塔 2 基，7732-18 型铁塔 1 基，门杆 JM12-18 型 2 基）。贵州电网公司投资 71.298 万元，项目实施后，增强了该条线路抗自然冰冻灾害能力，确保 35 千伏白碗窑变安全可靠供电。

2012 年 8 月，因山体滑坡，35 千伏城东云线 N97～N101 杆塔线路迁改加固技改，投资 13.98 万元。

2013 年 3 月，为提高 35 千伏城东云线线路运行的可靠性，对 35 千伏城东云线 N37～N42 号杆更换雷击受损导线、N101～N103 号塔更换污秽腐蚀导线、架空避雷线、N1～N103 号塔更换锈蚀金具，总投资 16.55 万元。

2013 年 8 月，因市政建设占用电力通道，35 千伏城合乌线 N17～N18 杆塔拆迁改道，总投资 51.18 万元。

2013 年 8 月，因市政府对 324 国道师范段道路建设迁改工程，占用电力通道，35 千伏城东云线 N19～N23 杆塔拆迁改道，总投资 54.36 万元。

2013 年 11 月，因市政建设占用电力通道，35 千伏跑荣线、35 千伏跑响线 N5～N7 杆塔同塔双回线路改造，总投资 35.83 万元。

2014 年 12 月，35 千伏泥仓线 30 杆至 31 号杆对地距离不够，加杆 1 基，总投资 11 万元。

2014 年 11～12 月，35 千伏下白敬线、敬捧泥线横担焊缝刷漆共 106 基，总投资 4.6 万元。

2015 年 9 月，35 千伏云阿线、线横担焊缝刷漆共 38 基，总投资 3 万元。

2015 年 5 月，35 千伏城嘉线、跑响线、敬捧泥、下白敬线焊缝加固共 478 个，总投资 14.34 万元。

2015 年 10 月，35 千伏乌普线更换杆塔绝缘子，共更换 23 基（直线 13 基、耐张 10 基）杆塔，绝缘子串 91 串，420 片绝缘子，总投资 18.49 万元。

2015 年 10～12 月，35 千伏线路锈蚀拉线更换安装 266 组，35 千伏云阿线 1 号杆至 9 号杆架空避雷线更换 2.5 千米；35 千伏城嘉线加塔 1 基，总投资 21.57 万元。

2015 年 9～12 月，110 千伏、35 千伏线路不合格接地电阻改造项目，接地圆钢安装 1974 米；接地模块安装 128 块，总投资 9.075 万元。

2016 年 6～12 月，35 千伏敬捧泥 T 捧线 100 号、35 千伏岗捧线 33 号、35 千伏敬捧泥线 50 号、35 千伏泥仓 T 达线 10 号、35 千伏城东云线 2 号、35 千伏云阿线 32 号、35 千伏响木线 15 号、35 千伏跑响 T 马线 12 号、35 千伏跑响 T 马线 13 号、35 千伏跑响 T 马线 14 号、35 千伏跑响 T 马线 15 号、35 千伏乌普线 6 号、35 千伏乌普线 7 号、35 千伏乌普线 T 普梯一级站 1 号、35 千伏乌普线 T 普梯一级站 2 号、35 千伏城下线 1 号、35 千伏城下线 6 号、35 千伏城下箐 T 线 77 号、35 千伏下白线 59 号、35 千伏城提跑线 9 号、35 千伏城提跑线 13+2 号、35 千伏城提跑线 14 号杆塔不合格接地电阻改造，共计杆塔 30 基，总投资 9.2876 万元。

2016 年 6～12 月，35 千伏城东云 T 坪线 2 号杆至 4 号杆更换锈蚀拉线 15 棵，35 千伏城东云线 12 号杆至 16 号、59 号杆至 64 号杆、66 号杆、73 号杆至 93 号杆、94 号杆至 96 号杆更换锈蚀拉线 139 棵，35 千伏敬捧泥 T 捧线 46 号杆、59 号杆、63 号杆、69 号杆、70 号杆更换锈蚀拉线 21 棵，35 千伏城坪乌 12 号杆、16 号杆、17 号杆更换锈蚀拉线 12 棵，35 千伏城嘉线

51号杆至66号杆更换锈蚀拉线68棵，35千伏城下线4号杆至6号杆更换锈蚀拉线15棵，35千伏跑响线8号至42号更换锈蚀拉线128棵，35千伏云阿线2号杆、4号杆、6号杆更换锈蚀拉线16棵，35千伏光阿线7号杆、8号杆、9号杆更换锈蚀拉线12棵，合计更换锈蚀拉线426棵。总投资32.3698万元。

2016年6～12月，35千伏敬捧泥T捧线1号至18号杆焊缝刷漆，共66个；35千伏城东云T坪线2号杆至4号杆焊缝刷漆，共8个；35千伏城东云线14号杆至16号杆、23号杆至28号杆、69号杆至83号杆焊缝刷漆，共52个；35千伏城嘉线51号杆至66号杆焊缝刷漆，共62个；35千伏城下线4号杆至6号杆焊缝刷漆，共7个。合计焊缝刷漆，共195个，总投资2.4109万元。

(三)110千伏线路检修与改造

1992年，兴义市供电所线路修试队对110千伏鲁兴线进行了检修，检修内容为：(1)预防性检查：全线混凝土杆构架缺陷检查，铝并沟线夹检查，交叉跨越测量。(2)维护、检修：绝缘子清扫，并沟线夹螺栓紧固，防护区内树木砍伐，铁塔、混凝土杆各部件螺栓紧固。(3)设备缺陷处理：补2号杆拉下拨开口销一个、97号杆拉下拨开口销一个，检查15号门杆左杆接地引下线不清，19号塔、29号杆、77号杆、135号杆、147号塔所埋接地钢筋外露，补54号塔螺栓（$\varnothing 16\times 50$）两颗、112号塔螺栓一颗、122号塔螺栓两颗，清除88号塔至89号塔A相导线有一悬吊物，更换134号杆悬式绝缘子（X-7损坏两片)，修补136号至137号杆放炮打坏B相导线。

1992年6月，兴义市水电局供电所将110千伏鲁兴线6号～17号、39号～40号、136号～137号杆塔断股线在7根以上用并沟线夹加一根LGJ-120导线加强，29号、134号杆塔拆换悬式绝缘子3片，检修工作承包给兴义市桔山镇笔山村杨友才负责施工，工程费用0.276万元。

1998年9月6日，滇东电力局对110千伏鲁兴线停电，兴义市地方电力局电网管理部更换110千伏鲁兴线雷击绝缘子和处理线路缺陷。为配合停电做好检修工作，生产技术指挥部9月4日下发通知由检修中心负责处理110千伏城南变110千伏111开关缺陷和更换111开关油，检修35千伏城威线351开关，35千伏城泥线356开关等检修工作。

2004年，35千伏城乌线、普梯一、二级联网线路改造：扩建三套35千伏出线间隔、35千伏母联、电流互感器间隔，投资65万元。35千伏城乌线1号～11号杆由LGJ-95导线改造为LGJ-240导线4千米，投资30万元。35千伏城乌线11号杆至乌沙变新建一条LGJ-240线路14千米，投资140万元。35千伏普梯一、二级联网线由LGJ-95导线改造为LGJ-150导线8.5千米，投资55.25万元。总投资290.25万元。

2006年9月，110千伏鲁兴线全线检修：清洗全线绝缘子，全线转角耐张杆塔并勾线夹扳打磨并紧固，紧固耐张线夹螺栓，全线直线杆塔紧固悬垂线夹螺栓，全线杆塔架空线连接螺栓紧固；安装线路型氧化锌避雷器，根据测试后进行低值绝缘更换。投资90万元。

2008年5月，110千伏鲁兴线、纳城线、江城T乌线、35千伏城跑线、乌白线、泥仓线、下泥T捧线、城箐线、城云线、跑响线、响木线、云阿线共计27基线路杆塔处理不合格接地网检修，工程承包给四川省岳池送变电工程公司施工，费用3.875万元。

2008年6月11日，对35千伏黄合线、万合线进行技改，黄桷树至合兴110千伏送电线路15千米，万屯至合兴110千伏送电线路12千米。项目建设期6个月，项目总投资2565万元，其中企业自筹770万元，银行贷款1795万元。

2010年4～5月，因市政建设，110千伏鲁兴线N168～N175杆塔改道架设为双回塔（110千伏鲁兴线、35千伏城下箐T线)2.713千米，投资207.5万元。

2011年5月，110千伏鲁兴线杆（塔）防腐刷漆，投资37.83万元。

2013年3月，110千伏鲁兴线N5～N185线路避雷器预试共24基杆塔，49只线路避雷器定检预试检修，投资4.8万元。

2013年5月，因市政建设金州大道，110千伏城黄线N25塔线路改道，投资7.5万元。

2013年9月，110千伏线路74基杆塔接地电阻不合格改造项目，投资12.77万元。

二、变电设备的检修与更新改造

(一)35千伏变电站检修与改造

1995年8月，35千伏跑马变电站直流系统ZKA61-60/220V型整流成套装置改造，投资13.982万元。

1997年11月～1998年6月，35千伏跑马变电站技改，更换35千伏断路器4台，更换10千伏断路器14台，新增遥测、遥信、遥控装置，调度通信设备，新增继电保护装置相关建筑物技术改造，投资170.32万元。

1997年，35千伏威舍变电站二期工程增容技改，增加一台8000千伏安主变及35千伏间隔配套开关设备，投资77.12万元。

2002年10～11月，35千伏跑马变增容扩建技改，在35千伏跑马变35千伏跑响线3631刀闸至穿墙套管处T接增容一台FZ9-8000千伏安/35千伏变压器（命名为3号主变)；在2号主变低压侧021开关与0211刀闸之间装设电缆至10千伏Ⅰ段0511刀闸至055开关之间；10千伏马岭线负荷由旁路058开关经0551刀闸供电运行。投资59.3万元。

2004年，为满足小黄泥河梯级电站发电上网需要和威舍镇工农业生产与人民群众用电需要，对35千伏威舍变电站进行技术改造，新增3个35千伏出线间隔并更换部分原有旧设备，投资约50万元。

2004年，马岭输变电技改工程，35千伏输电线路改造2.5千米，新增主变5000千伏安有载变压器一台及相应变电设施设备，投资173.75万元。

2004年，35千伏坪东变主变由3150千伏安增容技改为5000千伏安。

2005年12月14日，确定35千伏清水河变2号主变增容扩建，建设规模：主变容量1×5000千伏安，10千伏母联1套，10千伏出线2回，10千伏无功补偿容量1×750千乏，投运时间为2006年3月31日前；35千伏合心变2号主变增容扩建，建设规模：主变容量1×10000千伏安，主变间隔1套，35千伏进线间隔1套，完善10千伏Ⅱ段母线，35千伏多油断路器2台，10千伏开关柜6块，直流系统1套。

2006年5月，35千伏清水河变电站室外一次设备及构架防腐处理，工程承包给河南省防腐保温开发有限公司施工，费用2.0万元。2006年6月，将35千伏威舍变电站室外一次设备及构架防腐处理承包给河南省防腐工程公司施工，费用2.3万元。

2007年5月，将35千伏坪东变电站室外一次设备及构架防腐处理承包给河南省防腐保温开发有限公司施工，费用0.75万元。

2007年，贵州电网公司下达技改计划至兴义市电力有限责任公司，投资12万元对35千伏万屯变、捧乍变、清水河变、白碗窑变一次设备除锈防腐处理检修。该检修工程承包给河南省防腐保温开发有限公司施工。

2007年5月，将35千伏泥凼变一次设备除锈防腐处理检修项目承包给河南省防腐工程公司施工。费用2.175万元。

2007年11月，35千伏坪东变主变由5000千伏安增容技改为10000千伏安。

2008年4月，35千伏坪东变电站更换35千伏断路器1台及相应的土建工程，撤除原断路器跳线2跨/三相，更换35千伏站用变1台及设备跳线技改，工程承包给四川省广安市建筑总公司电建工程处施工，施工费用1.88万元。

2008年4月，35千伏下五屯、35千伏威舍变电站室外一次设备及构架防腐处理，工程承包给河南省防腐工程公司新乡市分公司施工，施工费用4.0万元。

2008年7月，将35千伏木陇变电站室外一次设备及构架防腐处理承包给四川省广安市建筑总公司电建工程处施工，费用1.91万元

2008年，争取上级资金480余万元对35千伏仓更变电站输变电设备进行彻底技术改造。新建35千伏岗仓线（23千米）；将变电站内一、二次旧设备全部更换为新设备，注油开关更换为性能较好的无油化真空开关，将常规的继电保护全部更换为先进的微机综合自动化保护。

2009年12月，贵州电网公司出资59万元对35千伏捧乍变电站、35千伏白碗窑变电站、35千伏清水河变电站农网变电站直流系统设备更新3套，35千伏白碗窑变电站、35千伏清水河变电站新增加微机“五防”系统装置（含钥匙管理机）2套。

2011年6月，改造35千伏泥凼变电站综合自动化，将原电磁式保护改造为中国南瑞城乡GSSA系列综合自动化微机保护系统改造，投资约80万元。

2012年8月，35千伏坪东变主变由Z10–10000/35增容技改为FZ11–20000/35，投资约90万元。

2013年6～8月，对35千伏跑马变电站、35千伏云上变电站室外设备防腐检修，投资7.33万元。

2013年12月，对35千伏跑马、坪东、下五屯变电站直流系统进行改造，更换高频电源屏3套，总投资约16万元。

2014年10～12月，35千伏泥凼变电站、35千伏仓更变电站进行主变、母线构架、出线间隔防腐刷漆，总投资5.2万元。

2015年4月，35千伏白碗窑、坪东变变电站全站防腐刷漆，总投资8.86万元。

(二)110 千伏变电站检修与改造

1992 年 3 ~ 4 月，由云南省滇东电业局东电公司负责对 110 千伏城南变电站全站缺陷处理。全站设备预防性试验，全站一、二次设备刷漆，主变渗油处理及直流系统、载波通信设备的定检、维护保养等工作，费用 2.0 万元。

1992 年 4 月，由滇东电业局检修人员对 110 千伏城南变电站 111 开关，051、052、053 开关，主变 10 千伏 011 开关，主变侧 301 开关，056 开关，059 开关，主变等设备进行了检修。

兴义市作为贵州省第二批电气化县（市）达标验收县级市，兴义市水电局供电所多方筹措资金 362.75 万元，于 1994 年 7 月 ~ 1995 年 7 月，增设 110 千伏城南变电站增容 2 号主变 31500 千伏安一台，35 千伏出线间隔 3 回，10 千伏出线间隔 6 回等配套网络。

2004 年，扩建技改合兴 110 千伏输变电工程，合兴 110 千伏变电站改（扩）建工程，新建主变 40000 千伏安及相应变电设备，投资 289 万元。升压改造 35 千伏合心线为 110 千伏送电 LGJ–150 线路 22 千米，投资 198 万元。合计总投资 487 万元。

2004 年，110 千伏城南变技改工程，完善 3 号主变中压侧、低压侧母线系统工程，投资 30 万元。

2006 年 11 ~ 12 月，更换 110 千伏城南变电站 35 千伏Ⅰ、Ⅱ段母线进出线隔离开关（刀闸），工程承包给四川广安市建筑总公司电建工程处施工，施工费用 4.8 万元。

2007 年 2 ~ 3 月，对 110 千伏城南变 110 千伏母线技改。内容为：增加 2 个 110 千伏进线间隔土建，完成 1 个 110 千伏进线间隔的设备安装，完成 1 个 110 千伏母线间隔土建及设备安装，改造 110 千伏Ⅰ、Ⅱ段母线，完成站内接地网改造 180 米、设备及构架安装 400 米，撤除原 110 千伏外桥母线及设备，新建 110 千伏母线 2 个；安装 110 千伏隔离刀闸 4 组，安装 110 千伏断路器 2 台，安装 110 千伏电流互感器 1 台，安装 110 千伏电压互感器 9 台，安装 110 千伏避雷器 1 组。施工费用 9.5 万元。

2007 年 10 ~ 11 月，110 千伏城南变电站 35 千伏间隔设备防腐处理检修，由河南省防腐工程有限公司城乡分公司施工，施工费用 8.75 万元。

2008 年 6 月，合兴变技改工程：更换主变压器（1 × 63 兆伏安）1 台，配电装置 6 套，站内杆塔 8 套，控制及保护系统 12 套，通信及远动系统 1 套，电容补偿容量 6000 千乏，配电线路架设 21.2 公里。项目建设工期 7 个月，项目总投资 2667.794 万元，其中企业自筹 800.794 万元，银行贷款 1867 万元。

2009 年 8 月，改造 110 千伏城南变综合自动化，将原电磁式保护改造为中国南瑞城乡 GSSA 系列综合自动化微机保护系统改造，投资 360 万元。

2010 年 7 月，110 千伏岗上变电站 35 千伏多油断路器 2 台更换为真空断路器（含刀闸）技术改造，以及变电站房屋等改造，投资 83.98 万元。

2012 年 12 月 ~ 2013 年 6 月，改造 110 千伏城南变电站 110 千伏多油断路器 3 台，35 千伏多油断路器 5 台，共 8 台多油断路器更换为真空断路器，投资 250 万元。

2012 年 6 月 ~ 2015 年 2 月，110 千伏黄桷树变电站增容扩建 2 号主变 1 × 63 兆伏安，新增 110 千伏主变间隔 1 个、新增 35 千伏分段间隔 1 个、新增 35 千伏出线间隔 2 个、新增 35 千伏母联间隔1个、新增35千伏PT间隔1个。35千伏出线新建设2回，双回35千伏线路 π 接35千伏跑木线。10千伏出线，远期出线20回，本期建设10回。35千伏无功补偿装置，最终2×6.0千乏，一期1×6.0千乏，本期建设1×10.008千乏，工程总投资742.91万元。该工程2015年2月竣工，2015年4月投运。

2013年6~8月对110千伏城南变电站室外设备防腐检修，投资23.65万元。

2013年10~12月对110千伏乌沙变电站主变、母线构架、出线间隔防腐刷漆，投资约8万元。

2016年6~12月，110千伏黄桷树变Ⅰ期工程一次设备防腐刷漆工程量为设备表面防腐1135.764平方米；构架防腐34.83吨。

2016年6~12月，110千伏黄桷树变Ⅱ号主变防腐刷漆工程量为设备表面防腐844平方米；构架防腐0.8吨。

三、带电作业

1998年3~7月，输电管理所4人到云南省滇东电力局曲靖输电管理所带电班参加带电作业技能学习培训，学习合格后，颁发带电作业工人岗位合格证书。

2012年10月14~25日，输电管理所4人到沈阳中国带电作业技术中心参加带电作业技能学习培训，领取带电作业培训合格证。

2015年10月25日~11月1日，输电管理所4人到沈阳中国带电作业技术中心学习带电作业技能，带电作业培训合格证进行复证。

输电管理所历年来开展带电作业工作为：1998年11月、2004年6月、2006年5月，分别对110千伏鲁兴线共3次带电紧固并钩线夹150基。2000年4月，对110千伏鲁兴线、35千伏城威线带电更换雷击绝缘子。2003年7月，对35千伏城泥线、城箐线带电修补35~110千伏线路破损导线120处，带电更换补35~110千伏线路雷击、零值、破损绝缘子300串。2013年8月，更换110千伏鲁兴线雷击、零值绝缘子8串。

1998年11月~2014年12月，带电作业共340人次，减少线路停电损失近1600小时。

第四节　配　电

一、配电网络

1990年以前，兴义市水电局供电所，无一台变压器，无一条配电线路。1989年，国家重点工程鲁布革水电站建成投产后，根据建设单位和云贵两省有关文件和协议，原国家水电部明确，每年按鲁布革电站总发电量的5%作为地方留成电量，用作淹没占地及移民安置的补偿，以利于发展地方经济。兴义市政府于1989年批准成立鲁兴110千伏输变电工程筹备小组，1990年成立兴义市供电所。1991年5月11日，鲁兴110千伏输变电工程建成投运，形成兴义市供电所与兴义供电局分片区供电，该所当年仅零星供电360万千瓦时。兴义市水电局供电所成立后，为切实管好、用好留成电量，在上级有关部门的支持下，市供电所在抓电网建设的同时，积极发展农村负荷和乡镇企业用电，既保证了鲁布革水电站有一个良好的生产运行条件，也促进了兴义市地方经济的快速发展。建所初期，只有7名工作人员租房办公。建所以来，始终把电网建设放在工作首位，继鲁兴110千伏输变电工程建成后，又新建了跑马、顶效、威舍、革居、新桥，5座35千伏变电站，总容量近4万千伏安。35千伏输电线路181千米，10千伏配电线路760公里。架设了兴西湖、围山湖两个水利工程管理所下属的8个小型水电站的10千伏联络线路，使兴义市电网除留成电量外，有了自己的发电能力3500多千瓦。电网和工区的建设，使兴义市供电状况全面好转，除承担了全市用电量的三分之二以外，还向长达80多公里的"南昆"铁路建设工地供电。与此同时，兴义市供电所组建了运行管理机构，在生产运行上安装了各种机电设备。电力生产调度采用了先进的自动化系统，实现了遥测、遥信。调度中心与各变电站以及上级调度单位均开通了电力载波通信。

1993年7月，兴义市被贵州省政府批准列入"八五"期间建设的第二批农村初级电气化县，该所承担了主要建设任务。首先对作为鲁兴线输变电工程枢纽的城南110千伏变电站进行扩建，增加31500千伏安主变一台，35千伏出线间隔3个，10千伏出线间隔6个。工程于1994年动工，1995年6月完成。1993年5月，架设兴义至泥凼35千伏输电线路35公里和新建泥凼35千伏变电站（容量1×4000千伏安），于1994年底建成。至此，形成了东至兴仁县格沙屯、南至泥凼镇、西至云南省罗平县板桥、北至盘县响水的兴义市电网，覆盖面积达2500平方公里。仅用一年多时间就实现了全市乡乡通电，农户通电率达90%以上，成为全省农村初级电气化建设速度最快的一个县。1994年12月，兴义市供电所拥有35千伏变电站4座，总容量59500千伏安；配电变压器190台，总容量19658千伏安。拥有10千伏以上高压输电线路870.6千米，低压线路600多千米。固定资产从1991年的946万元增至1994年2406万元。年供电量达到8500万千瓦时。企业利润从1991年亏损33.4万元扭转到1994年盈利95.6万元，网损从18.7%下降到9.2%。

由于电力体制改革的影响，兴义市电网没有赶上第一批农网改造，直到2002年兴义市电网的农网改造才正式启动。

2002～2005年，建设10千伏线路381.838千米，投资1127.7770万元。改造10千伏线路49.987千米，投资129.0880万元。建设和改造400伏线路316.964千米，投资918.7966万元。220伏线路866.274千米，1497.9472万元。新增配变350台、配变改造168台，容量36140千伏安，投资3044.1158万元。合计投资4300.9807万元。

2005～2006年，建设10千伏线路213.599千米，投资793.7141万元。改造10千伏线路44.938千米，投资160.3594万元。建设和改造400伏线路218.504公里，投资835.5513万元。220伏线路993.089千米，2300.7787万元。新增和改造配变415台，容量26505千伏安，投资909.5834万元。合计投资4999.9869万元。

2007年，建设10千伏线路504.513千米，投资3463.5331万元。建设和改造400伏线路63.434千米，投资414.0342万元。220伏线路199.878千米，投资701.1730万元。新增和改造配变83台，容量7535千伏安，投资338.1万元。合计投资4916.8403万元。

2008年，建设10千伏线路4.562千米，投资13.4741万元。建设和改造400伏线路2.59千米，投资16.905万元。220伏线路7.367千米，投资25.843万元。新增和改造配变4台，投资16.294万元。合计投资56.2225万元。

2009年，建设10千伏线路46.292千米，投资136.7257万元。建设和改造400伏线路33.4942千米，投资218.617万元。220伏线路61.0448千米，投资214.145万元。新增和改造配变33台，容量5305千伏安，投资134.4253万元。合计投资569.488万元。

2010年，建设10千伏线路44.313千米，投资130.8806万元。建设和改造400伏线路15.313千米，投资99.948万元。220V线路77.641千米，投资272.365万元。新增和改造配变92台，容量5810千伏安，投资374.7614万元。合计投资503.1937万元。

2011年，建设10千伏线路89.091千米，投资245.4133万元。建设和改造400伏线路104.985千米，投资685.238万元。220伏线路294.462千米，投资1032.974万元。新增和改造配变161台，容量11740千伏安，投资655.8325万元。合计投资1963.6253万元。

2012年12月底，兴义市拥有10千伏线路2084千米，400伏线路1545千米，220伏线路4673千米。10千伏配电变压器4196台，容量663460千伏安，其中公变1782台，容量199145千伏安，专变2414台，容量464315千伏安。

2013年12月底，兴义市拥有10千伏线路2563千米，400伏线路1608千米，220伏线路4708千米。10千伏配电变压器4453台，容量714860千伏安，其中公变1992台，容量230543千伏安，专变2561台，容量546805千伏安。

2014年12月底，兴义市拥有10千伏线路3078.95千米，400伏线路1846.8千米，220伏线路4853公里。10千伏配电变压器5052台，容量921020千伏安，其中公变2249台，容量280040千伏安，专变2812台，容量632235千伏安。

2015年12月底，兴义市拥有10千伏线路3254千米，400伏线路2211千米，220伏线路4861公里。10千伏配电变压器5432台，容量939335千伏安，其中公变2882台，容量285806千伏安，专变2960台，容量653565千伏安。

2016年12月底，兴义市拥有10千伏线路2985.444千米，400伏线路2605.22千米，220伏线路4118.171千米。10千伏配电变压器5199台，容量1096575千伏安，其中公变2275台，容量309770千伏安，专变2924台，容量786805千伏安。

2016年兴义市电力有限责任公司配电网络设备情况

表4-7

序号	变电站	路名称	性质	CT变比	线路情况						装接配变情况（千伏安）						装接设备情况				
					主干线		分类汇总（千米）				公用		专用		合计		开关箱、开关站	分支箱	开关		
					型号	长度	绝缘线	裸导	电缆	总长	台数	容量	台数	容量	台数	容量			油	真空	SF_6
1	35千伏白碗窑变	10千伏白大线	公用	100/5	LGJ-70	7.75	0.00	36.04	0.00	36.04	27.00	2440.00	21.00	1240.00	48.00	3360.00			0	4	0
2		10千伏白漆线	公用	100/5	LGJ-95	13.17	0.11	16.37	0.00	16.48	1.00	50.00	33.00	10735.00	34.00	7915.00			0	8	0
3		10千伏白镇线	公用	300/5	LGJ-95	9.05	0.40	48.66	0.00	49.06	35.00	4235.00	23.00	1590.00	58.00	5300.00			0	13	
4		10千伏白岔线	公用	200/5	LGJ-70	9.66	0.11	18.24	0.00	17.76	12.00	1460.00	12.00	770.00	24.00	2140.00			0	5	0
5		10千伏江白线	公用	200/5	LGJ-120	5.76	0.38	6.22	0.00	6.22	0.00	0.00	0.00	0.00	0.00	400.00			0	2	
		小计				45.39	1.00	125.53	0.00	125.57	75.00	8185.00	89.00	14335.00	164.00	19115.00		0	0	32	0
6	35千伏仓更变	10千伏仓更线	公用	200/5	LGJ-50	9.90	0.00	51.54	0.00	51.54	48.00	3420.00	25.00	4270.00	73.00	7690.00			0	3	0
7		10千伏沧江线	公用	200/5	LGJ-70	7.15	0.00	86.82	0.00	86.82	68.00	3225.00	17.00	1590.00	85.00	4815.00			1	6	0
8		10千伏落万线	公用	200/5	LGJ-70	9.51	0.00	105.47	0.00	105.47	105.47	87.00	21.00	1060.00	108.00	5985.00			0	8	0
9		10千伏联网线	专用		LGJ-70	9.81	0.00	9.81	0.00	9.81	9.81	0.00	0.00	0.00	0.00	0.00			0	0	0
		小计				36.37	0.00	253.64	0.00	253.64	253.64	203.00	63.00	6920.00	266.00	18490.00		0	1	17	0

续表 4-7

序号	变电站	路名称	性质	CT变比	线路情况						装接配变情况（千伏安）						装接设备情况				
					主干线		分类汇总（千米）				公用		专用		合计		开关箱、开关站	分支箱	开关		
					型号	长度	绝缘线	裸导	电缆	总长	台数	容量	台数	容量	台数	容量			油	真空	SF_6
10	35千伏敬南变	10千伏敬雄线	公用		LGJ–120	10.45	0.00	39.41	0.06	39.47	39.00	5635.00	42.00	8150.00	81.00	13785.00			0	18	0
11		10千伏敬镇线	公用		LGJ–120	0.25	0.83	0.25	1.13	2.21	4.00	1275.00	1.00	160.00	5.00	1435.00			0	0	0
12		10千伏敬海线	公用		LGJ–50	8.53	0.00	19.52	0.06	19.52	20.00	2550.00	21.00	1675.00	41.00	4225.00			0	6	0
13		10千伏敬新线	公用		LGJ–70	11.84	0.00	45.99	0.06	45.99	70.00	7530.00	25.00	2720.00	95.00	10280.00			0	15	0
		小计				31.08	0.83	105.17	1.31	107.18	133.00	16990.00	89.00	12705.00	222.00	29725.00			0	39	0
14	35千伏泥凼变	10千伏泥镇线	公用	100/5	LGJ–120	1.21	0.00	65.52	0.00	66.72	60.00	4630.00	10.00	790.00	70.00	5420.00			0	10	0
15		10千伏泥巴线	公用	100/5	LGJ–70	12.50	0.78	65.48	0.00	78.76	78.00	6995.00	29.00	1735.00	102.00	8730.00			0	10	0
		小计				13.71	0.78	131.00	0.00	145.49	138.00	11625.00	39.00	2525.00	172.00	14150.00			0	20	0
16	110千伏城南变	10千伏城润I回线路	公用	600/5	JKLYJ–240	3.57	2.38	2.64	3.39	8.40	8.00	2180.00	24.00	14515.00	32.00	16695.00	5		1	6	
17		10千伏城润II回线路	公用	600/5	JKLYJ–240	3.57	2.82	1.23	3.09	7.13	3.00	965.00	15.00	10295.00	18.00	11260.00	5		0	7	
18		10千伏城区II馈线路	公用	600/5	JKLYJ–150	5.46	8.15	0.82	4.55	13.52	32.00	8575.00	38.00	13465.00	70.00	22040.00	2		2	14	

续表 4-7

序号	变电站	路名称	性质	CT变比	线路情况						装接配变情况（千伏安）						装接设备情况				
					主干线		分类汇总（千米）				公用		专用		合计		开关箱、开关站	分支箱	开关		
					型号	长度	绝缘线	裸导	电缆	总长	台数	容量	台数	容量	台数	容量			油	真空	SF_6
19	110千伏城南变	10千伏兴泰I回线路	公用	600/5	JKLYJ-240	1.12	2.58	2.29	3.25	8.11	9.00	2660.00	27.00	18740.00	36.00	21400.00	7		0	8	
20		10千伏城酒线路	公用	600/5	LGJ-50	3.19	1.49	7.50	0.50	9.49	2.00	800.00	13.00	7165.00	15.00	7965.00			0	5	
21		10千伏城区I馈线路	公用	600/5	JKLYJ-150	4.40	4.55	5.44	7.37	17.36	23.00	7340.00	40.00	22715.00	63.00	30055.00	8		1	18	
22		10千伏兴泰II回线路	公用	600/5	JKLYJ-240	1.00	0.41	0.00	1.39	1.80	0.00	0.00	16.00	14790.00	16.00	14790.00	1				
23		10千伏城面线路	公用	600/5	JKLYJ-240	0.55	0.95	0.25	0.56	1.76	3.00	765.00	3.00	1500.00	6.00	2265.00			0	0	
24		10千伏备用1线路	公用		JKLYJ-240	0.16	0.16	0.00	0.00	0.16	0.00	0.00	0.00	0.00	0.00	0.00					
25		10千伏备用2线路	公用		JKLYJ-240	0.18	0.18	0.00	0.00	0.18	0.00	0.00	0.00	0.00	0.00	0.00			1	15	
26		10千伏城纳线	公用	300/5	LGJ-120	2.71	2.21	6.83	0.49	9.52	30.00	9630.00	21.00	4285.00	51.00	13915.00					
27					JKLYJ-120	0.54													2	36	
28		10千伏城坡线	公用	300/5	LGJ-120	2.93	1.18	25.31	0.66	27.14	36.00	7500.00	60.00	14680.00	96.00	22180.00					
29					LGJ-95	4.46														1	

续表 4-7

序号	变电站	路名称	性质	CT变比	线路情况						装接配变情况（千伏安）						装接设备情况				
					主干线		分类汇总（千米）				公用		专用		合计		开关箱、开关站	分支箱	开关		
					型号	长度	绝缘线	裸导	电缆	总长	台数	容量	台数	容量	台数	容量			油	真空	SF_6
30	110千伏城南变	10千伏鸡场线	公用	100/5	LGJ-50	1.53	0.27	2.59	0.41	3.27	6.00	895.00	1.00	200.00	7.00	1095.00					
31					LGJ-70	0.05														2	
32		10千伏城展线	专用		JKLYJ-120	3.34	5.48			5.48	0.00	0.00	5.00	4850.00	5.00	4850.00					
33					JKLYJ-240	2.14															
		小计				38.74	23.67	20.16	24.08	67.90	80.00	23285.00	176.00	103185.00	256.00	126470.00	28		5	73	0
34	35千伏坪东变	10千伏坪东Ⅰ馈线	公用	500/5	LGJ-120	8.96	1.74	16.57	1.56	19.86	14.00	3000.00	17.00	4295.00	31.00	7295.00	7			9	
35		10千伏坪东Ⅱ馈线	公用	300/5	LGJ-120	2.43	2.45	2.54	2.73	7.73	6.00	1260.00	12.00	3625.00	18.00	4885.00				2	
36		10千伏木贾线路	公用	400/5	LGJ-70	4.40	3.26	1.41	1.54	6.22	0.00	0.00	13.00	3105.00	13.00	3105.00	1		1	5	
37		10千伏坪心线路	公用	400/5	YJV22-240	1.67	0.00	0.00	6.50	6.50	0.00		13.00	11100.00	13.00	11100.00	1		0	1	
		小计		600/5	JKLYJ-95	0.77	0.53		0.60	1.13	0.00		2.00	2500.00	2.00	2500.00	9		1	17	0
38	35千伏跑马变	10千伏那年线	公用	300/5	LGJ-120	1.72	0.08	1.03	0.70	1.81	0.00		3.00	4500.00	3.00	4500.00				9	
39		10千伏跑水线路	公用	400/5	LGJ-240	2.27	1.03	2.25	0.45	3.73	6.00	1890.00	3.00	450.00	9.00	2340.00				6	

续表 4-7

序号	变电站	路名称	性质	CT变比	线路情况						装接配变情况（千伏安）						装接设备情况				
					主干线		分类汇总（千米）				公用		专用		合计		开关箱、开关站	分支箱	开关		
					型号	长度	绝缘线	裸导	电缆	总长	台数	容量	台数	容量	台数	容量			油	真空	SF_6
40	35千伏跑马变	10千伏跑峡线路	公用	300/5	LGJ-120	1.65	0.00	1.82	0.16	1.98	0.00	0.00	4.00	4150.00	4.00	4150.00				8	
41		10千伏跑浙线路	专用	400/5	LGJ-240	3.10	0.00	3.40	0.05	3.45	0.00	0.00	3.00	3935.00	3.00	3935.00	4				
42		10千伏四分监线路	专用	600/5	JKLYJ-95	0.46	0.46	0.00	0.25	0.71	0.00	0.00	1.00	1250.00	1.00	1250.00					
43		10千伏跑荣线路	专用	300/5	LGJ-120	0.04	0.36	8.10	0.16	8.62	9.00	940.00	8.00	2320.00	17.00	3260.00					
44		10千伏跑铁线路	公用	300/5	LGJ-120	5.61	0.18	18.97	0.15	19.30	7.00	865.00	25.00	5220.00	32.00	6085.00				6	
45		10千伏跑纳线	专用		JKLYJ-150	14.10	10.30	3.80					4.00	1930.00	4.00	1930.00				6	
46		10千伏龙井线	公用	300/5	LGJ-120	5.61	0.18	18.97	0.15	19.30	12.00	2845.00	33.00	8540.00	45.00	11385.00			1	8	0
		小计				34.56	12.59	58.33	2.07	58.89	34.00	6540.00	84.00	32295.00	118.00	38835.00	4		1	43	0
47	110千伏东贡变	10千伏东党线	公用	600/5	JKLYJ-240	3.00	3.97	5.82	0.51	10.30	5.00	750.00	18.00	6260.00	23.00	7010.00	0		0	13	
48		10千伏东金I线	公用	600/5	JKLYJ-240	9.99	13.62	9.64	1.95	25.22	11.00	2200.00	33.00	8265.00	44.00	10465.00			0	17	
49		10千伏东金II线	公用	600/5	JKLYJ-240	3.63	20.44	10.36	1.73	32.53	22.00	3885.00	35.00	11405.00	57.00	15290.00			0	24	

续表 4-7

序号	变电站	路名称	性质	CT变比	线路情况						装接配变情况（千伏安）							装接设备情况			
					主干线		分类汇总（千米）				公用		专用		合计		开关箱、开关站	分支箱	开关		
					型号	长度	绝缘线	裸导	电缆	总长	台数	容量	台数	容量	台数	容量			油	真空	SF_6
50	110千伏东贡变	10千伏东燕线	公用	600/5	JKLYJ–240	1.30	2.16	0.68	0.52	3.36	4.00	730.00	10.00	2145.00	14.00	2875.00			0	3	
51		10千伏东坪 I 线	公用	600/5	JKLYJ–240	3.80	5.62	3.42	1.81	10.84	9.00	2215.00	20.00	13000.00	29.00	15215.00			0	17	
52		10千伏东坪 II 线	公用	600/5	JKLYJ–240	3.80	3.68	0.00	0.16	3.84	0.00	0.00	2.00	560.00	2.00	560.00			0	4	
53		10千伏东坪 III 线	公用	600/5	JKLYJ–240	4.77	6.07	0.42	1.05	7.54	7.00	1995.00	7.00	1720.00	14.00	3715.00			0	7	
54		10千伏东坪 IV 线	公用	600/5	JKLYJ–240	4.77	7.78	2.37	1.10	11.25	6.00	1405.00	17.00	6890.00	23.00	8295.00			0	13	
55		10千伏东物 I 线	公用	600/5	YJV22–3*300	1.62			1.62	1.62			19.00	13740.00	19.00	13740.00	6				
56		10千伏东物 II 线	公用	600/5	YJV22–3*300	0.96			0.96	0.96							3				
57		10千伏东物 III 线	公用	600/5	YJV22–3*300	1.62			1.62	1.62			9.00	8300.00	9.00	8300.00	6				
58		10千伏东物 IV 线	公用	600/5	YJV22–3*300	0.96			0.96	0.96							3				
59		10千伏东龙 I 线	公用	600/5	YJV22–3*300	0.26			0.26	0.26							1				
60		10千伏东龙 II 线	公用	600/5	YJV22–3*300	0.26			0.26	0.26							1				

续表 4-7

序号	变电站	路名称	性质	CT变比	线路情况						装接配变情况（千伏安）								装接设备情况		
					主干线		分类汇总（千米）				公用		专用		合计		开关箱、开关站	分支箱	开关		
					型号	长度	绝缘线	裸导	电缆	总长	台数	容量	台数	容量	台数	容量			油	真空	SF_6
61	35千伏绿叶沟变	10千伏绿盘线	公用	600/5	YJV22–3*300	0.00	0.00		0.00	0.00	0.00	0.00	0.00	0.00	0.00	0.00			0	0	0
62		10千伏绿锑线	公用		LGJ–50	0.48	0.00	0.48	0.00	0.48			0.00	0.00	0.00	0.00					
63		10千伏绿陵线	公用	600/5	JKLYJ–185	6.13	6.13	0.21	0.43	6.77	11.00	3865.00	9.00	3080.00	20.00	6945.00			0	4	0
64		10千伏绿瑞线	公用		JKLYJ–185	5.42	6.54	3.02	0.27	9.82	11.00	1630.00	7.00	3065.00	18.00	4695.00			0	1	0
		小计				52.77	76.00	36.44	15.20	127.63	86.00	18675.00	186.00	78430.00	272.00	97105.00			0	5	0
65	110千伏桔山变	10千伏电大线	公用		JKLYJ–120	5.60	5.73			5.73	6.00	1605.00	1.00	250.00	7.00	1855.00			0	0	0
66		10千伏酒厂线	公用		JKLYJ–120	6.20	6.36			6.36	5.00	1420.00	6.00	1200.00	11.00	2620.00			0	0	0
		小计				0.48	0.00	0.48	0.00	0.48	0.00	0.00	0.00	0.00	0.00	0.00			0	0	0
67	110千伏洒金变	10千伏金东I线	公用	600/5	JKLYJ–240	0.72	1.79	2.77	3.68	8.23	3.00	480.00	11.00	5855.00	14.00	6335.00					
68		10千伏金七I线	公用	600/5	JKLYJ–240	2.82	5.21	0.33	0.39	5.93	1.00	50.00	10.00	2385.00	11.00	2435.00					
69		10千伏金东II线	公用	600/5	JKLYJ–240	0.72	0.72	0.00	0.26	0.98	0.00	0.00	1.00	100.00	1.00	100.00					
70		10千伏金II线	公用	600/5	JKLYJ–240	2.82	2.90	0.00	0.27	3.17	0.00	0.00	2.00	1250.00	2.00	1250.00					

续表 4-7

序号	变电站	路名称	性质	CT变比	线路情况						装接配变情况（千伏安）						装接设备情况				
					主干线		分类汇总（千米）				公用		专用		合计		开关箱、开关站	分支箱	开关		
					型号	长度	绝缘线	裸导	电缆	总长	台数	容量	台数	容量	台数	容量			油	真空	SF_6
		小计				11.80	12.09	0.00	0.00	12.09	11.00	3025.00	7.00	1450.00	18.00	4475.00			0	0	0
71	110千伏三毛山变	10千伏三马线	公用	400/5	LGJ-120	1.40	0.19	68.29	0.00	68.48	40.00	6775.00	55.00	10660.00	95.00	17435.00			0	22	0
72		10千伏三铁线	公用	400/5	LGJ-120	6.02	0.06	8.97	0.00	9.03	15.00	2925.00	37.00	7685.00	52.00	10610.00			0	8	0
73		10千伏三义线	公用	400/5	LGJ-120	9.63	0.00	7.89	0.00	7.89	11.00	2315.00	14.00	3535.00	25.00	5850.00			0	2	0
74		10千伏三枫线	公用	300/5	LGJ-50	14.20	0.00	60.66	0.00	60.66	8.00	1375.00	22.00	7820.00	30.00	9195.00			0	9	0
		小计				31.25	0.25	145.81	0.00	146.06	74.00	13390.00	128.00	29700.00	202.00	43090.00			0	41	0
75	110千伏岗上变	10千伏捧乍线	公用	100/5	LGJ-50	44.40	0.00	96.05	0.00	96.05	17.00	940.00	58.00	1430.00	75.00	2370.00			0	2	0
76		10千伏罗陇线	公用	100/5	LGJ-120	14.74	0.00	59.65	0.00	59.65	49.00	2805.00	20.00	1575.00	69.00	4380.00			0	8	0
77		10千伏发玉线	公用	100/5	LGJ-120	5.19	0.00	39.55	0.00	39.55	38.00	3725.00	31.00	1585.00	69.00	5310.00			0	7	0
78		10千伏鲁毗线	公用	100/5	LGJ-70	5.30	0.00	6.16	0.00	6.16	5.00	430.00	5.00	140.00	10.00	570.00			0	0	0
79		10千伏羊洞脚线	公用	100/5	LGJ-50	5.46	0.00	8.65	0.00	8.65	6.00	330.00	2.00	60.00	8.00	390.00			0	0	0
80		10千伏羊洞脚线	公用	100/5	LGJ-50	10.05	0.00	14.42	0.00	24.47	14.00	1530.00	7.00	110.00	21.00	1640.00			0	23	0

续表 4-7

序号	变电站	路名称	性质	CT变比	线路情况						装接配变情况（千伏安）								装接设备情况			
					主干线		分类汇总（千米）				公用		专用		合计		开关箱、开关站	分支箱	开关		
					型号	长度	绝缘线	裸导	电缆	总长	台数	容量	台数	容量	台数	容量			油	真空	SF_6
		小计				85.14	0.00	224.48	0.00	234.53	129.00	9760.00	123.00	4900.00	252.00	14660.00			0	40	0
81	35千伏箐口变	10千伏则戎线	公用	50/5	LGJ-70	10.37	0.71	57.61	0.02	68.71	50.00	5600.00	32.00	3730.00	82.00	9330.00			0	6	0
82		10千伏巴结线	公用	200/5	LGJ-120	6.73	0.24	68.90	0.00	75.88	63.00	4655.00	44.00	5190.00	107.00	9845.00			0	10	0
83		10千伏箐口线	公用	100/5	LGJ-120	2.38	0.00	26.64	0.00	29.02	28.00	1960.00	14.00	1550.00	42.00	3510.00			0	2	0
		小计				19.48	0.95	153.15	0.02	173.61	141.00	12215.00	90.00	10470.00	231.00	22685.00			0	18	0
84	35千伏云上变	10千伏云博线	公用	300/0	LGJ-120	2.70	0.00	15.30	0.00	15.30	11.00	1990.00	34.00	8975.00	45.00	10965.00			0	4	0
85		10千伏云谢线	公用	75/5	LGJ-120	2.48	0.00	10.08	0.05	10.13	7.00	390.00	27.00	5625.00	34.00	6015.00			0	4	0
86		10千伏云硅线	公用	250/5	LGJ-120	7.07	0.00	37.19	0.00	37.19	19.00	970.00	34.00	9480.00	53.00	10450.00			0	4	0
87		10千伏云品线	专用	200/5	LGJ-70	11.50	0.00	11.50	0.00	11.50	0.00	0.00	1.00	80.00	1.00	80.00			0	0	0
88		10千伏云锆线	专用	500/5	LGJ-120	4.13	0.00	4.13	0.00	4.13	0.00	0.00	3.00	7330.00	3.00	7330.00			0	0	0
89		10千伏云万线	专用	600/5	绝缘线120	0.50	0.50	0.00	0.00	0.50	0.00	0.00	4.00	3660.00	4.00	3660.00			0	1	0
		小计				28.38	0.50	78.20	0.05	78.75	37.00	3350.00	103.00	35150.00	140.00	38500.00			0	13	0

续表 4-7

序号	变电站	路名称	性质	CT变比	线路情况						装接配变情况（千伏安）						开关箱、开关站	装接设备情况			
					主干线		分类汇总（千米）				公用		专用		合计			分支箱	开关		
					型号	长度	绝缘线	裸导	电缆	总长	台数	容量	台数	容量	台数	容量			油	真空	SF_6
90	35千伏捧乍变	10千伏捧猪II线	公用	300/5	LGJ–95	8.70	0.00	0.00	0.04	28.00	42.00	3780.00	48.00	3060.00	81.00	6840.00					
91		10千伏捧猪线	公用	300/5	LGJ–50	33.87	0.00	263.68	0.00	263.68	31.00	7180.00	27.00	4240.00	33.00	4580.00			1	2	0
92		10千伏捧铁线	公用	300/5	LGJ–120	36.70	0.00	146.68	0.00	146.68	94.00	7915.00	94.00	5805.00	188.00	13720.00			1	3	0
93		10千伏捧镇线	公用	300/5	JKLYJ–70	1.17	0.00	0.42	1.17	1.59	5.00	1395.00	2.00	260.00	7.00	1655.00			0	1	0
94		10千伏捧雄线	专用	200/5	LGJ–95	16.80	0.00	3.03	0.00	19.83	0.00	0.00	45.00	18385.00	45.00	18385.00			0	16	0
95		10千伏雄武线	公用	200/5	LGJ–120	15.32	0.00	21.84	0.00	37.16	11.00	1450.00	8.00	550.00	19.00	2000.00			0	1	0
		小计				112.55	0.00	435.64	1.21	496.92	183.00	21720.00	224.00	32300.00	373.00	47180.00			2	23	0
96	35千伏清水河变	10千伏清雨线	公用	200/5	LGJ–70	2.99	5.20	35.29	0.29	40.78	21.00	2615.00	39.00	7340.00	60.00	9955.00			0	17	0
97		10千伏清章线	公用	60/5	LGJ–70	8.81	2.90	55.36	0.85	59.11	34.00	5000.00	47.00	5970.00	81.00	10970.00			0	20	0
98		10千伏清泥线	公用	200/5	LGJ–70	6.72	1.94	7.53	0.59	10.06	4.00	450.00	13.00	2800.00	17.00	3250.00			0	7	0
99		10千伏清铁线	专用		JKLYJ–120	5.30	5.20		0.10	5.30			1.00	700/200	1.00	700/200			0	1	0

续表 4-7

序号	变电站	路名称	性质	CT变比	线路情况						装接配变情况（千伏安）						装接设备情况				
					主干线		分类汇总（千米）				公用		专用		合计		开关箱、开关站	分支箱	开关		
					型号	长度	绝缘线	裸导	电缆	总长	台数	容量	台数	容量	台数	容量			油	真空	SF_6
100	35千伏清水河变	10千伏清泥Ⅱ回线	专用	200/5	LGJ–120	5.52	5.33	15.54	0.99	21.87	3.00	300.00	23.00	9275.00	26.00	9575.00			0	17	0
101		10千伏清凯线	专用		LGJ–120	5.34	0.00	35.98	0.37	36.35									0	4	0
		小计				34.68	20.57	149.69	3.20	173.46	62.00	8365.00	123.00	25385.00	185.00	33750.00			0	66	0
102	110千伏泥溪变	10千伏泥溪Ⅰ线	公用		JKLYJ–185	3.43	9.67	15.65	0.50	25.82	19.00	4795.00	34.00	9515.00	53.00	14310.00			0	19	0
103		10千伏泥溪Ⅳ线	公用		JKLYJ–185	3.35	3.35	0.57		3.91	0.00	0.00	5.00	1760.00	5.00	1760.00			0	5	0
104		10千伏泥雨线	公用		JKLYJ–185	4.84	5.05	5.67	0.06	10.78	5.00	810.00	13.00	3625.00	18.00	4435.00			0	7	0
105		10千伏泥车线	公用		JKLYJ–185	4.34	4.42			4.42	0.00	0.00	1.00	1000.00	1.00	1000.00			0	2	0
		小计				15.95	22.49	21.88	0.55	44.93	24.00	5605.00	53.00	15900.00	77.00	21505.00			0	33	0
106	110千伏乌沙变	10千伏乌沙线	公用	300/5	LGJ–50	4.81	1.00	52.85	0.05	58.70	35.00	5705.00	62.00	6735.00	97.00	12440.00			0	9	0
107		10千伏佳克线	公用	300/5	LGJ–50	16.11	0.12	58.43	0.22	58.77	42.00	4990.00	62.00	5315.00	104.00	10305.00			0	14	0
108		10千伏砖厂线	公用	200/5	LGJ–50	9.44	0.16	25.22	0.08	25.47	6.00	845.00	7.00	1060.00	13.00	1905.00			0	2	0

续表 4-7

序号	变电站	路名称	性质	CT变比	线路情况						装接配变情况（千伏安）						装接设备情况				
					主干线		分类汇总（千米）				公用		专用		合计		开关箱、开关站	分支箱	开关		
					型号	长度	绝缘线	裸导	电缆	总长	台数	容量	台数	容量	台数	容量			油	真空	SF_6
109	110千伏乌沙变	10千伏革里线	公用	200/5	LGJ-50	9.42	0.00	25.38	0.00	25.38	18.00	1780.00	20.00	1215.00	38.00	2995.00			0	5	0
		小计				39.77	1.28	161.87	0.35	168.31	101.00	13320.00	151.00	14325.00	252.00	27645.00			0	30	0
110	35千伏下五屯变	10千伏下化线	专用	50/5	LGJ-50	0.98		1.84		1.84	0.00	0.00	2.00	1100.00	2.00	1100.00					0
111						LGJ-35	0.82														
112		10千伏下落线	公用	200/5	LGJ-50	14.32	2.77	38.52	0.80	42.09	60.00	10815.00	35.00	4450.00	95.00	15265.00				9	0
113		10千伏下南线	公用	150/5	LGJ-120	0.88	1.40	2.46	1.78	5.64	5.00	2460.00	13.00	6500.00	18.00	8960.00				8	0
114		10千伏小区Ⅰ线	公用	300/5	LGJ-120	2.47	0.13	1.82	1.42	3.36	3.00	2400.00	0.00	0.00	3.00	2400.00				2	
115					JKLJY-120	0.13															
116		10千伏下九线	公用	300/5	LGJ-120	2.47	0.13	1.82	1.42	3.36	2.00	360.00	16.00	9755.00	3.00	2400.00				1	
117					JKLJY-120	0.13															
118		10千伏下平线	公用		YJLV3*300铜芯电缆	0.24	1.29		0.24	1.53	0.00	0.00	11.00	10830.00	11.00	10830.00				4	
119					JKLYJ-240	1.29															0

续表 4-7

序号	变电站	路名称	性质	CT变比	线路情况 主干线 型号	长度	分类汇总（千米） 绝缘线	裸导	电缆	总长	装接配变情况（千伏安） 公用 台数	容量	专用 台数	容量	合计 台数	容量	装接设备情况 开关箱、开关站	分支箱	开关 油	真空	SF_6
120	35千伏下五屯变	10千伏下则线	公用	200/5	LGJ-95	17.19	2.36	16.27	0.80	36.62	25.00	5475.00	32.00	4130.00	57.00	9605.00			0	4	0
		小计				40.91	8.08	62.71	6.46	94.44	95.00	21510.00	109.00	36765.00	189.00	50560.00			0	28	0
121	110千伏下五屯变	10千伏下平Ⅱ线	公用		YJLV3*300铜芯电缆	0.24	1.29		0.24	1.53	1.00	630.00	0.00	0.00	1.00	630.00				4	
122					JKLYJ-240	1.29															
123		10千伏下敬线	公用	200/5	LGJ-120	3.58	2.92	4.79	0.48	8.19	6.00	11125.00	15.00	2500.00	21.00	13625.00				5	
124					YJLV3*300铜芯电缆	0.24															
125					JKLYJ-240	1.29															
126		10千伏下马线	公用	300/5	LGJ-185	0.02	0.70	32.31		33.01	27.00	4850.00	36.00	7520.00	63.00	12370.00				16	
127					LGJ-120	5.70															
128					JKLYJ-150	0.38															
129					LGJ-35	2.24															
130					LGJ-70	3.80															
131		10千伏下观Ⅰ线	公用		YJLV3*300铜芯电缆	5.87			5.87	5.87	0.00	0.00	0.00	0.00	0.00	0.00				0	

续表 4-7

序号	变电站	路名称	性质	CT变比	线路情况						装接配变情况（千伏安）						装接设备情况				
					主干线		分类汇总（千米）				公用		专用		合计		开关箱、开关站	分支箱	开关		
					型号	长度	绝缘线	裸导	电缆	总长	台数	容量	台数	容量	台数	容量			油	真空	SF_6
132	110千伏下五屯变	10千伏下观Ⅱ线	公用		YJLV3*300铜芯电缆	6.93			6.93	6.93	0.00	0.00	1.00	80.00	1.00	80.00				0	
		小计				31.59															
133	110千伏老江底变	10千伏江雄线	公用	200/5	LGJ–150	5.74	0.00	31.32	0.00	37.06	30.00	3190.00	12.00	1225.00	42.00	4520.00			0	3	0
		小计				5.74	0.00	31.32	0.00	37.06	30.00	3190.00	12.00	1225.00	42.00	4520.00			0	3	0
134	35千伏木陇变	10千伏木开Ⅰ回	公用	300/5	LGJ–70、LGJ–120、JKLYJ–10/240	4.04	2.84	10.94	1.17	14.95	22.00	4680.00	66.00	12390.00	88.00	17070.00			0	1	0
135		10千伏木开Ⅱ回	公用	300/5	LGJ–70、LGJ–120、JKLYJ–10/240	1.58	2.92	2.82	1.19	6.93	6.00	1025.00	43.00	16810.00	49.00	17835.00			0	2	0
136		10千伏木峡线	公用	300/5	LGJ–120	3.37	0.70	5.71	0.20	6.61	10.00	2475.00	41.00	11540.00	51.00	14015.00			0	3	0
137		10千伏木红线	公用	300/5	LGJ–25、LGJ–50、LGJ–70、LGJ–120	6.43	0.00	28.43	0.35	28.78	15.00	2995.00	97.00	25905.00	112.00	28900.00			0	7	0
138		10千伏木南线	公用	400/5	LGJ–70、LGJ–120、JKLYJ–10/150	5.09	0.12	6.83	0.35	7.29	6.00	1195.00	13.00	3545.00	19.00	4740.00			0	1	0

续表 4-7

序号	变电站	路名称	性质	CT变比	线路情况						装接配变情况（千伏安）						装接设备情况				
					主干线		分类汇总（千米）				公用		专用		合计		开关箱、开关站	分支箱	开关		
					型号	长度	绝缘线	裸导	电缆	总长	台数	容量	台数	容量	台数	容量			油	真空	SF_6
139	35千伏木陇变	10千伏木中线	公用	300/5	LGJ-25、LGJ-50、JKLYJ-10/150	1.94	0.12	2.74	0.40	3.26	4.00	875.00	10.00	2260.00	14.00	3135.00			0	0	0
140	35千伏木陇变	10千伏木合线	公用	300/5	LGJ-120、JKLYJ-10/150	5.83	0.10	6.42	0.14	6.66	5.00	990.00	7.00	4730.00	12.00	5720.00			0	1	0
141	35千伏木陇变	10千伏木纳线	公用	300/5	LGJ-70、JKLYJ-10/150	12.57	0.90	42.85	0.32	44.07	43.00	6860.00	83.00	12750.00	126.00	19610.00			0	8	0
		小计				40.84	7.69	106.74	4.12	118.56	111.00	21095.00	360.00	89930.00	471.00	111025.00			0	23	0
142	35千伏合兴变	10千伏合水线	公用	300/5	LGJ-70、LGJ-95	5.42	0.00	12.87	0.63	13.50	6.00	550.00	34.00	8315.00	40.00	8865.00			0	4	1
143	35千伏合兴变	10千伏合铁线	公用	400/5	LGJ-120	0.23	0.13	0.36	0.44	0.92	0.00	0.00	0.00	0.00	0.00	0.00			0	0	0
144	35千伏合兴变	10千伏合硅线	公用	300/5	LGJ-70、LGJ-120	0.91	0.00	5.15	0.21	5.36	1.00	100.00	9.00	4755.00	10.00	4855.00			0	2	0
145	35千伏合兴变	10千伏合郑Ⅱ回	公用	200/5	LGJ-/70	0.67	0.00	0.91	0.00	0.91	0.00	0.00	2.00	2850.00	2.00	2850.00			0	1	0
146	35千伏合兴变	10千伏合丰线	专用	200/5	LGJ-95	0.53	0.00	0.53	0.00	0.53	0.00	0.00	2.00	330.00	2.00	330.00					
147	35千伏合兴变	10千伏合木线	公用	200/5	JKLYJ-10/120	0.13	0.13			0.13											
		小计				7.88	0.25	19.81	1.28	21.34	7.00	650.00	47.00	16250.00	54.00	16900.00			0	7	1

续表 4-7

序号	变电站	路名称	性质	CT变比	线路情况						装接配变情况（千伏安）						装接设备情况			
					主干线		分类汇总（千米）				公用		专用		合计		开关箱、开关站	分支箱	开关		
					型号	长度	绝缘线	裸导	电缆	总长	台数	容量	台数	容量	台数	容量			油	真空	SF_6
148	110千伏顶效变	10千伏轧钢厂线	专用	300/5	LGJ–120	0.32	0.00	0.32	0.00	0.32	0.00	0.00	2.00	1500.00	2.00	1500.00			0	0	0
149		10千伏宏旺线	公用	600/5	LGJ–120	0.27	0.00	0.27	0.26	0.53	0.00	0.00	0.00	0.00	0.00	0.00			0	1	0
150		10千伏玻璃厂线	专用	300/5	LGJ–70	0.31	0.00	0.63	0.10	0.73	0.00	0.00	2.00	1600.00	2.00	1600.00			0	0	0
151		10千伏炉料厂线	专用	600/5	LGJ–120	0.33	0.00	0.43	0.00	0.43	0.00	0.00	1.00	315.00	1.00	315.00			0	0	0
152		10千伏顶鑫线	公用	300/5	LGJ–120	6.35	0.00	6.78	0.40	7.18	1.00	315.00	7.00	1155.00	8.00	1470.00			0	0	0
153		10千伏绿荫线	公用	300/5	LGJ–120	2.61	0.00	7.38	0.29	7.67	6.00	610.00	8.00	935.00	14.00					0	3
		小计				10.19	0.00	15.81	1.05	16.86	7.00	925.00	20.00	5505.00	27.00					0	4
154	35千伏万屯变	10千伏万合线	公用		LGJ–120	1.54		1.54			1.00	50.00	1.00	160.00	2.00	2.00	210.00				1
		小计				1.54		1.54		1.54	1.00	50.00	1.00	160.00	2.00	2.00	210.00			0	1
155	110千伏黄桷树变	10千伏黄顶线	公用	300/5	JKLYJ–240	5.05	4.77		0.28	5.05											2
156		10千伏黄雷线	公用	300/5	JKLYJ–240	0.43	0.15		0.28	0.43											2

续表 4-7

序号	变电站	路名称	性质	CT变比	线路情况						装接配变情况（千伏安）							装接设备情况			
					主干线		分类汇总（千米）				公用		专用		合计		开关箱、开关站	分支箱	开关		
					型号	长度	绝缘线	裸导	电缆	总长	台数	容量	台数	容量	台数	容量			油	真空	SF_6
157	110千伏黄桷树变	10千伏黄南线	公用	300/5	JKLYJ-240	0.43	0.15		0.28	0.43											1
		小计				5.91	5.07	0.00	0.84	5.91	0.00	0.00	0.00	0.00	0.00	0.00	0.00			0	5
158	35千伏万屯变（包括万屯实抄变台：公变3台、省公司130千伏安、市公司80千伏安，专变3台、用户480千伏安）	10千伏万兴线	公用	300/5	LGJ-120	11.92	0.75	59.33	0.26	60.34	54.00	6615.00	53.00	4745.00	107.00	11360.00			8	0	12
159		10千伏万街线	公用	100/5	LGJ-70	15.44	1.03	63.35	0.82	65.20	37.00	4170.00	82.00	11830.00	119.00	16000.00			5	0	25
160		10千伏万盘线	公用	100/5	LGJ-50	3.56	1.60	13.74	0.58	15.92	7.00	1010.00	29.00	8030.00	36.00	9040.00			4	0	13
161		10千伏万合线	公用	300/5	LGJ-70	2.94	0.23	10.96	0.67	11.86	8.00	1080.00	18.00	3425.00	26.00	4505.00			1	0	4
162		10千伏万鲁线	公用	200/5	LGJ-120	4.38	0.00	5.87	0.31	6.18	3.00	230.00	4.00	240.00	7.00	470.00				0	6
		小计				38.24	3.61	153.25	2.64	159.50	109.00	13105.00	186.00	28270.00	295.00	41375.00			18	0	60

续表 4-7

序号	变电站	路名称	性质	CT变比	线路情况						装接配变情况（千伏安）							装接设备情况			
					主干线		分类汇总（千米）				公用		专用		合计		开关箱、开关站	分支箱	开关		
					型号	长度	绝缘线	裸导	电缆	总长	台数	容量	台数	容量	台数	容量			油	真空	SF_6
163	110千伏郑屯变	10千伏合郑Ⅱ回	专用	200/5	LGJ-/70	0.67	0.14	0.91	0.17	1.22	0.00	0.00	2.00	260.00	2.00	260.00				0	
164		10千伏合郑Ⅰ回线	公用	200/5	LGJ-70	26.24	1.97	98.09	0.30	117.68	89.00	13490.00	144.00	22920.00	233.00	36410.00				57	
165		10千伏合鲁线	公用	200/5	LGJ-120	8.91	0.25	16.00	0.53	26.62	15.00	3005.00	49.00	13535.00	64.00	16540.00				27	
166		合兴6.10组3号变	公用		LGJ-50	0.40		0.40		0.54	1.00	100.00	0.00	0.00	1.00	100.00				0	
167		楼哪办事处	公用			0.65		0.65		0.65	1.00	315.00	0.00	0.00	1.00	315.00				0	
168		石建房公变				0.50		0.50		0.50	1.00	100.00	0.00	0.00	1.00	100.00				0	
169		10千伏郑街线	公用	300/5	LGJ-120	0.57	0.00	0.57	0.17	0.74	0.00	0.00	0.00	0.00	0.00	0.00				2	
		小计					44.31	2.35	117.11	1.16	147.94										86
170	110千伏万屯变	10千伏合鲁线	公用		200/5	LGJ-95、50	1.50	0.08	2.18	0.30	2.56	3.00	400.00	7.00						0	2
171		10千伏万鲁线	公用	200/5	LGJ-120、50	10.08	22.78	58.35	18.60	97.53	51.00	10080.00	69.00	14820.00	120.00	24900.00			0	36	
172		10千伏万龙Ⅰ回	公用		YJLV-240	9.32	3.15	2.99	8.47	14.61	2.00	130.00	17.00	9430.00	19.00	9560.00				1	

续表 4-7

序号	变电站	路名称	性质	CT变比	线路情况						装接配变情况（千伏安）						装接设备情况				
					主干线		分类汇总（千米）				公用		专用		合计		开关箱、开关站	分支箱	开关		
					型号	长度	绝缘线	裸导	电缆	总长	台数	容量	台数	容量	台数	容量			油	真空	SF_6
173	110千伏万屯变	10千伏万盘线鹏辰支线				1.63	1.63	0.06		1.69			3.00	465.00	3.00	465.00				2	
174		10千伏凉龙I回											10.00	13800.00	10.00	13800.00					
175		10千伏万龙IV回									26.00	9030.00	36.00	11700.00	62.00	20730.00				1	
176		10千伏万龙II回									1.00	80.00	8.00	6025.00	9.00	6105.00				2	
		小计				22.53	27.64	63.57	27.38	116.39	83.00	19720.00	150.00	57285.00	233.00	77005.00					
		合　计				874.65	227.94	2653.53	92.28	3114.74	2054.00	284225.00	2763.00	678330.00	4763.00	944730.00			28	660	60

二、配电设备运行与检修

1997年2月20日，兴义市木浪河工程指挥部与兴义市地方电力局签订了将“跑马变到木浪河水库工程10千伏配电线路”委托给兴义市地方电力局维护管理检修合同。本合同到1997年12月31日自动终止。

1997年5月26日，下五屯镇政府与兴义市地方电力局签订了“下五屯镇将10千伏城南变至下午屯至落水洞14.2千米线路”移交给兴义市地方电力局维护管理协议。

1998年贵州南江水利电力集团公司先后成立威舍工区、乌沙工区、下午屯工区、敬南工区、仓更工区，负责其区域内的电力配电设备运行与检修和抄核收等管理工作机构。

1998年11月26日，乌沙镇党委、政府将普梯电站移交给贵州南江水利电力（集团）公司运行管理、并直接管理原供电片区的农电供电。

1999年2月，对兴义市农村电网改造及农村乡镇电管站进行了大力整顿，取消乡镇电管站，乡镇电管站“人、财、物”全部无偿上划，由兴义市地方电力局统一管理。将各乡镇电管站改为兴义市地方电力局所属的供电营业所，负责对其辖区内配电设备运行与检修管理，实行收支两条线。对农村电工实行考核，持证上岗，考核合格者，由市地方电力局招聘，签订劳动合同，进一步规范了兴义市的农村电力管理行为。

1999年3月，品甸镇党委政府将其区域内的电力资产无偿移交兴义市地方电力局管理。1999年4月2日，雄武乡、鲁布革、恫利（乡）、捧乍、七舍、猪场坪（乡）镇党委政府，将其区域内的电力资产无偿移交兴义市地方电力局管理（含人、财、物）。1999年4月10日，巴结镇党委政府将其区域内的电力资产无偿移交兴义市地方电力局管理。1999年5月29日，泥凼镇党委政府将其区域内的电力资产（400伏以上主干线）无偿移交兴义市地方电力局管理（个人出资的变压器除外）。

2002年8月1日，兴义市白碗窑政府将10千伏革上线（白陶厂至革上及所属10千伏支线），10千伏纳姑箐线（白陶厂至纳姑箐及所属10千伏支线），10千伏白戈线（白陶厂至城戈线及白碗窑镇范围内高压设施），以上线路共计82.4千米，全部无偿移交兴义市电力有限责任公司管理，并在白碗窑镇设立供电营业所。

2002年6月10日，成立马岭供电所，统一管理原马岭水电公司的供水和供电业务。2002年8月20日，成立白碗窑供电所，作为派出机构管理该片区的电网资产和供电业务。

2002年11月26日，兴义市木浪河水库建设指挥部将跑马变电站至木浪河水库10千伏LGJ–50线路21.5千米，交由公司运行维护管理。

三、城网改造

1999年8月10日～9月15日，10千伏城区Ⅱ馈线集团新大楼门前3基水泥杆更换为轻型塔，武警部队支线改道经南江集团公司3、4栋宿舍和修试大楼到5栋宿舍楼，采用3米进线架和绝缘线架空线架设。投资包干费用12万元。

根据兴义市人民政府改造南环路、坪东大道的安排，2004年3月30日，兴义市电力有限责任公司成立南环路及坪东大道城网改造工程指挥部，配合坪东办、黄草办做好坪东大道、南环路改造工作的城网改造协调工作。2004 年 4 月 7 日，成立坪东大道及南环路城网改造协调工作组。同年 4 ~ 7 月，将原 10 千伏线路 LGJ–70 更换为 LGJ–150 导线 4.2 千米、将 12 米电杆更换为 15 米电杆，迁改 10 千伏配变近 10 台次，投资约 150 万元。

兴义市市政柯沙路建设，2004 年 10 ~ 11 月，对柯沙路高低压电力设施城网改造，投资约 70 万元。

2006 年 9 月 5 日，对坪东南环路城网改造项目进行建设。主要建设内容及规模：(1) 10 千伏电缆入地改造 21 千米，电缆采用 YJV22–95 与 YJV22–35。(2) 400 伏电缆入地改造 25 千米，电缆采用 YJV22–50。(1) 安装美式箱变 S11–315/55 台。(4) 安装高压电缆分支箱 80 个，低压电缆分支箱 1020 个。(5) 电缆保护管敷设 70 千米。(6) 架空线路改造总长 57.5 千米，线路采用 LGJ–120、LGJ–70、LGJ–35。计划总投资 4153 万元，其中自筹资金 1653 万元，银行贷款 2500 万元。

第五节 供电管理

一、安全管理

兴义供电所成立起，在安全管理方面一直甚为重视，市电力系统在公司级成立安全管理委员会（简称安委会），安委会下设安委办，安委办设在安监部；在各部门设立兼职安全员，安委会及安全员动态调整，负责市电网的安全管理工作。

1991 年 3 月 13 日，兴义市供电所行文明确“工作票签发人”，严格按“两票三制”（工作票、操作票，交接班制、设备巡回检查制、设备定期维护及轮换制），开展电力安全生产管理工作。

1991 年 6 月 21 日，兴义市水利局供电所下发了《关于新建及改造设备投入市电网运行管理的有关规定》，对新设备投运的有关资料、验收条件、调度安全管理等方面进行了规定，确保新设备的安全运行。

1991 年 7 月 11 日，兴义市水利局供电所下发了《关于工作票、操作票使用规定（试行）》，对“两票三制”进行规范，严格要求各检修、维护、施工部门加强两票三制的安全管理。

1991 年 9 月 9 日，兴义市供电所成立以陶少刚为组长的安全生产领导小组，领导小组办公室设在安监科，按行业规范开展兴义市电网的安全管理工作。

1994 年 3 月，兴义市供电所在各部门任命兼职安全员，成立安全管理网络，开展公司的安全管理工作。

1998 年 5 月 27 日，兴义市地方电力局制定三大标准体系（《工作标准》《技术标准》《管理标准》），在贵阳通过省水利厅和省技术监督局专家评议，确认是全省水力系统乃至全省工业企业行业首家制定标准化管理的单位，三大标准体系的制定，促进了兴义市电网的安全管理工作。

2002 年 2 月，兴义市人民政府成立兴义市电力有限责任公司，委托中国南方电网公司兴义供电局管理（代管），兴义市电力系统按照南方电网公司一体化模式进行安全管理。

2006 年起，为加强设备管理，每年生技部都组织编制下达设备定检、预试计划，大修、技改计划，“两措”(反事故措施、安全劳动保护措施)计划，对市电网设备开展预防性试验与检修技改工作，确保变电设备的健康水平，保证负荷持续增长的电力供应。

2012年，兴义市电力有限责任公司结合南方电网安全生产风险管理体系建设要求，任命安全区代表，按公司、车间、班组三级安全网管理模式，开展公司的安全管理工作。

二、线损管理

兴义市水电局供电所成立起就设置用电管理科，负责市电网线损管理工作。用电科内设置用电监察班，负责按照《用电监察条例》，开展用电监察，查处违章用电、窃电行为。

1991年7月9日，兴义市水电局供电所第一次申请“用电检查证”，当时申请持证人员有陶少刚、黄家杰、魏忠亮、皮昌林、吕成航5人。

1993年初，市供电所综合线损率高达28%。下半年供电所大力开展用电检查与用电监察工作，严厉打击“电耗子”，清理出问题计量互感器30余只，收回错抄电费8500元，迁移安装不合格电热用户150户，查处窃电户40余户，追回电费及罚款8万余元。通过有效管理，2013年底，综合线损下降到11.1%，低于当时贵州省的考核标准(12%)。

1996年7月，兴义市地方电力局成立电能计量检测中心，负责供电区域互感器、电能表检定、校验工作。

1996年7月，兴义市地方电力局在乌沙供区、威舍供区、泥凼供区、下五屯供区设置用电监察班，负责辖区用电检查、监察工作。

1996年12月，兴义市地方电力局成立用电稽查大队，核编8人，负责开展市电网用电检查工作，查处违章用电、窃电行为。

2000年11月，兴义市地方电力局下发《兴义市地方电力局关于取缔窃电器的通知》，对网上出现的所谓“节电器”“电子节能器”“节能器”进行清查取缔，这些所谓“节能器”实为“窃电器”，它使合格的电能表转速减慢、反转，以达到窃电的目的。

2002年，兴义市电力有限责任公司编制下发《线损分析考核制度》，对线损管理工作进行要求，并确定线损分析会按月召开，进行分析。

2002年，兴义市电力有限责任公司取得用电检查持证人员64人，其中二级资格证的人员22人，三级资格证的人员42人。

2003年初，兴义市电力有限责任公司成立线损领导小组，制定线损考核办法，并在部门责任状中进行落实，年终予以兑现，提高用电所、各供电所线损管理积极性。2003年，纠正违章用电和查处窃电57户，追补电量118984千瓦时，追补电费142371元。

2007年起，兴义市电力有限责任公司每年组织一次理论线损计算工作，理论线损计算结果用来指导年度线损指标的分解与考核工作。

2009年，兴义市电力有限责任公司开始开展线损“四分管理”工作，对所管辖电网线损采取包括分压、分区、分线和分台区等四个模式在内的综合线损管理工作。每月在营销分析例会上专题对线损管理进行分析。

2012年，兴义市电力有限责任公司用电检查证持证人员52人，其中一级用电检查证持证人员 5 人，二级用电检查证持证人员 14 人，三级用电检查证持证人员 33 人。

在线损管理方面，市电网在公司市场部设立线损管理专责，每月对公司线损进行统计与分析，在月度营销分析会上进行通报，查找存在的问题，制定解决方案，将线损指标作为各供电所主要考核指标之一，严格考核。

兴义市电网历年供电量及线损情况见表

兴义市电网历年供电量及线损统计表

表 4-8

年度	购电量（亿千瓦时）					售电量亿千瓦时	线损 %	备注
	合计	其中						
		云南网	贵州网	小水电	其他			
1991	0.0306					0.02488	18.7	
1992	0.08					0.06436	19.55	
1993	0.3347					0.2863	14.46	
1994	0.8524					0.766	10.14	
1995	1.1					1.03	6.36	
1996	1.2					1.1	8.33	
1997	1.11					1.03	7.21	
1998	1.099					1.02	7.19	
1999	1.24					1.16	6.45	
2000	1.62					1.53	5.56	
2001	2.1			0.42		1.99	5.24	
2002	2.92			0.39		2.76	5.48	
2003	3.53	2.9	0.18	0.35		3.3	6.52	
2004	4.05	3.22	0.37	0.53		3.78	6.67	
2005	3.75	2.58	0.31	0.86		3.47	7.47	
2006	4.38	1.95	1.06	1.35		4.14	5.48	
2007	7.67	1.88	3.68	2.11		7.34	4.30	
2008	8.43	1.53	3.64	3.15		8.08	4.15	
2009	11.8	1.55	7.92	2.33		11.33	3.98	
2010	14.6	1.88	8.87	3.81		14.1	3.42	
2011	15.04	1.93	11.2	1.93		14.32	4.79	
2012	13.6621	1.8241	8.0446	3.7934		13.0026	4.83	
2013	16.7159	1.9851	10.931	3.8		16.0357	4.07	
2014	14.9057	1.8951	8.0708	4.9398		14.2432	4.44	
2015	14.7421	1.9715	6.9871	5.1106	0.6729	14.0751	4.52	
2016	23.2109	1.801	6.3191	3.6367	11.4541	22.404	3.48	

第五章　用　电

20世纪90年代初，全市用电以居民生活为主，居民生活用电量占全市用电量的31%以上。随着兴义市电网的不断完善和国民经济的发展，各种行业用电不断增加，尤其是工业用电量不断加大。2004年，工业用电量首次突破1亿千瓦时，达到1.5亿千瓦时，所占比重增加到40.69%。

第一节　用电结构

兴义市电力有限责任公司（兴义市水电局供电所）依托鲁布革电厂发电量的5%的留存电量，从1992年发展至今，电网供电范围从城区的一部分，发展到承担全市30个乡镇（街道办事处），377个行政村，121671户工农业和生活用电服务。工业负荷从无到有，逐年增长。1992～2016年，用电量年均增长率27.02%，其中工业用电年均增长率33.85%，居民生活用电年均增长率22.55%，农业用电年均增长率29.09%，其他用电年均增长24.39%。

兴义市电力有限责任公司历年用电量情况表

表5-1　　单位：万千瓦时

年　度	用电量合计	其中：工业用电量	农业用电	城乡居民生活用电	其他用电
1992	720	111	2	223	384
1993	2510	737	6	310	1457
1994	7567	2222	17	935	4393
1995	10230	3005	23	1263	5939
1996	11220	3295	25	1386	6514
1997	10320	3031	23	1275	5992
1998	10220	3002	23	1262	5934
1999	11530	3386	25	1424	6694

续表 5-1

年　度	用电量合计	其中：工业用电量	农业用电	城乡居民生活用电	其他用电
2000	15291	4491	34	1889	8878
2001	19874	5837	44	2455	11539
2002	27697	8135	61	3421	16080
2003	33209	9754	73	4102	19281
2004	37317	15187	478	4288	17364
2005	34703	9473	232	5454	19545
2006	41338	23402	200	6738	10997
2007	73364	20226	163	8265	44710
2008	80803	20829	89	10733	49152
2009	111716	30154	82	12549	68932
2010	136992	31335	73	14157	91427
2011	143905	41788	130	17039	84948
2012	130026	39679	295	18368	71684
2013	160358	40395	522	20682	98759
2014	142432	23524	464	23940	94502
2015	140751	25211	682	25989	88868
2016	224040	121452	918	29363	72307

第二节　用电管理

一、计划用电

1992 年，兴义市水电局供电所成立后，重视节约用电工作，以实际相结合，反复宣传“三电”工作的重大意义，积极帮助用户开展“三电”工作，促进工农业生产。加强了全网工矿企业用电考核，协助工矿企业降低产品单耗。负荷管理方面，根据“三电”办统一安排，调度工作及时调整负荷，提高负荷率。根据居民生活和农业用电特点，根据市委指示精神，随时制定用电方案，坚持及时调整余缺，充分利用电力，使负荷率提高了 7 个百分点，当年负荷率达到 89%。

2002 年，随着经济实现快速发展，电力供应不足的问题逐步显现，供电问题一时成为社会焦点和热点问题。兴义市电力公司进一步加强了计划用电管理，缓解供需矛盾。同时调整电网运行方式，让有限的电力首先服务于居民生活用电。

2004年，面对日益严重的缺电局面，兴义市电力公司采取错峰用电，将可间断生产的生产企业和高耗能企业轮流安排在后半夜用电，缓解了电力需求矛盾。

2006年以来，按照《中华人民共和国电力法》《电力供应与使用条例》《供电营业规则》有关规定，加强了对客户计划用电情况进行日常性和随时性检查。在用电高峰期采取有力措施，合理调配电力资源，按照“先生活后生产，先农业后工业，先重点后一般”的原则，努力实现限电不拉路、少拉路，确保城乡居民生活和农业生产等重要用户的电力供应。

二、节约用电

2000年，采取有力措施，降低了线损，当年节约电能810万千瓦时，节约资金100万元。

2002年，加大宣传力度，倡导节电意识，积极推广节电新工艺、新设备。

2005年，全国建设“节约型社会”电视电话会召开后，兴义市电力公司为缓解电力供需矛盾，倡导节约用电，提高全社会节约用电意识，配合市政府出台文件，制定措施，大力宣传，经常监督。各机关单位的办公场所采取节电措施，严格控制空调温度设定温度不得低于相关要求标准，无人时不开空调，不能敞开门窗使用空调，人离开办公室要关闭用电设备。

2006～2007年，兴义地区共9家执行差别电价政策，已经收取差别电费230.84万元，到2007年底，执行差别电价企业全部停产。兴义电网系统供电的高耗能企业已经全部按要求投资建设了环保设施，经环保部门验收合格，所属产业均符合国家产业政策，并获准国家发改委的行业准入。

“十一五”期间，兴义市电力公司加强节电、节水管理，加大节能减排设备的更换，淘汰已过时的用水、用电设备，更换节能照明设备，定期巡检巡视，检查更换老化的供水、供电管线。同时，公司还不断明确节能办公重点，落实节能保障措施，在公司各类办公设备招标中，确保优先采用节能设备。提倡员工节约水、电和办公用纸，减少办公设备待机能耗，推广视频会议，形成了“节约光荣，浪费可耻”的良好氛围。全网所有办公场所和营业网点均已提前完成节能照明改造，公司水、电、汽油和办公耗材费用得到有效控制，会议超标召开现象得到有效遏制，视频会议占全部会议的比重逐年增加。

2011年8月，贵州电网公司下发了《贵州电网“十二五”节能减排规划》。2012年5月，兴义供电局下发了《兴义供电局“十二五”节能减排工作方案》。兴义市电力公司按照规划安排成立了节能减排工作领导小组，明确了各部门职责，从降低线损、电网“绿色平台”建设、需求侧管理与节能服务、绿色电网建设、节能办公、节能宣传等六个方面积极开展节约用电工作。坚持资源开发与节约并重，把节约放在首位的方针，促进资源节约型社会建设；依靠科技进步加强节能管理，形成有效的节能管理机制；通过不断加强电网建设、城农网改造力度和提高电网经济运行水平，打造现代化节能型电网。

第三节 营业管理

一、业扩报装

1992年报装接电31户，其中照明29户，工业2户。1992年，企业管理逐步规范，实现了由用电部“一口对外”的用电管理制度，杜绝了用电无手续现象。当年共报装用户321户，其中照明92户，工业19户。1993年共报装用户430户，其中照明348户，工业12户。1994年共报装用户285户，其中照明109户，工业28户。1995年共报装用户495户，其中照明335户，工业8户。1996年共报装用户500户，其中照明324户，工业10户。1997年共报装用户362户，其中照明187户，工业350户。1998年共报装用户285户，其中照明105户，工业42户。1999年共报装用户289户，其中照明205户，工业27户。2000年共报装用户587户，其中照明385户，工业25户。2001年共报装用户369户，其中照明259户，工业62户。

2002～2012年，电力体制改革以来，业扩报装工作进一步规范，制定了《兴义市电力有限责任公司业扩报装管理及考核办法》。进一步加强了业扩报装管理工作，夯实了管理基础，规范了客户档案管理、供用电合同管理及业务流程管理。2002年，报装用户275户，其中照明123户，工业25户。2003年共报装用户385户，其中照明125户，工业147户。2004年共报装用户702户，其中照明542户，工业135户。2005年共报装用户1049户，其中照明918户，工业94户。2006年共报装用户1677户，其中照明1517户，工业127户。2007年共报装用户21430户，其中照明20879户，工业412户。2008年共报装用户1284户，其中照明1047户，工业203户。2009年共报装用户2746户，其中照明2511户，工业153户。2010年共报装用户2819户，其中照明2445户，工业296户。2011年共报装用户5602户，其中照明4510户，工业256户。2012年共报装用户13438户，其中照明12871户，工业355户。2013年共报装用户28315户，其中照明27421户，工业455户。2014年共报装用户11266户，其中照明9481户，工业587户。2015年共报装用户13484户，其中照明7011户，工业894户。2016年共报装用户11534户，其中照明7510户，工业894户。

兴义市电力公司用电报装情况一览表

表5-2　　　　单位：千瓦

年度	工业		居民生活		其他		合计	
	户数	容量	户数	容量	户数	容量	户数	容量
1992	19	190	92	368	210	1050	321	1608
1993	12	216	348	1392	70	350	430	1958
1994	28	588	109	436	148	740	285	1764
1995	8	90	335	1340	152	760	495	2190

续表 5-2

年度	工业		居民生活		其他		合计	
	户数	容量	户数	容量	户数	容量	户数	容量
1996	10	200	324	1296	166	830	500	2326
1997	19	350	187	748	156	780	362	1878
1998	42	510	105	420	138	690	285	1620
1999	27	270	205	820	57	285	289	1375
2000	25	375	385	2310	177	1100	587	3785
2001	62	1520	259	1554	48	947	369	4021
2002	25	3536	123	738	127	108	275	4382
2003	147	3102	125	750	113	506	385	4358
2004	135	2010	542	3252	25	151	702	5413
2005	94	1705	918	5508	37	315	1049	7528
2006	127	7250	1517	9102	33	320	1677	16672
2007	412	4090	20879	125274	139	1290	21430	130654
2008	203	6580	1047	6282	34	1470	1284	14332
2009	153	13060	2511	15066	82	2009	2746	30135
2010	296	21808	2445	14670	78	6520	2819	42998
2011	256	1520	4510	28027	836	8980	5602	38527
2012	355	3228	12871	82561	212	21083	13438	106872
2013	455	4537	27421	189509	439	12548	28315	206594
2014	587	6015	9481	71198	1198	18436	11266	95649
2015	894	9435	7011	52649	5579	47813	13484	109897
2016	598	1041648	7510	62555	3426	48856	11534	1153059

兴义市电力有限责任公司业扩报装业务流程如下图所示：

二、主要用电业务办理流程图

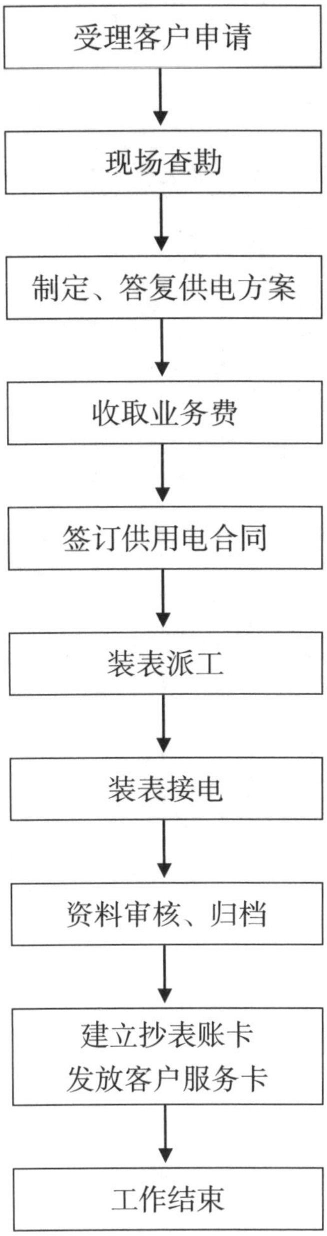

居民一户一表新装工作流程

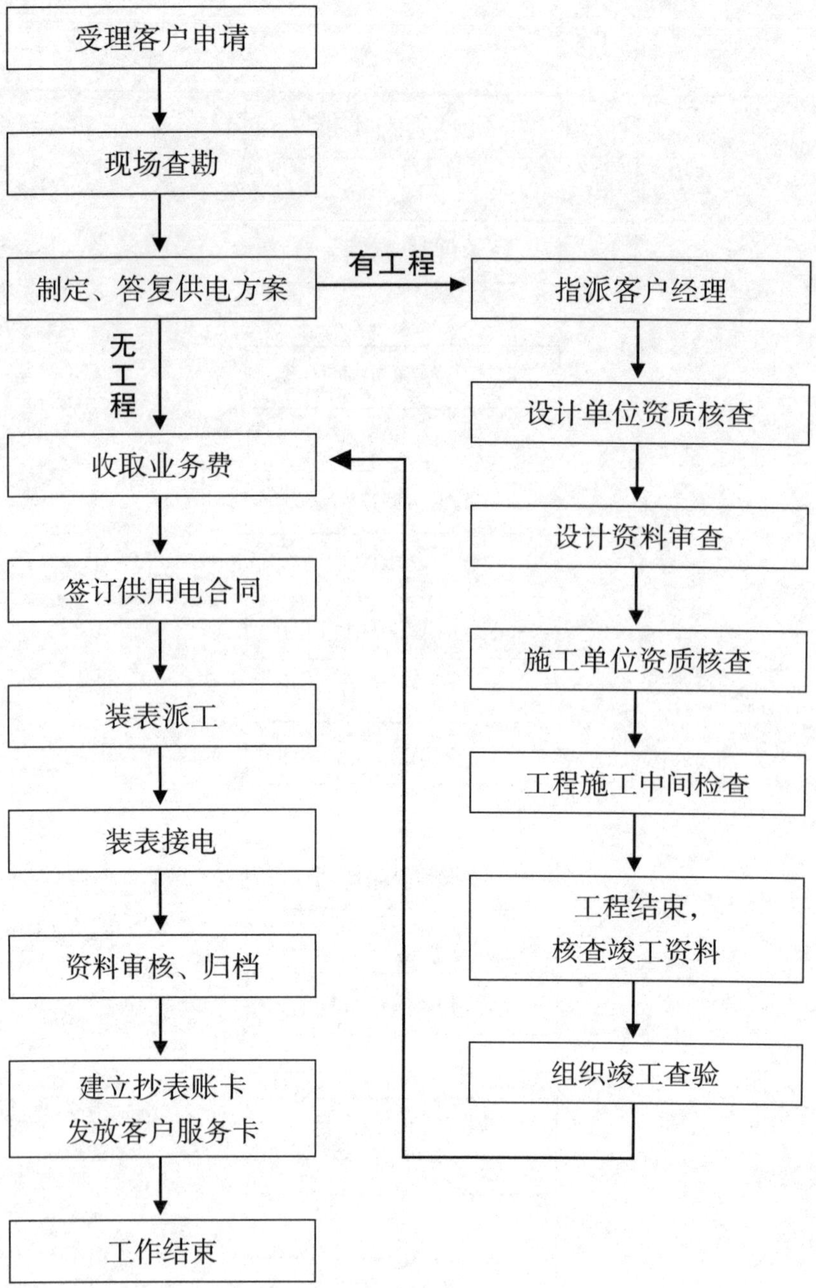
受理客户申请
现场查勘
制定、答复供电方案
有工程
指派客户经理
无工程
收取业务费
签订供用电合同
装表派工
装表接电
资料审核、归档
建立抄表账卡
发放客户服务卡
工作结束
设计单位资质核查
设计资料审查
施工单位资质核查
工程施工中间检查
工程结束，
核查竣工资料
组织竣工查验

低压新装、增容工作流程

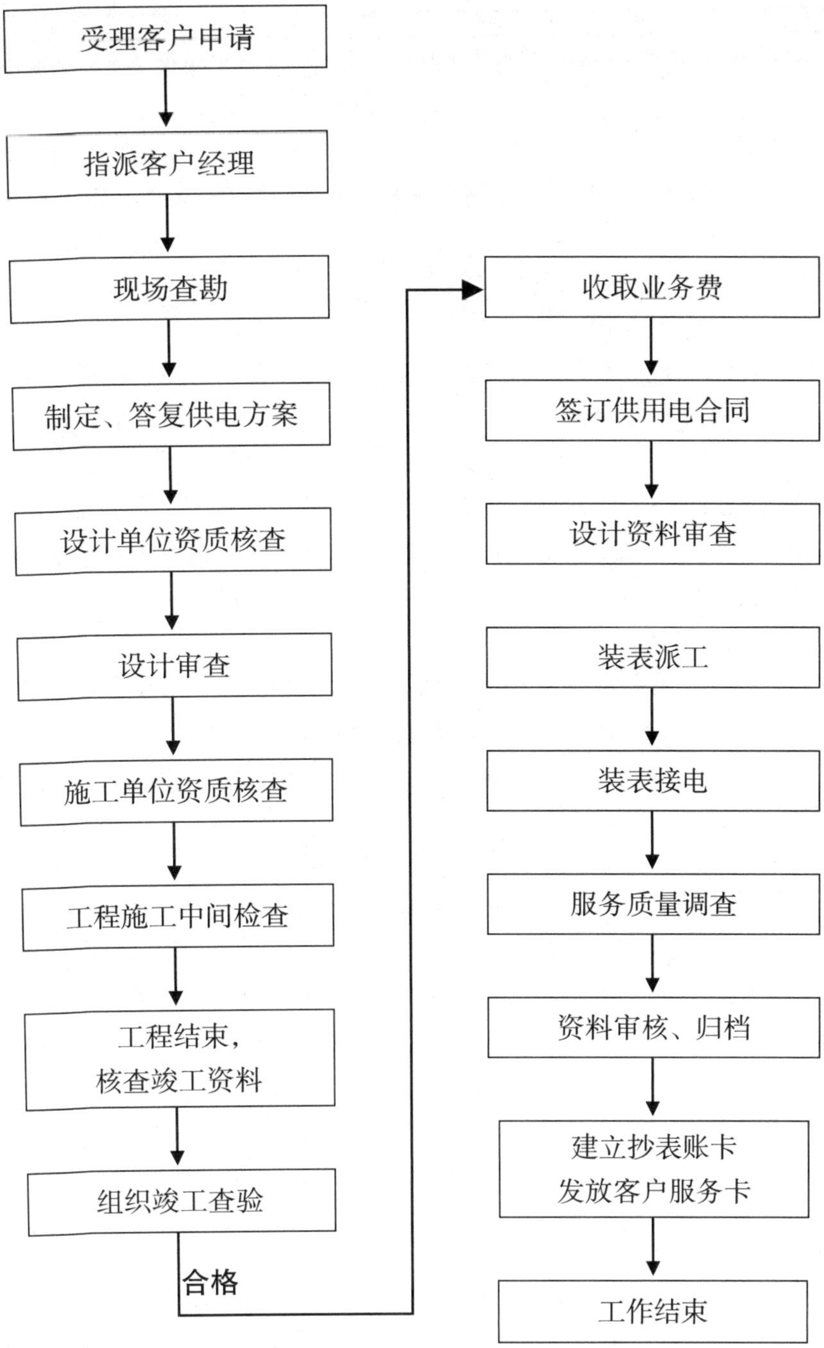
受理客户申请
指派客户经理
现场查勘
制定、答复供电方案
设计单位资质核查
设计审查
施工单位资质核查
工程施工中间检查
工程结束，
核查竣工资料
组织竣工查验
合格
收取业务费
签订供用电合同
设计资料审查
装表派工
装表接电
服务质量调查
资料审核、归档
建立抄表账卡
发放客户服务卡
工作结束

高压新装、增容工作流程

三、电能计量

2006年，公司取得中启计量体系认证中心颁发的《测量管理体系AAA认证证书》，获得该证书，是目前我国对企业的测量管理能力的最高认可。测量管理体系对提高企业的市场竞争力，参与国内外招标、签订合同时具有稳固的计量基础保证作用。使计量检定工作效率大大提高。

2009年，电能表校验室共计检定单相电能表23833只，(其中：单相电子表3798只，城区表13726只，农网表4038只)，检定三相电能表996只（其中三相机械电能表检定883只，三相电子式多功能电能表检定113只)，检定高压互感器106只，低压互感器386只。变电站电能表轮校计划校验与轮换共计69只。水电站电能表轮校计划校验10只，用户侧计量点电能表校验23只。校验率和轮校率均达到100%。

2010年，电能表校验室共计检定单相电能表18555只（其中：单相电子表5995只，单相机械表12490只，旧表70只)，三相电能表检定3021只（其中三相机械电能表1473只，三相电子式电能表1486只，旧表62只）。检定高压互感器125只，低压互感器423只。变电站电能表轮校计划校验与轮换共计65只。水电站电能表轮校计划校验10只，用户侧计量点电能表校验29只。校验率和轮校率均达到100%。并在本年度对10千伏高压用户计量装置进行改造，将三相三线两元件多变比计量逐步轮换为三相四线三元件单变比计量，减少高压计量装置维护的同时大大提高了电能计量的准确性。

2011年，电能表校验室共计检定单相电能表21420只，检定三相电能表2171只（其中三相四线电能表1655只，三相三线电能表516只）。三相电能表旧表37只，单相电能表旧表79只。检定高压互感器164只，低压互感器483只。变电站电能表轮校计划校验与轮换共计78只。水电站电能表轮校计划校验9只，用户侧计量点电能表校验34只，校验率和轮校率均达到100%。从2009年初至2011年底，公司将全部原有高压计量装置中机械式计量电能表逐步轮换为多功能电子式电能表，提高了计量电能表的准确性，降低公司运营成本，使公司计量工作向智能化迈进。

2012年，电能表校验室共计检定单相电能表31170只，其中农网表11508只、新增农网表971只、生产用850只、业扩报装12755只、市场营销用4286只、大修技改100只、用户送检449只，旧表251只。检定三相电能表1485只，其中业扩报装664只、生产用163只、计量箱表433只（三星DTSD188)、其他57只、旧表168只。检定高压互感器185只，低压互感器592只。变电站电能表轮校计划校验与轮换共计84只。水电站电能表轮校计划校验12只，用户侧计量点电能表校验26只。校验率和轮校率均达到100%，同年，开展了“挖潜增效”专项行动工作，追补电量60.25万千瓦时。

2013年，电能表校验室共计检定单相电能表21111只，其中移民改造4240只、生产备用2056只、业扩报装14495只、用户送检280只，旧表40只。检定三相电能表2326只，其中业扩报装1745只、生产用170只、大修技改171只、其他235只、旧表5只。检定高压互感器797只，低压互感器843只。变电站电能表轮校计划校验与轮换共计187只。水电站电能表轮校计划校验6只，用户侧计量点电能表校验22只，校验率和轮校率均达到100%。2013年完成测量管理体系 AAA 认证复审工作。

2014年，电能表校验室共计检定单相电能表17350只，其中生产备用370只、业扩轮换2154只、业扩报装12328只、小康工程1300只，用户送检788只，其他339只，旧表71只。检定三相电能表2651只，其中业扩报装1337只、生产用40只、生产轮换895只，大修技改77只、其他295只、旧表7只。检定高压互感器233只、低压互感器847只。变电站电能表轮校计划校验与轮换共计236只。用户侧计量点电能表、指示仪表校验19只，园区电网计量装置校验投运验收220千伏变电站2座，其中包含110千伏、220千伏电压等级GIS设备、电容式电压互感器的校验和运用，这些都打破了原有的传统式设备运用和检验方式，使公司计量装置校验水平达到了新的高度，发扬了公司与时俱进、开拓创新的精神。校验率和轮校率均达到100%。同年，开展"挖潜增效"专项行动工作，追补电量106.65万千瓦时。

2015年，电能表校验室共计检定单相电能表18521只，其中生产备用1000只、业扩轮换1000只、业扩报装8709只、小康工程5528只，其他2208只，旧表76只。检定三相电能表1787只，其中业扩报装1328只、生产轮换60只，大修技改168只、其他222只、旧表9只。检定高压互感器182只、低压互感器321只。变电站电能表轮校计划校验与轮换共计204只；用户侧计量点电能表、指示仪表校验11只。园区电网计量装置校验投运验收110千伏变电站7座，校验率和轮校率均达到100%。公司新建计量自动化系统，专变用户上线676户，集抄采集469户（试点）。同年，开展"挖潜增效"专项行动工作，追补电量31.97万千瓦时。

2016年，电能表校验室共计检定单相电能表17842只，其中生产备用1938只，业扩轮换2234只、业扩报装9691只、小康工程1300只，其他2608只，旧表71只。检定三相电能表2788只，其中业扩报装1337只、生产轮换895只，其他537只、旧表19只。检定高压互感器86只、低压互感器263只。变电站电能表轮校计划校验与轮换共计216只；指示仪表校验84只。

2016年度完成高压计量装置改造（计量电能表与负控终端），使公司用户侧高压计量装置计量自动化覆盖率达到100%。对公司辖区35千伏无人值守变电站电能采集装置进行升级改造，使公司所有变电站电能计量自动化覆盖率达到100%。同年拟定了"十三五"期间公司计量装置改造目标，其中包含高供低计，低供低计以及单相计量电能表的电能量采集改造工作，确保公司电能计量自动化水平和准确性，在节能降耗的发展道路上作出了应有的贡献。

2003年贵州省销售电价表

表5-3　　　　单位：元/千瓦时

用电分类	电度电价					基本电价	
	不满1千伏	1—10千伏	35—110千伏	110—220千伏以下	220千伏及以上	最大需量元/千瓦/月	变压器容量元/千伏安/月
一、居民生活	0.4030	0.3930					
二、非居民照明	0.5500	0.5400					
三、商业	0.788	0.778					
四、非工业、普通工业	0.4270	0.4170	0.4070				
其中：中、小化肥生产用电	0.3280	0.3180	0.3080				
五、大工业用电		0.3270	0.3070	0.2920	0.2820	24.0000	16.0000
其中：电炉铁合金、电解烧碱、合成氨、电炉钙镁磷肥、电炉黄磷		0.3170	0.2970	0.2820	0.2720	24.0000	16.0000
电石		0.3070	0.2870	0.2720	0.2620	24.0000	16.0000
中、小化肥生产用电		0.2350	0.2150	0.2000	0.1900	24.0000	16.0000
六、农业生产用电	0.3470	0.3370	0.3270				
其中：农业排灌用电	0.1970	0.1920	0.1870				

2004年贵州省销售电价表

表5-4　　　　单位：元/千瓦时

用电分类	电度电价					基本电价	
	不满1千伏	1—10千伏	35—110千伏	110—220千伏以下	220千伏及以上	最大需量元/千瓦/月	变压器容量元/千伏安/月
一、居民生活	0.4030	0.3930	0.3930				
二、非居民照明	0.5780	0.5680	0.5580				
三、商业	0.816	0.806					
四、非工业、普通工业	0.4430	0.4330	0.4230				
其中：中、小化肥生产用电	0.3360	0.3260	0.3160				

续表 5-4

用电分类	电度电价					基本电价	
	不满 1 千伏	1 — 10 千伏	35 — 110 千伏	110 — 220 千伏以下	220 千伏及以上	最大需量元 / 千瓦 / 月	变压器容量元 / 千伏安 / 月
五、大工业用电		0.3430	0.3230	0.3080	0.2980	24.0000	16.0000
其中：电炉铁合金、电解烧碱、合成氨、电炉钙镁磷肥、电炉黄磷		0.3330	0.3130	0.2980	0.2880	24.0000	16.0000
电石		0.3230	0.3030	0.2880	0.2780	24.0000	16.0000
中、小化肥生产用电		0.2430	0.2230	0.2080	0.1980	24.0000	16.0000
六、农业生产用电	0.3470	0.3370	0.3270				
其中：农业排灌用电	0.1970	0.1920	0.1870				

2005 年贵州省销售电价表

表 5-5　　　　单位：元 / 千瓦时

用电分类	电度电价					基本电价	
	不满 1 千伏	1 — 10 千伏	35 — 110 千伏	110 — 220 千伏以下	220 千伏及以上	最大需量元 / 千瓦 / 月	变压器容量元 / 千伏安 / 月
一、居民生活	0.4500	0.4400	0.4400				
二、非居民照明	0.6670	0.6570	0.6470				
三、商业	0.879	0.869					
四、非工业、普通工业	0.5320	0.5220	0.5120				
其中：中、小化肥生产用电	0.3360	0.3260	0.3160				
五、大工业用电		0.4020	0.3820	0.3670	0.3570	27.0000	18.0000
其中：电炉铁合金、电解烧碱、合成氨、电炉钙镁磷肥、电炉黄磷		0.3920	0.3720	0.3570	0.3470	27.0000	18.0000
电石		0.3820	0.3620	0.3470	0.3370	27.0000	18.0000
中、小化肥生产用电		0.2430	0.2230	0.2080	0.1980	24.0000	16.0000
六、农业生产用电	0.3470	0.3370	0.3270				
其中：农业排灌用电	0.1970	0.1920	0.1870				

2006年贵州省销售电价表

表5-6 单位：元/千瓦时

用电分类	电度电价					基本电价	
	不满1千伏	1—10千伏	35—110千伏	110—220千伏以下	220千伏及以上	最大需量元/千瓦/月	变压器容量元/千伏安/月
一、居民生活	0.4556	0.4456	0.4456				
二、非居民照明	0.6898	0.6798	0.6698				
三、商业	0.9018	0.8918					
四、非工业、普通工业	0.5548	0.5448	0.5348				
其中：中、小化肥生产用电	0.3860	0.3760	0.3660				
五、大工业用电		0.4212	0.4012	0.3862	0.3762	30.0000	20.0000
其中：电炉铁合金、电解烧碱、合成氨、电炉钙镁磷肥、电炉黄磷		0.4112	0.3912	0.3762	0.3662	30.0000	20.0000
电石		0.4012	0.3812	0.3662	0.3562	30.0000	20.0000
中、小化肥生产用电		0.2930	0.2730	0.2580	0.2480	30.0000	20.0000
六、农业生产用电	0.3630	0.3530	0.3430				
其中：农业排灌用电	0.1970	0.1920	0.1870				

2007年贵州省销售电价表

表5-7 单位：元/千瓦时

用电分类	电度电价					基本电价	
	不满1千伏	1—10千伏	35—110千伏	110—220千伏以下	220千伏及以上	最大需量元/千瓦/月	变压器容量元/千伏安/月
一、居民生活	0.4556	0.4456	0.4456				
二、非居民照明	0.7050	0.6950	0.6850				
三、商业	0.917	0.907					
四、非工业、普通工业	0.5700	0.5600	0.5500				

续表 5-7

用电分类	电度电价					基本电价	
	不满 1 千伏	1 — 10 千伏	35 — 110 千伏	110 — 220 千伏以下	220 千伏及以上	最大需量 元 / 千瓦 / 月	变压器容量 元 / 千伏安 / 月
其中：中、小化肥生产用电	0.4022	0.3922	0.3822				
五、大工业用电		0.4322	0.4122	0.3972	0.3872	30.0000	20.0000
其中：电炉铁合金、电解烧碱、合成氨、电炉钙镁磷肥、电炉黄磷、		0.4222	0.4022	0.3872	0.3772	30.0000	20.0000
电石		0.4122	0.3922	0.3772	0.3672	30.0000	20.0000
中、小化肥生产用电		0.3092	0.2892	0.2742	0.2642	30.0000	20.0000
六、农业生产用电	0.3789	0.3689	0.3589				
其中：农业排灌用电	0.2289	0.2239	0.2189				

2008 年贵州省销售电价表

表 5-8

单位：元 / 千瓦时

用电分类	电度电价					基本电价	
	不满 1 千伏	1 — 10 千伏	35 — 110 千伏	110 — 220 千伏以下	220 千伏及以上	最大需量 元 / 千瓦 / 月	变压器容量 元 / 千伏安 / 月
一、居民生活	0.4556	0.4456	0.4456				
二、非居民照明	0.7400	0.7300	0.7200				
三、商业	0.918	0.908					
四、非工业、普通工业	0.6050	0.5950	0.5850				
其中：中、小化肥生产用电	0.4022	0.3922	0.3822				
五、大工业用电		0.4516	0.4316	0.4166	0.4066	45.0000	30.0000
其中：电炉铁合金、电解烧碱、合成氨、电炉钙镁磷肥、电炉黄磷、电石		0.4416	0.4216	0.4066	0.3966	45.0000	30.0000

续表 5-8

用电分类	电度电价					基本电价	
	不满 1 千伏	1 — 10 千伏	35 — 110 千伏	110 — 220 千伏以下	220 千伏及以上	最大需量 元 / 千瓦 / 月	变压器容量 元 / 千伏安 / 月
中、小化肥生产用电		0.3092	0.2892	0.2742	0.2642	30.0000	20.0000
六、农业生产用电	0.3789	0.3689	0.3589				
其中：农业排灌用电	0.2289	0.2239	0.2189				

2009 年贵州省销售电价表

表 5-9

单位：元 / 千瓦时

用电分类	电度电价					基本电价	
	不满 1 千伏	1—10 千伏	35—110 千伏以下	110—220 千伏以下	220 千伏及以上	最大需量（元 / 千瓦 / 月）	变压器容量（元 / 千伏安 / 月）
一、居民生活电价	0.4556	0.4456	0.4456				
其中：城镇低保和“五保户”	0.4086						
二、非居民照明电价	0.7840	0.7740	0.7640				
三、商业电价	0.9080	0.8980					
四、非工业、普通工业电价	0.6490	0.6390	0.6290				
其中：中、小化肥电价	0.4462	0.4362	0.4262				
五、大工业电价		0.4777	0.4577	0.4427	0.4327	45.00	30.00
其中：电炉铁合金、电解烧碱、合成氨、电炉钙镁磷肥、电炉黄磷、电石生产用电		0.4677	0.4477	0.4327	0.4227	45.00	30.00
中、小化肥		0.3353	0.3153	0.3003	0.2903	30.00	20.00
六、农业生产用电	0.4050	0.3950	0.3850				
七、贫困县农业排灌用电	0.2550	0.2500	0.2450				

2010年贵州省销售电价表

表5-10　　　　单位：元/千瓦时

用电分类	电度电价					基本电价	
	不满1千伏	1—10千伏	35—110千伏以下	110—220千伏以下	220千伏及以上	最大需量（元/千瓦/月）	变压器容量（元/千伏安/月）
一、居民生活电价	0.4556	0.4456	0.4456				
其中：城镇低保和"五保户"	0.4086						
二、非居民照明电价	0.7840	0.7740	0.7640				
三、商业电价	0.9080	0.8980					
四、非工业、普通工业电价	0.6490	0.6390	0.6290				
其中：中、小化肥电价	0.4462	0.4362	0.4262				
五、大工业电价		0.4777	0.4577	0.4427	0.4327	45.00	30.00
其中：电炉铁合金、电解烧碱、合成氨、电炉钙镁磷肥、电炉黄磷、电石生产用电		0.4677	0.4477	0.4327	0.4227	45.00	30.00
中、小化肥生产用电		0.3353	0.3153	0.3003	0.2903	30.00	20.00
六、农业生产用电	0.4050	0.3950	0.3850				
七、贫困县农业排灌用电	0.2550	0.2500	0.2450				

2011年贵州省销售电价表

表5-11　　　　单位：元/千瓦时

用电分类	电度电价					基本电价	
	不满1千伏	1—10千伏	35—110千伏	110—220千伏以下	220千伏及以上	最大需量元/千瓦/月	变压器容量元/千伏安/月
一、居民生活电价	0.4556	0.4456	0.4456				
城市低保居民生活电价	0.4086						
电热电价	0.3006						
二、非居民照明电价	0.8030	0.7930	0.7830				
三、商业电价	0.8980	0.8880					
星级酒店电价	0.8137	0.8027					
四、非工普工电价	0.6670	0.6570	0.6470				

续表 5-11

用电分类	电度电价					基本电价	
	不满 1 千伏	1—10 千伏	35 —110 千伏	110 — 220 千伏以下	220 千伏及以上	最大需量元 / 千瓦 / 月	变压器容量元 / 千伏安 / 月
其中：中、小化肥	0.4642	0.4542	0.4442				
五、大工业电价		0.4943	0.4743	0.4593	0.4493	45	30
其中：电炉铁合金、电解烧碱、合成氨、电炉钙镁磷肥、电炉黄磷、电石生产用电		0.4843	0.4643	0.4493	0.4393	45	30
中、小化肥生产用电		0.3519	0.3319	0.3169	0.3069	30	20
六、农业生产用电	0.4200	0.4100	0.4000				
七、贫困县农业排灌用电	0.2700	0.2650	0.2600				

2012 年贵州省销售电价表

表 5-12　　单位：元 / 千瓦时

用电分类	电度电价					基本电价	
	不满 1 千伏	1 — 10 千伏	35 — 110 千伏	110 — 220 千伏以下	220 千伏及以上	最大需量元 / 千瓦 / 月	变压器容量元 / 千伏安 / 月
一、居民生活用电	0.4556	0.4456	0.4456				
其中：城镇低保户和农村“五保户”家庭生活用电		0.4086					
电热电价	0.3006						
二、非居民照明用电	0.8584	0.8484	0.8384				
三、商业用电	0.9534	0.9434					
星级宾馆电价							
四、非工业、普通工业用电	0.7224	0.7124	0.7024				
其中：中、小化肥生产用电	0.5196	0.5096	0.4996				
五、大工业用电		0.5497	0.5297	0.5147	0.5047	45	30
其中：电炉铁合金、电解烧碱、合成氨、电炉钙镁磷肥、电炉黄磷、电石生产用电		0.5397	0.5197	0.5047	0.4947	45	30
中、小化肥生产用电		0.4073	0.3873	0.3723	0.3623	30	20
六、农业生产用电	0.4754	0.4654	0.4554				
其中：农业排灌用电	0.3254	0.3204	0.3154				

2013年贵州省销售电价表

表 5-13

单位：元 / 千瓦时

用电分类	电度电价					基本电价	
	不满1千伏	1—10千伏	35—110千伏	110—220千伏以下	220千伏及以上	最大需量元/千瓦/月	变压器容量元/千伏安/月
一、居民生活用电	0.4556	0.4456	0.4456				
其中：城镇低保户和农村“五保户”家庭生活用电	0.4086						
电热电价	0.3006						
二、非居民照明用电	0.8584	0.8484	0.8384				
三、商业用电	0.9534	0.9434					
星级宾馆电价							
四、非工业、普通工业用电	0.7224	0.7124	0.7024				
其中：中、小化肥生产用电	0.5196	0.5096	0.4996				
五、大工业用电		0.5497	0.5297	0.5147	0.5047	45	30
其中：电炉铁合金、电解烧碱、合成氨、电炉钙镁磷肥、电炉黄磷、电石生产用电		0.5397	0.5197	0.5047	0.4947	45	30
中、小化肥生产用电		0.4073	0.3873	0.3723	0.3623	30	20
六、农业生产用电	0.4754	0.4654	0.4554				
其中：农业排灌用电	0.3254	0.3204	0.3154				

2015年贵州省销售电价表

表 5-14

单位：元 / 千瓦时

用电分类	电度电价						基本电价	
	不满1千伏	1—10千伏	20千伏	35—110千伏	110—220千伏以下	220千伏及以上	最大需量元/千瓦/月	变压器容量元/千伏安/月
一、居民生活用电	0.4556	0.4456	0.4456	0.4456				
其中：城镇低保户和农村“五保户”家庭生活用电	0.4086							
电热电价	0.3006							
二、一般工商业及其他用电	0.7224	0.7124	0.7074	0.7024				

续表 5-14

用电分类	电度电价						基本电价	
	不满1千伏	1—10千伏	20千伏	35—110千伏	110—220千伏以下	220千伏及以上	最大需量元/千瓦/月	变压器容量元/千伏安/月
其中：中、小化肥生产用电	0.6196	0.6096	0.6046	0.5996				
三、大工业用电		0.5497	0.5397	0.5297	0.5147	0.5047	45.00	30.00
其中：中、小化肥生产用电		0.5073	0.4973	0.4873	0.4723	0.4623		
四、农业生产用电	0.4754	0.4654	0.4604	0.4554				
其中：农业排灌用电	0.3254	0.3204	0.3179	0.3154				

2009年6月，根据贵州省物价局关于试行丰枯电价政策的通知，开始执行丰枯电价，在2011年5月1日停止执行；2012年6月恢复执行，执行期限为一个周期（一年）。贵州省丰枯电价表如下图所示：

2009年贵州电网丰枯电价表

表 5-15　　单位：元/千瓦时

用电分类		平水期电价（5月、11月）	丰水期电价（6-10月）	枯水期电价（12月、1-4月）
1. 大工业电价	1-10千伏	0.4516	0.4085	0.5162
	35-110千伏	0.4316	0.3905	0.4932
	110-200千伏	0.4166	0.3770	0.4760
	220千伏及以上	0.4066	0.3680	0.4645
2. 其中：电炉铁合金、电解烧碱、合成氨、电炉钙镁磷肥、电炉黄磷、电石生产用电	1-10千伏	0.4416	0.3995	0.5047
	35-110千伏	0.4216	0.3815	0.4817
	110-200千伏	0.4066	0.3680	0.4645
	220千伏及以上	0.3966	0.3590	0.4530
3. 中、小化肥生产用电	1-10千伏	0.3092	0.3092	0.3092
	35-110千伏	0.2892	0.2892	0.2892
	110-200千伏	0.2742	0.2742	0.2742
	220千伏及以上	0.2642	0.2642	0.2642

2012 年贵州电网丰枯电价表

表 5-16　　　　单位：元 / 千瓦时

用电分类	电度电价						基本电价	
	1-10 千伏			35-110 千伏			最大需量	变压器容量
	丰水期电价	平水期电价	枯水期电价	丰水期电价	平水期电价	枯水期电价	(元 / 千瓦 / 月)	(元 / 千伏安 / 月)
大工业用电	0.4974	0.5497	0.6281	0.4794	0.5297	0.6051	45.00	30.00
其中：电炉铁合金、电解烧碱、合成氨、电炉钙镁磷肥、电炉黄磷、电石生产用电	0.4884	0.5397	0.6166	0.4704	0.5197	0.5936	45.00	30.00
用电分类	电度电价						基本电价	
	110-220 千伏			220 千伏及以上			最大需量	变压器容量
	丰水期电价	平水期电价	枯水期电价	丰水期电价	平水期电价	枯水期电价	(元 / 千瓦 / 月)	(元 / 千伏安 / 月)
大工业用电	0.4659	0.5147	0.5879	0.4569	0.5047	0.5764	45.00	30.00
其中：电炉铁合金、电解烧碱、合成氨、电炉钙镁磷肥、电炉黄磷、电石生产用电	0.4569	0.5047	0.5764	0.4479	0.4947	0.5649	45.00	30.00

四、电费

(一) 电费回收管理

1992 年兴义市水电局供电所成立以来，电费工作坚持了电费核算收缴管理机制，规定每月 15 日开始抄表开票，抄表后 11 天内用户到供电所结清电费。

2002 年以来，逐步健全了“抄核收”人员监督机制和用电检查管理机制，电费回收工作更规范，回收率达到 100%。

2006 年，为保障公司生产经营资金正常运转，细化了《电费回收管理办法》，电费回收工作实行分级管理，回收与清欠相结合。

2012年，电费回收工作纳入全员绩效考核，制定了小用户年度回收率100%，大用户年度回收率99%，陈欠电费1年期：60%，2-3年期：40%，3年期以上：10%的电费回收指标。

（二）历年电费情况

兴义市电力公司历年电费收入表

表5-17

年　度	售电量（万千瓦时）	电　费（万元）	平均单价（元）	备　注
1992年	720	113	0.1570	
1993年	2510	400	0.1592	
1994年	7567	1300	0.1718	
1995年	10230	1830	0.1789	
1996年	11220	2103	0.1874	
1997年	10320	1971	0.1910	
1998年	10220	2029	0.1985	
1999年	11530	2431	0.2108	
2000年	15291	3537	0.2313	
2001年	19874	4800	0.2415	
2002年	27697	7290	0.2632	
2003年	33209	9544	0.2874	
2004年	37803	13218	0.3493	
2005年	34703	13077	0.3768	
2006年	41338	15761	0.3813	
2007年	65997	25336	0.3839	
2008年	79342	31991	0.4032	
2009年	111716	48329	0.4326	
2010年	136992	65813	0.4804	
2011年	143905	70680	0.4911	
2012年	144415	69232	0.5325	
2013年	160358	88090	0.5493	
2014年	142432	77208	0.5421	
2015年	140751	74609	0.5301	
2016年	25508.3345	99462	0.45363	

第六章　调　度

电力调度机构是电网运行的组织、指挥、指导和协调机构，负责电网的安全、优质、经济运行。电网调度管理包含设备检修的调度、综合停电、水库调度、负荷调度管理。电网调度工作包含调度运行、电网运行、电网继电保护管理、电网通信、电网自动化及信息化管理。

兴义市电网调度机构自成立以来严格执行《中华人民共和国电力法》《电网调度管理条例》《电力系统自动化管理规程》《电力系统通信管理规程》《兴义市电网电力调度管理规程》等有关规程制度。认真对兴义市电网行使指挥权，负责所辖电网供电负荷、供电量、网损等电网生产指标的完成，以及通信、自动化设备的运行维护工作。同时按要求开展电网继电保护整定计算工作，调整系统运行方式，调整电网电压和潮流分布，平衡批准检修计划，指挥倒闸操作及电网事故处理。

第一节　概　述

一、调度机构

1989年12月，根据兴府通〔1989〕34号文，成立兴义市水电局供电所，设生产调度科，编制5人，含方式、调度、继电保护整定计算、载波通讯等专业。主要负责电网运行方式编制、电网调度管理、负荷预测、继电保护及自动装置定值整定计算、电压无功管理、电网事故处理、新设备投入管理、通信设备管理等工作。

1990年3月，兴义市水电局供电所与云南省滇东电力局签订培训协议，派遣通信、变电运行、调度运行、继保整定、修试等专业人员共30余人到滇东电力局学习。

1990年，机构调整，生产调度科更名为调度科。

1991年5月，并下发《兴义市电网调度管理业务的有关规定》，明确调度科设调度科长1人，兼方式，副科长1人兼保护整定计算，调度组长1人，调度员6人。

1996年，调整内部机构设置，更名为调度通信所。

1997年，机构调整更名为调度通讯所。

1999年，更名为调度中心。

2003年，继电保护运行、维护管理工作随继保班从修试中心划归调度中心管理，归口管理仍由生技部负责。

2007年，更名为调度通信所。

2011年，将调度通信所更名为电力调度控制中心，主要负责电网调度、运行方式、继电保护、电力通信、自动化、信息化等工作的开展。

2012年，将电力调度控制中心继电保护班划到修试中心，继电保护运行维护职能从电力调度控制中心分离出去。

二、调度范围

至2016年12月，兴义市电网调度范围如下：

(一) 35千伏变电站15座，容量为166.95兆伏安，其中35千伏合兴变在2012年进行110千伏升压技改后由贵州电网公司兴义供电局直接调管。

(二) 220千伏变电站3座，容量1110兆伏安，分别为220千伏清水河变、220千伏郑屯变、220千伏巴铃变。

(三) 110千伏变电站17座，容量为1750.8兆伏安，其中110千伏城南变、110千伏乌沙变、110千伏黄桷树变由兴义市调调管，110千伏岗上变由云南省滇东电力局地调调管（2013年110千伏岗上变增加1台主变31.5兆伏安（由云南省滇东电力局地调调管）。2015年110千伏黄桷树变技改增容1×63兆伏安，其中郑鲁万工业园区电网2015年新增110千伏变电站3座，容量为504兆伏安。至2016年12月，调管110千伏变电站17座，总容量1750.8兆伏安。

(四) 至2016年12月，调管220千伏线路14条，长363千米，分别为220千伏清电双回线、220千伏清郑双回线、220千伏郑巴双回线、220千伏巴登双回线、220千伏郑龙双回线、220千伏郑峰双回线、220千伏龙普双回线。

(五) 至2016年12月，110千伏线路共35条，347千米。其中110千伏城丰线、110千伏兴黄线、110千伏围黄线、110千伏城黄线由贵州电网公司兴义供电局地调调管；110千伏鲁兴线由云南省滇东电力局调管；其余线路由兴义市调度机构地调调管。

(六) 35千伏线路共47条，427.989千米，均由兴义市调调管。其中2013年7月，新增35千伏乌永线，13.5千米；2014年7月新增35千伏鲁云线，7.369千米；2014年12月新增35千伏黄跑线，8.5千米、35千伏黄木线，11.19千米。

(七) 10千伏线路135条，3078.95千米，其中17条由兴义供电局调管，其余104条均由兴义市调调管。

(八) 配变5052台，容量921.020兆伏安，其中公变2249台，容量280.040兆伏安，专变2812台，容量632.235兆伏安。

(九) 水电站32座、总装机容量201.3兆瓦，均由兴义市调调管。其中2013年增加水电站1座，装机容量12兆瓦，2014年增加水电站1座，装机容量8兆瓦。

(十)2015年新增220千伏自备电厂一座，装机：2×350兆瓦。

三、规程制度

1990年12月12日，制定《调度科责任》《调度科科长职责》《调度科副科长岗位职责》，明确调度科及其岗位职责。

1991年，编写并发布第一版《兴义市电力系统调度规程》。

1991年5月，下发《兴义市电网调度管理业务的有关规定》，明确调度责任，要求各用户将能接受调度命令的值班人员报调度科备案。

1991年6月，下发〔91〕第7号《关于新建及改造设备投入市电网运行管理的有关规定》。

1991年7月，下发《兴义市电网10千伏配电线路油开关及跌落保险操作管理的有关规定（试行）》《关于工作票、操作票使用的有关规定（试行）》。

1992年，编制并发布《兴义市电网运行方式》。

1992年，编写并发布第一版《变电站现场运行规程（通用部分）》，其间1994年和1996年进行2次修编。

1992年，编写并发布第一版《兴义市电网倒闸操作规程》，其间1994年和1996年进行2次修编。

1993年1月，发布《确保春节期间安全供电的通知》，首次提出春节期间调度安全供电要求。

1993年7月，发布《关于供用电审批程序规定》，明确在供用电审批中调度科职责。

1995年7月，兴义市供电所颁发《兴义市供电所通信管理制度》，明确兴义市电网调度所辖通信方式包括电力载波、无线电台、对讲机、车载台、BP机、市程控电话、内部程序交换系统，并阐明通信是电力系统实现电网自动化和管理现代化、保证电网安全运行的重要手段，通信设备的畅通及完好，直接关系到兴义市电网的安全、可靠及经济运行。

2011年，公司开展风险体系工作，调度部门陆续编制了《10047-电网信息汇报管理工作标准》《10048-调度运行与监控管理工作标准》《10049-电网运行方式管理工作标准》《10050-继电保护运行管理工作标准》《10051-继电保护定值整定与管理工作标准》《10052-小水电调度管理工作标准》《10053-电力调度运行人员受令资格管理工作标准》《10054信息系统运维管理工作标准》《10055电力通信站管理工作标准》《10056调度自动化系统信息管理工作标准》等10个管理工作标准。并陆续制定了《电力调度控制中心资料归档管理制度》《电力调度中心事故处理预案管理制度》《调度操作管理制度》《调度应急管理制度》《综合停电管理考核细则》《信息化考核管理办法》等6个管理制度。

2013年10月16日，对《兴义市电力有限责任公司电网电力调度管理规程》进行了重新修订并发布。

第二节　电网运行

自1989年12月兴义市电网调度部门成立以来，严格执行《电网调度管理条例》及相关的规程制度。完善了调度日志、电网生产调度日报、电网调度运行日报等几十种表单和记录。

2010年以前，每天召开调度早会解决电网运行中存在的各种问题。

2010年以后，电网调度早会改为每周一、三、五进行。2013年开始，每周一参加兴义供电局组织的调度早会，周三和周五召开调度早会。从2014年开始，调度早会改为每周一召开。

2011年开始，公司开始进行风险体系建设工作，调度部门开始通过电网风险评估、发布风险预警等方式对电网运行进行有效管控。同时通过年度检修计划、月度检修工作计划、周检修工作计划、由运维部门提出检修申请，每月召开月度平衡会等方式加强电网计划管理。同时，从2010年开始，电网调度人员根据方式专业提供的电网运行方式单，及时调整运行方式，避免电网重复停电。方式专业人员每日编制96点发电出力计划、96点负荷预测。通过年度运行方式、月度运行方式和日方式的编制做好运行方式管理工作。针对节假日及特殊保供电要求编制电网保供电预案以做好电网保供电工作。

2011年12月，调度部门进行相关工作梳理，将电网新建、改建、扩建工程的项目验收投运、电网部分启动投运方案编制、设备双重名称、编号的编制下发、接线图修改等相关工作按标准流程固化并开展。同时加强水电站并网管理，梯级电站水库调度与电力电量平衡，做好负荷丰、谷时段发电调度工作；加强大客户用电管理，定期参与安全部门组织的水电站年度汛前安全大检查和大客户用电检查工作，做好安全调度、可靠、优质、经济调度工作。

2012年，兴义市电网调度机构开始开展调度综合、电力调度、运行方式、继电保护、电力通信、调度自动化、水调等7个专业的调度业务规范化建设工作。2013年10月，通过贵州电网公司组织的调度业务规范化达标验收工作。

2015年12月，通过电力调度主站系统高级应用功能开展日、周、月负荷预测工作，并开展水电站及火电厂发电出力曲线编制工作。

一、电网发展

1991年3月，110千伏城南变（容量1×31.5兆伏安）输变电工程正式建成投运，同时建成投运的110千伏鲁兴线成为110千伏城南变的第一个云南电网电源点。

1991年10月，35千伏跑马变（容量2×8兆伏安）输变电工程正式建成投运。

1993年2月，经过州、市政府协商，兴义市电网的110千伏城南变通过35千伏城跑线与州电网的35千伏绿叶沟变实现联网运行，并签订电源联网协议。

1993年2月，35千伏威舍变（2007年12月更名为35千伏云上变，容量1×8兆伏安）输变电工程建成投运，由云南网经110千伏城南变经35千伏城威线供电运行。

1993年10月，35千伏顶效变输变电工程建成投运，兴义市电网正式向顶效片区供电。

至1994年11月，兴义市电网延伸东至兴仁县格沙屯，南至敬南、泥凼，北至盘县响水，西至罗平板桥，电网覆盖2500平方公里，同时承担80多公里南昆铁路施工供电任务。至1994年底兴义地方电网组成：鲁布革至兴义110千伏输变电工程以及35千伏跑马变、威舍变、革居变、新桥变、顶效变、泥凼变（正在建设中）和8个小水电构成，拥有110千伏线路52千米，35千伏线路151千米，110千伏变电容量63000千伏安，35千伏变电容量41300千伏安，并入市电网运行供电的小水电装机3414千瓦，年供电能力1.4亿度。

1995年8月13日，容量为1×4兆伏安兴义至泥凼35千伏输变电工程通电试运行成功，以实现兴义市农村初级电气化县建设的第一个南部片区变电站建成。

1997年，35千伏跑马变增容至3×8兆伏安。

1997年8月，35千伏乌沙变（容量1×3.15兆伏安）建成投运，由云南网经110千伏城南变经35千伏城乌线供电运行。

2002年，110千伏城丰线建成投运，兴义市电网首次与贵州电网实现110千伏电压等级联网运行。

2004年，35千伏乌沙变升压技改为110千伏电压等级，增加110千伏江城T乌线间隔1个，增加110千伏三圈变（容量1×50兆伏安）1台，改为由贵州网经110千伏城南变经110千伏江城T乌线供电为主要运行方式，云南网35千伏供电方式备用。

2007年8月，110千伏黄桷树变（容量1×50兆伏安）建设投运，由贵州网220千伏兴义变经110千伏兴黄线供电运行，与由220千伏兴义变引出的第二回110千伏兴黄I回线互为备用，同时110千伏黄桷树变经110千伏城黄线与110千伏城南变相连，从贵州网220千伏兴义变至110千伏城南变的110千伏主干线路两条并互为备用。

2007年12月25日，35千伏威云线建成投运，35千伏云上变增加接入贵州网电源点，该站由云南网和贵网两个电源点供电运行，贵州网主供，云南网备用。

2010年6月，35千伏云上变2号主变增容技改工程（容量1×5兆伏安）投运。

2010年11月，110千伏黄桷树变110千伏围黄线建成投运，兴义市电网可通过贵州电网220千伏兴义变和220千伏围山湖变分别取得电源。

2012年12月，兴义市电网形成110千伏骨干网架供电格局，电源点分别来自贵州电网公司兴义供电局、云南电网鲁布革电站。

2013年7月，2×6兆瓦永康桥水电站建成投运，经35千伏乌永线并入电网运行。

2014年7月17日，2×4兆瓦鲁础坡水电站建成投运，经35千伏鲁云线并入电网运行。

2014年10月，兴义园区电网110千伏清乌线、220千伏清水河变、220千伏郑屯变启动投运成功，公司220千伏电网初步形成。

2015年1月，220千伏清水河自备电厂220千伏清电I、II线及相关间隔充电投运成功。

2015年1月，兴义市第一个垃圾沼气可再生能源发电项目并入电网运行。

2015年2月，110千伏黄桷树变二期输变电工程投入运行，新增110千伏清水河——黄桷树输电线路1条，新增110千伏/35千伏/10千伏电压等级63兆伏安主变1台，110千伏间隔1个、35千伏出线间隔2个，35千伏母线1个，10千伏出线间隔10个。

2015年3月，110千伏老江底施工变（1×6.3兆伏安）完成综自技改后投入运行，新建10千伏江雄线与10千伏羊洞脚线联络，完成雄武及白碗窑片区煤矿供电的手拉手运行，供电可靠性大为提高。

2015年4月7日，清水河火电厂第1台350兆瓦火力发电机组并入公司电网运行，出力30兆瓦，公司第一次开展火力发电调度工作。

2015年6月16日，兴义园区电网110千伏东贡变建成投运；2015年6月17日220千伏清水河变110千伏清光I线、清光II线线路建成投运；2015年6月24日110千伏光辉变建成投运。

2015年7月6日，110千伏江东线建成投运，2×50兆瓦老江底电站两台机组容量可直接通过该线路经110千伏清东线送入园区电网运行。

2015年7月12日，220千伏郑屯变二期工程新建13个间隔设备建成投运；2015年7月20日，园区电网110千伏闽黔变经110千伏郑闽I线、110千伏郑闽II线启动投运成功。

2015年8月23日，清水河自备电厂首台机组最大发电出力达150兆瓦。

2015年9月，220千伏郑屯——兴仁巴铃输电线路工程建成，兴义220千伏主网架首次实现向兴义以外的区域供电。

二、电网调度关系

1991年3月25日，云南省滇东电力局与兴义市供电所签订滇并91～01号《小水电并网协议》。

1993年，市供电所与滇东签订临时电力调度协议。

1993年2月，签订州、市电网电源联网协议。

1994年1月，兴义市水电局供电所与黔西南州电力公司（现兴义供电局）签订《关于春节期间城区州、市电源互为备用》的协议。

2001年2月9日，贵州南江水利电力（集团）有限责任公司与滇东电力局签订调度协议，明确鲁布革电厂110千伏鲁兴线152开关一、二次设备、110千伏鲁兴线及110千伏岗上变电站内部所有变电设备、110千伏城南变110千伏鲁兴线111开关及两侧刀闸均由滇东电力局调管；110千伏岗上变电站产权属滇东电力局，委托贵州南江水利电力（集团）有限责任公司运行、维护；110千伏鲁兴线及110千伏城南变其余设备由贵州南江水利电力（集团）有限责任公司调管；110千伏城南变备用电源由黔西南州电网35千伏绿叶沟变提供，正常运行时断开点设在35千伏绿叶沟变301开关；兴义市电网区域内的发电厂在110千伏城南变35千伏和10千伏侧并网运行，通过110千伏鲁兴线与云南电网并网运行，并网点设在鲁布革电厂110千伏鲁兴线152开关。

2002年，贵州南江水利电力（集团）有限责任公司拆分为兴义市水电开发有限责任公司和兴义市电力有限责任公司。2002年6月26日，兴义市电力有限责任公司与云南省滇东电力局签订调度协议，再次明确与云南省滇东电网的电力调度关系。

2007年1月，兴义市电力有限责任公司与兴义供电局签订《明确供电服务区域协议书》，明确双方供电区域。

2008年6月6日，兴义市电力有限责任公司调度通信所与兴义供电局调度管理所就兴义市电网与贵州电网兴义供电局调管部分之间的电网调度关系签订调度协议。协议明确凡接入兴义供电局调度管辖电网内运行的10千伏（6千伏）电压等级专线用户、双电源用户及10千伏（6千伏）电压等级以上所有用户，在接入电网运行前均须由兴义市电力有限责任公司与兴义供电局签订电网调度协议；同时110千伏城南变110千伏城丰线出线间隔由兴义供电局调管；110千伏玉泰变（后更名为110千伏黄桷树变）110千伏兴黄线、110千伏兴仁线（后接入贵州电网220千伏后更名为110千伏围黄线）出线间隔由兴义供电局调管。并在2008年6月5日签订《关于对35千伏云上变、木陇变、合兴变运行的补充说明》中明确：正常情况下，35千伏云上变35千伏威云线在110千伏威舍变35千伏威云线304开关开口（处冷备用），如

35千伏云上变需要倒至威舍变35千伏威云线运行，必须保证35千伏云上变与110千伏城南变联络的相关设备处冷备用；35千伏木陇变正常情况下在35千伏顶木线运行，由贵州电网110千伏顶效变供电；35千伏合兴变正常情况下在35千伏郑合线运行，由贵州电网110千伏郑屯变供电。

2009年12月1日，兴义市电力有限责任公司与兴义供电局签订调度协议。明确110千伏城南变110千伏城丰线116开关及刀闸由兴义供电局调管；110千伏黄桷树变110千伏城黄线、110千伏兴黄线、110千伏兴仁线开关、刀闸及线路由兴义供电局调管；35千伏云上变与110千伏威舍变调度范围划分中，110千伏威舍变35千伏威云线304开关及刀闸由兴义供电局调管，35千伏云上变35千伏威云线367开关及刀闸由兴义市电力有限责任公司调管；35千伏合兴变、35千伏木陇变、35千伏跑马变、35千伏万屯变、35千伏云兴厂与110千伏顶效变、110千伏郑屯变调度范围划分中，110千伏顶效变和110千伏郑屯变35千伏线路出线开关及刀闸设备由兴义供电局调管，其余35千伏变电站出线设备由兴义市电力有限责任公司调管。

2013年3月21日，兴义市电力有限责任公司与罗平供电有限公司签订并网调度协议，明确兴义市电网可通过罗平供电公司110千伏茶山变通过110千伏江茶线经老江底电站经110千伏江城线供电运行。调度权限分界点为：老江底电站110千伏母联113开关间隔。分界点设备的操作，必须由双方调度度沟通并一致同意后才能进行操作。110千伏茶山变185断路器间隔、110千伏江茶线、老江底电站161断路器间隔由云南电网罗平供电公司调管，在罗平供电公司茶山变通过110千伏江茶线对兴义市电网进行供电时，110千伏城南变110千伏江城线114断路器间隔作为开口点，为双方共管设备，此时110千伏乌沙变110千伏江城T乌线111间隔由罗平供电公司调管。而110千伏江城线、110千伏城南变侧114断路器间隔、110千伏乌沙变111断路器间隔、老江底电站110千伏江城线162断路器间隔由兴义市电力有限责任公司调管，在兴义市电网通过110千伏城南变通过110千伏江城线经老江底电站经110千伏江茶线对罗平供电公司供电运行时，110千伏茶山变110千伏母联121断路器间隔为双方共管设备，110千伏江茶线185断路器间隔此时应由兴义市电力有限责任公司调管。

2015年11月18日，贵州电网公司解除对兴义市电力有限责任公司的代管关系，兴义市按现代企业制度组建发电公司、电网企业和售电公司，各个主体按电力交易机制独立运行，兴义市成为全国首批电力体制改革试点。在解除代管体制推进售电侧改革试点签字仪式上，贵州电网公司兴义供电局与公司签订兴义地方电力并网协议，并重新签订并网调度协议。

2016年11月16日，兴义市电力有限责任公司与云南电网公司曲靖供电局重新签订电力调度协议，明确鲁布革电厂110千伏鲁兴线152开关一、二次设备、110千伏鲁兴线及110千伏岗上变电站内部所有变电设备(除35千伏及10千伏出线间隔外)、110千伏城南变110千伏鲁兴线1118刀闸由曲靖供电局调管；110千伏鲁兴线及110千伏城南变其余设备由兴义市电力有限责任公司调管。

第三节　继电保护

一、整定工作

1989年，自兴义市水电局供电所生产调度科成立以来，至2007年7月，继电保护整定计算工作由调度负责。

2007年7月～2011年12月，35千伏线路、10千伏线路继电保护整定计算由调度负责；各变电站主变设备、110千伏线路、大客户变电站主变设备及电网内水电站、新接入电网运行的大客户主变设备等继电保护整定计算工作由公司生产技术部负责。

2011年12月以来，35千伏线路、10千伏线路、110千伏线路及各变电站主变设备继电保护整定计算工作由调度负责；大客户变电站主变设备及电网内水电站、新接入电网运行的大客户主变设备等继电保护整定计算工作由业主自行负责，并报调度审核备案。

2013年11月15日，调度进行公司首台备自投装置整定计算工作。

2014年4月以来，兴义园区电网110千伏东贡变、110千伏闽黔变、110千伏光辉变、110千伏万屯变、110千伏泥溪变、220千伏清水河变、220千伏郑屯变以及110千伏老江底施工变技改及35千伏清水河施工变等相关工程的不断建设和投入运行，调度除负责所有主变、线路继电保护定值整定计算外，开始进行变电站测控装置、同期装置、故障录波装置、厂站端监控VQC模块等定值的整定计算工作。

2015年5月，配网智能分断开关继电保护整定计算首次列入调度配网整定计算工作。同时开展低频减载、低周低压解列装置的整定计算。

2015年9月，调度负责完成公司首套安全稳定控制装置（分别安装于110千伏城南变和220千伏清水河变）定值的计算下发工作，同时现场参与装置的调试工作。

二、保护装置

1999年，第一个全部采用微机保护的调管对象木浪河水电站建成投运，该站采用南京恒星电脑系统公司产品，保护装置未实现模块化配置，不能直接进行模块化更换。

2000年，采用全微机保护的第二个调管对象响革水电站建成投运，该站采用重庆新世纪电气有限公司保护装置，实现了模块化配置。

2002年，由贵州电网公司投资、采用全微机保护装置的35千伏清水河变、35千伏捧乍变、35千伏白碗窑变开始建设，三个变电站全部采用南京南瑞集团公司城乡电网自动化公司保护装置，于2003年建成投运，保护装置全部实现模块化配置。之后，兴义市电力有限责任公司陆续开始对常规保护装置的35千伏跑马变、35千伏泥凼变、110千伏乌沙变等进行综合自动化改造，陆续建设的变电站在设计方面全部采用微机保护装置进行配置。

2009年，110千伏城南变常规保护装置的综合自动化改造开始进行，2010年5月，110千伏城南变微机综合自动化装置改造工作全部完成。

2010年12月，35千伏泥凼变常规保护装置的综合自动化改造工作完成。至2011年12月，兴义市电网调管的所有变电站除35千伏云上变10千伏部分还在使用常规保护装置外，全部进行微机综合自动化改造，所有保护装置全部微机化配置。

2013年，委托四川电力咨询设计公司开展电力二次系统继电保护专项规划，2015年12月完成《兴义市电力公司系统二次“十三五”规划（2015～2020年）继电保护规划》编制并进行了评审。

2013年11月15日，公司第一个电网级备自投装置在35千伏跑马变10千伏侧安装投运成功。

2014年4月以来，园区电网110千伏东贡变、110千伏闽黔变、110千伏光辉变、110千伏万屯变、110千伏泥溪变、220千伏清水河变、220千伏郑屯变以及110千伏老江底施工变技改及35千伏清水河施工变等相关工程的不断建设和投入运行，以及2015年1月，4×350兆瓦清水河自备电厂首台机组投入电网运行，电网新投运设备中增加了低频减载和低周低压解列装置，公司电网开始打造第三道防线。

2015年5月，35千伏箐口变、35千伏泥凼变5台配网智能分段完成安装投入运行。

2015年9月，110千伏城南变、220千伏清水河变装设了能实现信息实时交换的安全稳定控制装置SCS-500，公司开始打造电力系统第二道、第三道防线。

2016年1月，南瑞稳定控制技术分公司开始进行电网安全稳定控制系统设计工作，主站和执行子站共计16个点，至2016年6月15日完成9个点的单点调试和联调工作，兴义市地方电网基于安全稳定控制系统的电力系统二道防线、第三道防线全面形成。该工程具体站点如下：220千伏郑屯变、220千伏清水河变、220千伏巴铃变、220千伏龙广变、220千伏金源变、220千伏万峰源变、110千伏光辉变、110千伏东贡变、110千伏乌沙变、110千伏城南变、110千伏黄楠树变、110千伏下五屯变、110千伏闽黔变、清水河火电厂、老江底电站、清水河铁合金厂。

三、运行管理

兴义市电网继电保护运行维护工作自1989年兴义市水电局供电所成立以来一直由修试继电保护班负责，归口管理由生技部门负责。

2003年，继电保护运行、维护管理工作随继保班从修试划归调度管理，归口管理仍由生技部负责。

2012年，开始组织编制《电网继电保护整定方案》和《电网继电保护运行说明》，之后每年组织编制。从2016年开始，《电网继电保护整定方案》和《电网继电保护运行说明》合并编制为《继电保护整定方案及运行说明》，同时按年度进行编制发布。

2013年，继电保护装置维护工作随继保班从调度划归修试中心，继电保护计算、保护动作情况统计分析由调度负责。同年，调度组织开展调度规范化管理工作，明确继电保护运行管理工作内容包括年度继电保护装置定检计划编制上报及实施、反事故措施计划上报及实施、缺陷管理、继电保护统计评价管理、继电保护装置台账管理及软件版本管理、保护定值计算、继电保护、继电保护动作情况统计分析等工作。同时明确继电保护定检计划编制实施、缺陷处理、故障检修等维护工作由修试继保班负责，其余工作由调度负责开展。

2014年2月，开展2013年度继电保护技术监督专项检查工作。

2015年12月，继电保护归口管理工作划归调度控制中心负责，同时开展继电保护动作情况月度统计分析及周统计分析。

第四节　电力通信

一、通信设施

1990年8月15日，兴义市水电局向云南省电力局提交报告，提出设置与滇东地调应急的通讯联络设备问题。正常情况下兴义市调与滇东地调可通过载波通讯联系，但在事故状态下，或由于其他原因造成断电，载波通讯已经不起作用，此时兴义市调与滇东地调之间的通讯联系将受到影响，为此有必要设置应急的通讯联络手段。

1993年前，调度采用市话、对讲机与各调管对象进行通讯，1993年6月，调度电力载波通信工程竣工投入使用。

1993年9月20日，兴义市水电局供电所与江苏泰州电子仪器厂签订工矿产品购销合同，购买HJD-256型程控电话交换机1台（含内部用户96门，中继线16线）；卡接式配线架300回线1台；100Ah/12V免维护电池4只。总投资87000元。

1995年7月前，兴义市电网调度所辖通信方式包括电力载波、无线电台、对讲机、车载台、BP机、市程控电话、内部程序交换系统。

2007年以前，兴义市电网调度综合机房到城南变的通信介质采用通信同轴电缆进行。2007年，城南变至调度综合机房的第一根12芯光缆建成投运。

2008年10月，由贵州电网公司投资建设的地区A网建成投运，工程采用烽火通信接口，配置一套155M华环光设备，用于110千伏城南变至调度的光纤通信，其他变电站的遥测、遥信数据通过载波方式传入城南变，再通过光纤传到调度。

2009年，由贵州电网公司投资的地区B网开始进入设计阶段，35千伏变电站光缆覆盖工程和供电所光缆覆盖工程设计工作完成，同时由兴义供电局组织完成了设计审查。

2010年7月7日，兴义市电力有限责任公司35千伏变电站光缆覆盖工程项目实施启动会召开，成立以经理为组长的项目实施管理机构进行35千伏变电站光缆覆盖工程建设，工程投资812.81万元，由兴义供电局设计室设计，四川岳池电力建设总公司施工，贵州电力监理公司进行监理。工程规划新建16条光缆，线路长度214.469千米，解决14个35千伏变电站光缆覆盖，分别为35千伏坪东变、35千伏下五屯变、35千伏云上变、35千伏白碗窑变（含白碗窑供电所）、35千伏捧乍变（含七捧供电所）、35千伏敬南变、35千伏泥凼变、35千伏仓更变（含仓更供电所）、35千伏木陇变、35千伏清水河变、35千伏箐口变、35千伏万屯变、35千伏合兴变、35千伏跑马变；同时解决110千伏乌沙变、则戎供电所光缆覆盖。工程于2010年12月底全部建成投运。

2011年4月，兴义市电网110千伏城南变、35千伏下五屯变等共11个站点图像监控系统建成投运。

2011 年 11 月 9 日，兴义市电力有限责任公司成立以经理为组长的项目实施管理机构进行供电所光缆覆盖工程建设。2011 年 12 月，乌沙、清水河、敬南、马岭、威舍、雄武、巴结、泥凼、下五屯、郑鲁、鲁布革、万屯等 12 个供电所近 50 千米光缆覆盖工程全部建成投运，兴义市电网所有乡镇供电所和变电站全部完成光缆覆盖。

2011 年 12 月，城南变至调度综合机房的第二根 16 芯光缆建成投运。

自 1991 年 3 月兴义市 110 千伏城南变建成投运以来，兴义市电网调度机构陆续采用电话机自带录音实现调度录音功能，之后逐渐建成单独的调度录音系统，至 2012 年，共有单独的调度录音系统 2 套互为备用。

2013 年，委托四川电力咨询设计公司开展电力二次系统通信专项规划，2015 年 12 月完成《兴义市电力公司系统二次“十三五”规划（2015～2020 年）通信规划》编制并进行了评审。

2014 年 5 月，公司开展视频会议系统建设工作，2014 年 7 月进行项目初步设计审查，2015 年 6 月完成主会场与各分会场的单点调试和系统联调工作，具备在主会场发起各分会场人员召开视频会议的条件。2016 年 4 月，公司第一次通过视频会议系统召开月度营销分析会。该项目委托四川电力设计咨询有限公司按总承包模式进行供电所视频会议系统专项工程建设，工程内容包括：在兴义市电力有限责任公司下辖威舍、清水河、万屯、马岭、乌沙、郑鲁、下五屯、白碗窑、雄武、则戎、敬南、南盘江、鲁布革、捧乍、仓更、泥凼、城区共 17 个供电所，城南、清水河、郑屯 3 个运维中心和顶效电力公司分会场各建设 1 套高清视频会议系统分会场系统，在公司调度大楼四楼和行政楼 5 楼各建设一套高清主会场系统。主会场系统容量按接入 24 路视频终端配置，配置 1 套音频控制系统，使用音频集中控制方式、环境集中控制方式，各分会场配置 1 套音频控制系统，使用音频集中控制方式、环境集中控制方式。2014 年 8 月，开始进行通信自动化机房建设，同年 10 月建成投运，原安装在调度大楼信息机房中的通信设备除调度录音系统设备外全部迁入新建机房运行。

2014 年 10 月，220 千伏清水河变、220 千伏郑屯变、35 千伏清水河施工变配套一期通信工程施工建成投运，采用深圳捷宇提供的爱立信 SDH 光传输通信设备和高科 PCM 设备，新建 OPGW 光缆线路 128 公里。兴义市电网光缆通信线路总长达 525 千米，初步形成 110 千伏城南变—110 千伏东贡变—220 千伏清水河变—220 千伏郑屯变—110 千伏黄桷树变—110 千伏城南变的通信环网结构，同时新建 220 千伏清水河变—清水河自备电厂双回 2×1.7 公里光缆线路用于实现电厂与电网之间的通信连接。

2014 年 11 月，委托四川电力设计咨询有限公司按总承包模式进行《郑鲁万工业园区电网通信传输设备专项工程》建设，工程内容包括：110 千伏黄桷树变、220 千伏清水河变、220 千伏郑屯变、110 千伏乌沙变、110 千伏城南变以及调度端共 6 个点的通信传输设备专项工程建设，采用华为公司光传输设备，新增 SDH 及 PCM 网管系统各一套。2014 年 12 月，工程完成投入使用。

2014 年 12 月，兴义电力有限责任公司第一个独立的通信建成投运（与自动化机房共用）。

2015 年，110 千伏东贡变至老江底水电站、110 千伏东贡变至 110 千伏洒金变、110 千伏洒金变至 110 千伏下五屯变光缆线路陆续建成投运，至此，兴义电网已形成以 110 千伏东贡变、老江底水电站、110千伏城南变、110千伏黄桷树变、220千伏清水河变、220千伏郑屯变、兴义调度为枢纽的复合型网络结构。对于35千伏变电站通信光（电）路存在的链状结构问题，公司通过租用15条电信4M专用通道作为光（电）路传输备用通道，提高了调度数据传输的可靠性，为公司电网的安全稳定运行提供了有力的支撑。

2015年2月，开始进行兴义电力系统视频监控系统专项工程建设。2016年2月，视频监控系统通过自建千兆综合数据网接入监控中心，公司对各电网变电站真正意义上的视频监控由此起步。

2016年3月，兴义电力系统视频监控主站系统部署搭建完成，至2016年5月，完成2个220千伏变电站、7个110千伏变电站、8个35千伏变电站共计17个变电站视频监控数据接入视频监控主站，其余站点视频监控数据接入视频监控主站的工作正在进行中。

2016年2月，兴义电力系统6个220千伏变电站、17个110千伏变电站、清水河火电厂、公司通信机房等共计17个点全部完成通信传输设备改造，兴义电力系统第一次拥有了完整意义上独立的通信传输网络。

2016年12月，已完成对35千伏敬南变、仓更变、捧乍变、白碗窑变、跑马变清水河变、泥凼变7个站点视频监控系统改造项目的建设，并全部接入至视频监控主站系统。截至目前，视频监控主站系统已累计接入19个站点。

2016年12月，华为通信传输网累计建设接入21个站点，其中220千伏站点5个，分别为220千伏清水河变、郑屯变、巴铃变、龙广变、普坪变；110千伏站点14个，分别为110千伏城南变、东贡变、洒金变、下五屯变、乌沙变、冶金变、龙井变、黄桷树变、泥溪变、光辉变、闽黔变、万屯变、陆关变、凉水井变；火电厂和水电站各1个。

2016年12月，已建成投运所有变电站及供电所光缆，累计建成ADSS、OPGW等光缆1007公里。

二、通信运行管理

截至1988年，兴义全市拥有小水电站48座，年供电能力940万千瓦时，但直到1989年12月兴义市水电局供电所成立以前，兴义市各电源点之间尚未进行统一调度，无统一的通信运行管理。1989年12月兴义市水电局供电所成立调度科后，兴义市电网通信运行管理工作一直由调度部门负责。

2012年，兴义市电网调度管理机构开始开展光缆通道年度定检工作。

2013年7月，开始在工作中按照通信作业指导书的要求使用一体化作业表单作业。

2014年12月，开始使用网管系统对通信网进行管理和监控。

2015年，调度部门负责电网通信系统及图像监控系统等的检修维护工作，同时负责独立架设的架空或直埋光缆的运行维护及检修工作；负责输配电线路随杆架设的光缆通信线路的试验、测试工作。负责随杆架设OPGW、OPPC、ADSS等光缆检修、技改项目审报。而随杆架设的通信线路运行维护检修工作则由输电及配网运行维护部门负责。

第五节　调度自动化

一、调度自动化设备

1994年11月，兴义市水电局供电所与烟台东方电子信息产业集团公司系统工程公司签订《兴义市供电所电力调度自动化工程技术协议书》。建设调度主站系统一套，含一个分布式调度主站系统（由一台前置机及两个工作站组成），城南变RTU（DCF–5）一套，变送屏一面（含YH–200系列变送器18只，实际安装25只）。RTU配置64路遥测、32路遥信，通道2路全双工通道波特率300、600、1200可调。调度主站系统数据处理量最大可达1984个遥测量、3970个遥信量（开关和保护信号），128个总加量（有功和无功总加），画面数量120幅，通道采用CDT规约。由烟台东方厂家负责调度主站系统安装及调试，滇东电力局负责城南变RTU及变送器屏、变送器的安装和调试，兴义市水电局供电所负责提供通信通道以及安装调试工作的配合。

2007年7月，由贵州电网公司投资，贵州天能电力高科技有限公司具体实施，建成兴义调度自动化主站系统，该系统根据兴义电网监控系统的技术要求，采用开放式，分布式设计概念。第一层为系统后台服务器，采用主备服务器按照双机热备的方式运行，保证系统运行连续性，包括SCADA服务器2台和WEB服务器1台；第二层为系统数据采集通讯和网络部分，系统数据采集通讯由主服务器通过通讯服务器直接与远端的RTU通讯，系统主干网络采用高速以太网，由快速切换开关将系统主服务器、通讯服务器和工作站连接在一起；第三层是监控工作站和远程工作站组成的用户工作站。监控工作站提供给电网调度人员使用，完成对系统状态的监视、控制和管理功能。整个调度主站自动化系统包括SCADA服务器2台，WEB服务器1台，前置服务器2台，维护工作站1台，报表工作站1台，PAS工作站1台，千伏M切换器1台，终端服务器4台，A3幅面激光打印机1台，物理隔离墙1台，网络交换机2台，GPS卫星时钟1台。

2011年4月，兴义市电网35千伏跑马、菁口、坪东、捧乍、白碗窑、清水河、下五屯、万屯、木陇、合心变共10个子站全部实现集控SCADA系统、五防系统、图像系统等系统子站联调完毕，并投入使用。

2013年，委托四川电力咨询设计公司开展电力二次系统调度自动化专项规划，2015年12月完成《兴义市电力公司系统二次“十三五”规划（2015～2020年）调度自动化规划》编制并进行了评审。

2014年5月，委托四川电力设计咨询有限公司按总承包模式进行调度主站系统专项工程建设，工程内容包括：在一楼新建通信自动化机房，并在机房内建设自动化主站、UPS电源系统，同时在调度大楼六楼新建大屏幕投影系统。该工程于2014年8月开始建设，于2014年10月建成投运，使用南京南瑞继保工程技术有限公司PCS–9000调度主站系统。该主站系统包括1套磁盘阵列系统、历史数据库服务器2台、SCADA服务器2台、PAS/AVC/AGC服务器2台、前置服务器2台、DTS服务器1台、WEB服务器1台、调度员工作站3台、维护工作站2台、远方工作站1台、报表工作站1台、PAS工作站1台、AGC工作站、AVC工作站1台、监控工作站6台、DTS教员工作站2台、DTS学员工作站4台、网络交换机16台、终端服务器4台，主时钟单元2台、网络时间扩展单元6台、A3幅面激光打印机2台，正向物理隔离装置2台、横向防火墙4台。系统接入信息点容量遥测信息不低于1.2万点，遥信信息不低于15万点，遥控量不低于1万点设计。

2014年11月，完成220千伏清水河变、郑屯变、110千伏城南变、黄桷树变、乌沙变、35千伏跑马变、箐口变、坪东变、下午屯变、云上变、泥凼变、捧乍变、白碗窑、敬南变、清水河变、下五屯变、仓更变调度数据接入PCS-9000调度主站系统。

2014年12月，兴义电力有限责任公司第一个独立的自动化机房建成投运，电力调度自动化系统主站新建工程建设完成，至2016年3月，兴义电力系统2个220千伏变电站、13个110千伏变电站、14个35千伏变电站合计29个变电站和1个火电站（清水河火电厂）全部实现电网调度遥信、遥测、遥控、遥调的“四遥”功能。根据建设计划，电网调度仿真、电网状态估计、自动电压控制、电网负荷预测、调度员潮流、静态安全分析、短路电流计算、安全约束调度、网损分析等高级应用功能将在2016年5月底全部部署完成，届时，兴义电力系统智能调度将全面实现。

2015年，完成110千伏东贡变、110千伏洒金变、110千伏光辉变110千伏闽黔变、110千伏万屯变、110千伏凉水井变、110千伏泥溪变、220千伏清水河变及220千伏郑屯变新增间隔变电站验收及“四遥”功能调试工作，所有调度数据全部接入PCS-9000调度自动化主站系统。

2015年12月18日，兴义市电力有限责任公司、四川电力设计咨询有限责任公司、南京南瑞继保工程技术有限公司相关工作人员在兴义市电力有限责任公司调度大楼2楼会议室组织召开调度自动化主站系统新建工程总承包沟通联络协调会，确定按设计方案将PCS-9000调度自动化主站系统作为监控中心工作站运行方案使用。

2016年3月，PCS-9000调度自动化系统经扩展完善满足变电监控中心遥控、遥调、遥信、遥测的“四遥”值班要求，新成立的变电运行监控中心首次作为独立部门进入公司调度大楼三楼监控值班室值班。兴义电力有限责任公司结束了自成立以来的变电站有人值守分散管理模式，实现全新的“监控中心+巡维操作站”变电站无人值班变电运行集中管理模式。

二、自动化设备运行管理

1995年4月，随着第一套调度主站系统建成投运，兴义市电网调度机构开始进行调度自动化系统的运行、维护、管理工作。

2002年开始，兴义市电网调度管辖的变电站陆续进行微机综合自动化系统改造，厂站端自动化运行、维护、管理工作开始进行。

2012年，开展调度自动化和厂站端自动化设备年度定检工作。

2013年，按南方电网要求对调度自动化县级规范化建设。

2013年，110千伏黄桷树变新增间隔、35千伏清水河施工变验收。

2014年9月，参与新调度自动化主站系统建设，开始进行调度自动化系统的运行、维护、管理工作。

2014年对220千伏清水河变、220千伏郑屯变、110千伏黄桷树变新增间隔自动化设备进行验收。

2015年，调度部门负责调度主站系统及厂站端自动化系统维护管理工作。

第六节 信息化工作

一、信息化建设

1. 传输光缆建设

2010年，建设完成35千伏变电站249千米光缆覆盖工程和供电所50千米光缆覆盖工程的施工、验收、投运工作，公司所有变电站和供电所第一次完成光纤网络覆盖，光缆覆盖率达100%。

2016年12月，公司已建设光缆覆盖的变电站共32座、水电站1座（老江底电站）、火电厂1座（清水河自备电厂）、供电所18座，其中35千伏变电站14座，110千伏变电站13座，220千伏变电站5座。光缆长度合计1007千米。

2. 综合数据网建设

2010年7月，建设综合数据网基础设施。

2013年9月，兴义市所有乡镇供电所，变电站全部通过光缆接入公司综合数据网，首次实现了千兆网办公。

2014年5月，开始并开展兴义电网综合数据网新建专项工程建设。

2015年2月，兴义电网综合数据网新建专项工程建设工作基本完成。主营业务系统、视频会议系统、视频监控系统、电话语音业务等4个业务在综合数据网配置完成。

2015年12月，主营业务系统在综合数据网的割接工作基本完成。

2016年12月，公司32个变电站、18个供电所全部实现综合数据网接入。

3. 主营业务系统建设

2014年5月，提出兴义电力系统主营业务系统新建专项工程建设，并于2014年12月，开始进行主营业务系统专项工程建设。

2015年1月，财务系统、物资EAS系统上线，从资金、产权、报账、财务报表、业务需求计划，采购计划编制、采购订单生产、物资领料出库、库存物资盘点、发表验证等都将在统一的系统内操作完成。

2015年9月营销系统上线，开展计量、抄表、核算、收费、用电检查、营销稽查、客户停电等日常营销业务工作。

2015年12月计量自动化系统上线，具备远程抄表、在线监测、线损管理等应用。

2016年2月，调度自动化系统上线。

2016年3月生产及配网管理系统上线，包括地图管理、台账管理、设备管理、检修管理、两票管理、调度管理、报表统计等功能。

2016年5月，涵盖OA协同办公系统、营销管理系统、档案管理系统、党务管理系统、基建管理系统、教育培训系统、人力资源管理系统、生产管理系统、计量自动化系统、线损管理系统、客户服务系统、财务管理系统、物资管理系统等13个子系统的主营业务系统专项工程建设告一段落，所有系统已经全部部署上线，并对该项工程进行实用化验收工作。

2016年，已完成OA协同办公、营销管理、档案管理、党务管理、基建管理、教育培训、人力资源管理、生产及配网管理、计量自动化、四分线损、客户服务等11个核心主营业务系统上线运行工作。

2016年，主营业务系统应用覆盖率、一线人员注册及应用率、操作人员、业务系统管理人员、信息网络管理人员培训率均达100%。

2016年7月，实现公司生产、营销、物资、基建、办公、人资等6大主营业务系统的实用化和常态化工作。

2016年7月，公司计算机覆盖率、计算机联网率、办公系统覆盖率、公文电子化率、计算机防病毒软件安装率等信息化指标达到100%。

4. 机房建设

2009年，建设电力调度控制中心信息机房。

2010年7月，进行调度机房信息化改造基础设施建设。

2016年，新的信息机房在调度大楼一楼开始建设，预计2016年年底前完成机房建设和新老机房设备的迁移工作。

二、信息安全与运维管理

1. 信息安全

2011年6月，启用360企业版服务器，内网终端统一体检、打补丁、杀病毒、开机加速、发送公告、流量监控、资产管理等。

2011年11月，启用威盾内网安全管理软件，未经授权的客户端计算机无法读取该移动存储设备中的加密文档。

2. 运维管理

2009年2月，成立公司信息化领导小组和信息化办公室，信息化运行、维护工作由调度部门负责，归口管理由生技部门负责。

2010年7月19日，成立网络与信息安全领导小组和工作小组。

2010年8月，根据贵州省电网公司和兴义供电局信息化登高工作要求，成立公司信息化整改、推进、应用办公室。

2011年12月，信息化运行、维护工作仍由调度部门负责，归口管理改由调度部门负责。

2014年12月，成立主营业务系统建设工作推进组。

2016年，制定了兴义市电力有限责任公司《信息化考核管理办法》《信息安全管理工作规定》《信息系统运维管理工作标准》《第三方人员管理办法》等相应的标准。

第七章 农村电力

兴义市电力有限责任公司隶属于兴义供电局“代管”，是贵州电网公司唯一一家没有直管的县级供电企业，2011年供电量15.0372亿千瓦时，跃居全省县局供电企业第二名。自2014年以来，随着电力体制改革的深入，兴义市电力有限责任公司已被贵州省委、省政府列为贯彻十八届三中全会精神打破电力体制垄断的先行先试单位，兴义市地方政府已加快了地方电网建设的步伐，从2015年11月开始，兴义市电力有限责任公司已脱离了南网公司代管关系，成了一个实质上的地方电网公司。

2013年底至2014年10月，按照兴义市委、市人民政府关于阳光集团整体上市的工作部署，兴义市电力有限责任公司所有资产已于2014年5月无偿划入贵州万峰电力股份有限公司。

兴义市电力有限责任公司主要承担兴义市行政区域内22个乡（镇）6个办事处（黄草、新泰、坪东、木贾、下五屯、万峰林）的电力规划、建设、运行和维护的管理，全市输配电设备和线路的80%都直接为农村服务。

第一节 兴义市“十五”及之前农村电气化建设

本节分两个阶段来记述，主要记述2001年以前由水利部实施的具体情况及2001～2005年水利部和贵州电网公司共同实施的情况：第一阶段，记述1994年以前；第二阶段，记述1995年建成农村初级电气化并通过验收至2005年。

第一阶段：改革开放初期，由于全国电力工业的发展严重滞后，不能满足社会经济和人民群众生产生活对电力的需求，相当多的城镇和广大农村处于无电和严重缺电的状态。为解决这些问题，1983年国务院批转水利电力部关于积极发展小水电、建设中国式农村电气化试点县的报告。至此，农村电气化建设的序幕正式拉开。

由于水电农村电气化县的试点建设需要一定的条件，一是具备独立的供电区域；二是有较为丰富的水利资源；三是当地政府主导和支持。因此，兴义市在“七五”“八五”期间均不满足试点条件。

1989年7月15日，国家重点工程鲁布革电站建成发电后，由于在电站的建设过程中兴义市投入了大量的人力、物力和财力，以及电站建设占地。每年留成5%（即1.35亿千瓦时）的电量给兴义市，作为对土地淹没和移民安置的补偿，于是，作为对留成电的管理机构——兴义市水电局供电所成立了。

1990年7月，国家重点工程鲁布革电站建成发电。并同时建设鲁布革～兴义110千伏高压输电线路51.786千米、110千伏城南变电站（第一期工程1×31.5兆伏安），向各有关35千伏变电站输电及10千伏配套送出工程。

1991年4月29日，开始第一批小水电建设；5月11日，供电所正式向用户供电，当年供电量仅为306万千瓦时。

1993年兴义市初级农村电气化水平统计表

表7-1

项目指标	93年已达指标	差　距
1. 户通电率（90%以上）	73.4%	差16.6%
2. 人均年用电量（200千瓦时）	184.2千瓦时	差15.8千瓦时
3. 户均年生活用电量（150千瓦时）	152.5千瓦时	超2.5千瓦时
4. 综合线损率（12%以下）	11.5%	优0.5%
5. 电站及电网设备完好率（95%以上）	90%	差5%
6. 以电代柴电炊户（20%以上）	36.4%（4056户）	超16.4%

备注：全市总人口621137人，年用电量11440万千瓦时（其中大网供电4000万千瓦时），全年26个乡镇通电率100%，378个村通电率78%。以上数据来源于当年兴义市统计局

从1989～1994年初期，兴义市水电局供电所建成110千伏变电站1座，35千伏变电站6座；并与原孤立的小水电站联网实现了并网运行，使电网从无到有，从小到大，电网不断延伸，覆盖了兴义市三分之二以上的国土面积，形成了水利系统的独立电网。

第二阶段：1994年5月7日，兴义市被水利部、贵州省人民政府批准列为全国第二批农村初级电气化建设县（市）。以各种方式筹措资金5700多万元，加上国家补助的160万元，发动群众投工投劳，进行农村电气化建设。先后新建、扩建35千伏变电站5座、35千伏输电线路180千米，10千伏线路1200多千米，电网覆盖范围从建设前的1000多平方千米，迅速扩展到3000多平方公里，使电网辐射到邻近的普安、盘县、云南富源等县区，形成跨区域供电格局。全市乡镇通电率达98.6%，各项供电指标均达到国家验收标准。

1995年9月6日，兴义市建成农村初级电气化县（市）并通过国家验收。使125个村、796个组、17686户、124831人告别了无电的历史。电气化建设成果与镇宁、玉屏县组成贵州展区赴北京军事博物馆展出，时任国务院总理李鹏、水利部部长陈俊生等国家领导和省部级干部亲临展区观看，受到高度赞扬，并获全国农村电气化建设成果展最佳设计奖。

随后根据《中华人民共和国电力法》有关规定，正式划定了国家电网与兴义市电网的供电区域，办理了供电营业许可证，确立了合法的供电地位。

1996年为了满足地方电力发展需要，在原有的兴义市水电局供电所基础上更名为兴义市

地方电力局暨兴义市地方电力总公司。企业逐步按照现代企业制度建章立制，规范管理。

为实现水利电力产业化，发挥水利资源、资产和产业经济的综合优势，1997年，根据党的十五大精神和水利部党组关于实施“大水利、大集团、大公司”的战略方针，将企业策划的蓝图发散到南盘江流域的资源开发，资产重组。于1999年2月26日，贵州省体改委、经贸委批准成立了贵州南江水利电力（集团）股份有限公司筹备委员会，紧密层有兴电实业公司、兴西湖水电实业公司、围山湖水电实业公司、科技公司、实力合金冶炼厂、凯越酒店等10余家子公司，协作层有普安县地方电力总公司、盘县特区地方电力总公司等。形成了集发电、输电、配电、供电、灌溉、冶金、商贸等科、工、贸为一体，多种产业并举的水利电力产业集团。

随着农村电气化建设的不断深入，在广大农村，尤其是边远山区的经济发展、脱贫致富，农村电气化在经济发展和社会进步中，发挥了不可替代的作用。2000年2月，水利部提出了“十五”期间在全国建设400个水电农村电气化县，在农村初级电气化建设标准的基础上，提高了农村用电水平，增加了改善生态，保护环境，促进农村经济社会全面发展的新内容和新目标。2001年11月经国务院批准，兴义市被列为全国“十五”建设400个水电农村电气化县之一。兴义市委、市人民政府高度重视，迅速成立电气化建设领导小组，同时将“十五”农村电气化县（市）建设纳入市西部大开发战略规划项目，并将地方电力列为市经济发展的七大经济工业体系之一。

一、2001年至2005年发展规划

1. 全市户通电率达到100%，满足家庭照明、取暖、降温、广播电视、电炊、家用电器和经济等方面用电需要，用电可靠率达96%以上。

2. 实行“以电代柴”（电炊、电热），为退耕还林、还湖提供能源，全市30%以上用户使用电炊或者40%以上用户采用以电节柴、节煤措施。

3. 全市人均用电量达到600千瓦时，全市户均年生活用电量达400至600千瓦时。

4. 市电网电压合格率达到95%以上，变压设备年平均事故率低于0.3次/年，高压电网综合网损率低于8%，低压线损率低于12%。

5. 发、变电站主要设备：35千伏至110千伏输变电设备完好率达到100%，其中一类设备占85%以上。

6. 10千伏、0.4千伏配电线路完好率达到95%以上，其中一类设备占80%以上。

7. 新建110千伏变电站2座，升压改造110千伏变电站2座，新建35千伏变电站8座。届时共有110千伏变电站5座，35千伏变电站18座。

8. 新建普梯电站（装机2×1600千瓦），犀牛塘电站（装机2×1500千瓦），马别河水电站（装机3×1.5万千瓦）。

二、实施情况

经过五年的发展，全市已经形成以电力为主的能源工业。发电装机已经达到75409千瓦（其中小水电站22座、装机45409千瓦、留成电30000千瓦）；拥有110千伏变电站3座、主

变154500千伏安/5台；35千伏变电站14座、主变86200千伏安/18台；10千伏配电变电器114091千伏安/1512台；拥有110千伏线路98千米/5条、35千伏线路332千米/23条、10千伏线路2787千米、0.4千伏线路2930千米；通电户数190650户、户通电率99.8%；全市总用电量40400万千瓦时，人均用电量558千瓦时；全市水电站自供电量11982万千瓦时，乡镇以下农村用电量12017万千瓦时，全市农村水电提供电量比重为99.7%。

三、效益

农村电气化的建设，促进了水能资源的开发利用，促进了农村经济和各项社会事业的全面发展以及农业产业结构的调整；保护和改善了生态环境；展示了小水电的蓬勃生机和强大的生命力；推动了社会进步和精神文明建设。全市实现财政收入5.05亿元，跃居全省第六位；农民人均纯收入2156元，城镇化率达31%。因此，兴义市在县级经济基本竞争力位居全国西部百强县（市）第48位。2005年6月，经贵州省水利厅专家组验收，各项指标均达到《水电农村电气化标准》规定的指标，2005年9月顺利通过验收。因兴义市电力体制发生变化，兴义市地方“十一五”农村电气化建设划入水利部门组织实施。

2007年3月，兴义市再次被国务院批准列为“十一五”水电农村电气化县（市），为进一步加快兴义市基础设施建设，推进兴义市农业现代化，农村城镇化进程和经济强市奠定了坚实基础。

第二节　兴义市“十一五”水电农村电气化建设规划

一、电站规划

目前兴义市有在建电站9座：位于黄泥河干流上的永康桥、老江底电站；黄泥河支流上的阿依、马别河支流的木贾（乌拉）、纳怀电站；达力河上猫鼻梁电站；纳灰河上的纳灰一级、纳灰二级电站；猪场河上的猪场电站等。

规划电站11座，分别为：马岭电站、赵家渡电站、双桥河一级电站、双桥河二级电站、联丰电站、响革二级（老桥）电站、马岭万家湾电站、干坝电站、狮子山电站、长坡岭电站、落陇电站。

二、建设目标及任务

1. 社会目标：到2010年，兴义市户通率达到100%，解决无电人口1.2万人，户均生活用电达1400千瓦时以上，解决就业人数300人，转移农村劳动力1.7万人，增加调节库容0.8亿立方米，提高流域水能出力33万千瓦，增加灌溉面积4.3万亩，解决饮水人数3.4万人，解决牲畜饮水数量3万头，改善和新建乡村道路80公里。随着生活用电量的不断增长，用电设施的普及率将进一步提升，有力带动其他产业快速发展，促进市精神和物质文明建设。

2. 经济目标：到2010规划水平年，兴义市农村水电装机容量力争达到377409千瓦，年发电量达到489615万千瓦时人均年用电量达1500千瓦时以上，农民增收（包括直接投资办电站、投工投劳增收等）560万元，乡镇及以下农村用电量95%为市小水电提供。新建和改、扩建电站均按自动化设计，农民人均纯收入将大幅提高，水电利税将占我市财政收入10%以上，地方财政增收2.1亿元，绿色GDP增加1.5亿元，电力利税贡献2200万元。

3. 生态目标：小水电站兴建之后，能大大提高河流蓄水功能，改善流域生态环境。丰水期“以电代燃料”的农户增加后，可减少薪柴消耗量1400万公斤，保护森林植被面积2.5万亩，提高森林覆盖率2%，替代标煤25万吨，大量减少二氧化碳排放量及二氧化硫、烟尘排放量，有效保护森林资源，促进生态环境保护。

4. 管理目标：切实按照小水电及电网建设规划，确保我市水能资源有序开发，加强并健全小水电管理体制。加快电网建设管理，使地方工业能在较低电价中获得低成本竞争优势，促进地方经济稳步向前发展。

三、小水电建设情况

1. 兴义市流域情况：

兴义市河流均属珠江流域南盘江水系，全市处于南盘江干流中游，南盘江由西向东流经本市南部边缘，流经兴义段85.1公里，是贵州省与广西壮族自治区的界河。一级支流马别河下游段由北向南纵贯全境，流经兴义段74.8公里，然后汇入南盘江。另一条一级支流黄泥河下游段自西北向南汇入南盘江，流经兴义段77.3公里，是贵州省与云南省的界河。

全市共有大小河流77条，其中河长大于10公里或流域面积大于20平方公里的河流共有20条，分别流入马别河、黄泥河或直接汇入南盘江。20条河流主河道总长349.7公里，每100平方公里有河道12.3公里。全市河流均属于雨源性河流，河谷深切，河道比降大，河短流急，涨落急剧。

2. 电源现状：

兴义市电网电源主要来自三个部分：一是贵州电网兴义供电局供电；二是云南省滇东电业局电网供电，电源点在鲁布格电站；三是由地方小水电供电。110千伏电网呈辐射状，向17座35千伏变电站供电，城南变电站分别由鲁布格电站（鲁兴线）和兴义供电局丰都变（丰城线）供电，两网不能并网运行，构成了兴义市的高压输电网络结构。

在1999年以前，兴义市小水电装机规模均为小于1000千瓦且多为无调节或小库容调节电站，它们分别是：位于纳省河上的纳烘一级电站，装机容量为500千瓦/2台；纳烘二级电站，装机容量为800千瓦/2台；围山湖坝后电站，装机容量为200千瓦/2台；水冲口电站，装机容量为250千瓦/2台；小寨电站，装机容量为500千瓦/2台。位于纳灰河上的兴西湖坝后电站，装机容量为525千瓦/3台；枫洞电站，装机容量为600千瓦/2台；兴西湖柯沙电站，装机容量为960千瓦/3台；狮子山电站，装机容量为224千瓦/2台。位于达力河上的鸡场电站，装机容量为500千瓦/2台；团结电站，装机容量为325千瓦/2台。位于白碗窑河上的白陶厂电站，装机容量为400千瓦/2台。以上12座小水电站装机容量仅为5784千瓦/26台，不但出力差，年发电量也仅有2737万千瓦时，远远不能满足地方经济发展需求。自1999年以后，兴义市加大小水电基础设施投入，一批投入小、见效快、出力好且具有调节性能的小水电迅速带动了地方经济的快速发展。截至2006年底，兴义市分别新建的电站有：位于达力河上的达力河一、二、三级电站；位于木浪河上的木浪河坝后电站、响革电站；纳省河上的纳省电站，小黄泥河上的威舍电站、先锋电站、普梯一级电站、普梯二级电站；位于黄泥河上的中寨电站和小田坝电站，共十二座。

3.“十一五”期间在建电源点

位于黄泥河干流上的永康桥、老江底电站；黄泥河支流上的阿依、马别河支流的木贾（乌拉）、纳怀电站；达力河上猫鼻梁电站；纳灰河上的纳灰一级、纳灰二级电站、猪场河上的猪场电站等九座电站。

第三节　农网改造

农村电网建设和改造工程是党中央、国务院为减轻农民负担，开拓农村电力市场，拉动内需，加快广大农民脱贫致富奔小康进程的一项“民心工程”和“德政工程”。国家农村电网建设和改造工程从1999年开始实施，兴义市由于在2002年才理顺地方电力管理体制，因此，错失了一期农网建设和改造工程良机，只赶上二期以后农网改造工程。2002年7月，兴义市开始农村电网建设，至2004年5月，共完成10千伏线路建设与改造397.247公里，完成投资1208.272万元；400伏线路282.757千米，完成投资1401.3812万元；变电改造473台，完成投资556.05万元；完成一户一表改造37892户。合计完成投资4000万元。村级改造率为30%，户表改造率为31.14%。

2007年，第三批农网完善化，中央投资4545.3431万元，建成10千伏及以下线路713.361千米，配变容量4.775兆伏安。

2008年，第二批无电地区通电，贵州电网公司投资187.13万元，建成10千伏及以下线路14.05千米，配变容量0.16兆伏安。

2009年，第五批农网完善化，中央投资1625.74万元，建成10千伏及以下线路177.188千米，配变容量7.07兆伏安。第四批无电地区通电，贵州电网公司投资102.39万元，建成10千伏及以下线路18.394千米，配变容量0.41兆伏安。县网其他，贵州电网公司投资793.35万元，建成10千伏及以下线路44.972千米，配变容量2.01兆伏安。

2010年，第七批农网完善化，中央投资984.85万元，建成10千伏及以下线路103.778千米，配变容量2.6兆伏安。烤烟房供电专项工程，贵州电网公司投资339.81万元，建成10千伏及以下线路12.129千米，配变容量2.9兆伏安。县网其他，贵州电网公司投资276.4万元，建成10千伏及以下线路28.084千米，配变容量0.3兆伏安。

2011年，第一批农网升级改造，中央投资14131.87万元，建成10千伏及以下线路1497.27千米，配变容量34.9兆伏安。2011年实施的县网其他项目投资212.2926万元，建成10千伏及以下线路21.63千米，配变容量0.44兆伏安。2011年结余资金项目投资580.3602万元，建成10千伏及以下线路56.99千米，配变容量0.77兆伏安。

2014年，公司自筹资金实施的“四在农家 · 美丽乡村”小康电项目1149万元，建成10千伏及以下线路114.418千米，配电变压器44台，配变容量5.55兆伏安，户表2194户。

2015年投资1456万元，建成10千伏线路27.5千米，改造400伏及以下192千米，新增配变14台，配变容量2.255兆伏安，增容8台，容量1.65兆伏安，户表改造4905户。

2016年，投资4945.5万元，建成10千伏线路49.9千米，400伏线路38.5千米，220千伏线路39.9千米，新增配变41台，配变容量5170千伏安，户表改造1635户。

水电电气化的建设和农村电网改造，进一步理顺了农村电力管理体制，整顿了农村用电市场。改造后的农村电网供电质量明显提高，用电安全可靠性增强，线路损耗降低。实施改造后的村组实行直接抄表到户、直接管理，实现了城乡居民用电同网同价。农网建设与改造为农业、农村经济和农民生活提供了安全、可靠、经济、适用的电力保障，取得了良好的社会效益。

第四节　农电经营管理

改革开放以来，兴义市农村电力事业得到迅速发展，1995年通过了国家农村水电初级电气化验收，为农村经济发展作出了巨大贡献。但长期以来，农电管理也存在着一些亟待解决的问题，主要是：农村电力体制不能适应农村电力发展需要；落后的农村电网严重制约了农村经济的进一步发展；农电管理事宜不明、责任不清，农村电力市场混乱，层层趸售；农村电工队伍庞大，人员过多；农村电价奇高，农民不堪重负。这些问题必须通过深化改革和加快发展来解决。

1989年7月15日～1996年6月19日，兴义市水电局供电所直接负责鲁布革电站留成电量和兴义市地方电网的发展与经营的管理。随着兴义市地方电力事业的不断发展壮大，其对外业务交往越来越多，为了便于对外开展业务往来，以适应社会主义市场经济的要求，更好地促进兴义市地方电力事业的发展，1996年6月20日，经兴义市人民政府批准，兴义市水电局供电所更名为兴义市地方电力局，负责对地方电力的发、供、用统一管理，在批准的供电营业区内依法经营电力能源，在兴义市人民政府授权范围内履行地方电力事业发展规划，地方电力工程开发、建设管理等职能。

为了进一步开发利用盘江水利电力资源，立足水利电力行业的特点，从体制上进行积极的探索和在发电用电相结合上进行实践，1999年2月26日，经贵州省体改委批准成立贵州南江水利电力(集团)股份有限公司筹备委员会。由此进一步改变了各乡镇电管站的原有管理模式，将各乡镇电管站“人、财、物”纳入集团公司统一管理，由集团公司成立的15个乡镇供电所对辖区农村供用电进行直接管理，实行“四到户(销售到户、抄表到户、收费到户、服务到户)，五统一(统一电价、统一发票、统一抄表、统一核算、统一考试)和三公开(电量公开、电价公开、电费公开)”，坚决取缔了“权力电、关系电、人情电”，实行收支两条线，使全市电价降低到0.70元/千瓦时以下。对农电工实行考核，实行招聘、择优录用的办法，严格控制各乡镇供电所的电工编制，经考试考核符合标准的，一律持证上岗，考试不合格的一律不得录用。为了进一步加强农网建设与改造工作，使兴义市城乡居民用电实现同网同价，1999年10月5日，南江集团公司成立农网改造办公室。

2002年3月13日，贵州省农网改造资金实行一省一贷，为了加快兴义市农村电网的建设与改造，进一步降低农村电价，减轻农民负担，最终实现城乡用电同网同价，经兴义市人民政府和兴义供电局共同协商，变更兴义市电力体制，决定将贵州南江水利电力（集团）股份有限公司的电网部分资产剥离出来给兴义市电力有限责任公司，并委托给兴义供电局代为管理。同时按照兴义市人民政府与兴义供电局签订的《代管原则协议》和《代管协议书》中关于理顺乡（镇）农电体制、将乡（镇）电管站纳入统一管理的要求，兴义市电力有限责任公司又相继理顺了马岭镇、白碗窑镇及仓更镇鸡场片区的农电管理体制，接管了上述片区的配电设施及供电业务，将人、财、物纳入兴义市电力有限责任公司统一管理；成立了马岭供电所和白碗窑供电所，将仓更镇鸡场片区划归仓更供电所管理。

2002年12月10日，理顺了“三屯一效”的电力管理体制，将原围山湖水电实业公司的电网资产和供水设施进行剥离、人员进行分配安置，电网资产纳入兴义市电力有限责任公司统一管理。成立了“兴义市电力有限责任公司顶效公司”，负责“三屯一效”行政区域内供用电营业服务。

自2002年以来，电费管理工作坚持了电费核算收交管理机制，规定每月15日开始抄表开票，抄表后11天内用户到供电所结清电费。逐步健全了“抄核收”人员监督机制和用电检查管理机制，电费回收工作更规范，回收率达到100%。

2003年，兴义市电力有限责任公司成立线损领导小组，制定线损考核办法并在部门责任状中进行落实，年终予以兑现，提高各供电所线损管理积极性。

2004年，面对日益严重的缺电局面，公司采取错峰用电，将可间断生产的企业和高耗能企业轮流安排在后半夜用电，缓解了电力需求矛盾。

2006年，为保障公司生产经营资金正常运转，细化了《电费回收管理办法》，电费回收工作实行分级管理，并按照《中华人民共和国电力法》《电力供应与使用条例》《供电营业规则》有关规定，加强了对客户计划用电情况进行日常性和随时性检查。在用电高峰期采取有力措施，合理调配电力资源，按照“先生活后生产，先农业后工业，先重点后一般”的原则，努力实现限电不拉路、少拉路，确保城乡居民生活和农业生产等重要用户的电力供应。

自2007年起，公司每年组织一次理论线损计算工作，理论线损计算结果用来指导年度线损指标的分解与考核工作。

2009年，公司开始开展线损“四分管理”工作，对所管辖电网线损采取包括分压、分区、分线和分台区等四个模式在内的综合线损管理工作。每月在营销分析例会上专题对线损管理进行分析。

2012年，电费回收工作纳入全员绩效考核，制定了小用户年度回收率100%，大用户年度回收率99%，陈欠电费1年期：60%，2-3年期：40%，3年期以上：10%的电费回收指标。

自2002年兴义市电力体制改革，兴义供电局“代管”以来，在贵州电网公司的统一规划、统一建设、统一标准、统一调度、统一管理下，确保了农村电网安全、经济、稳定运行。公司农电管理的许多规范、办法、标准等得到了很大的提高，农电管理更上了一个平台。但经过几年后“代管”模式又不能满足公司电网建设的发展，2012年贵州电网公司又提出一种新的管理模式“直管”。由于各方面的原因，兴义市电力有限责任公司是贵州境内唯一一家没有“直管”的供电企业。所以2012年-2016年兴义市电力有限责任公司没有获得农网改造项目资金。截至2016年底，兴义市电力有限责任公司供电的还有14个村未彻底网改，分别为敬南镇（菜子湾村、巴布林村、吴家坪村、水淹凼村、拢岸村、白河村、必亮村、飞龙洞村、高山村、海子村），威舍镇树嘎村；雄武乡中心村；沧江乡仓江村；猪场坪乡丫口寨村，但用户已全面实行抄表到户，完全实行同网同价。

第五节　乡（镇）供电所

2016年底兴义市电力有限责任公司供电所人员定编情况

表7-2　　单位：人

序号	供电所名称	总人数	管理岗位						专职电工（普通员工）	备注
			小计	所长	副所长	配电班班长	营销班班长	综合班班长		
1	仓更供电所	13	5	1	2	1	1	1	8	
2	城区供电所	57	9	1	1	1	1	1	48	另外：配网管理员：1名；营销管理员1名；抄表班班长：1名；抢修班班长：1名。
3	敬南供电所	9	5	1	1	1	1	1	4	
4	鲁布格供电所	11	5	1	1	1	1	1	6	
5	马岭供电所	17	6	1	1	2	1	1	11	
6	万峰供电所	12	5	1	1	1	1	1	7	
7	七捧供电所	16	6	1	1	1	2	1	10	
8	清水河供电所	11	5	1	1	1	1	1	6	
9	威舍供电所	13	6	1	1	1	2	1	7	
10	乌沙供电所	12	5	1	1	1	1	1	7	
11	下五屯供电所	40	7	1	2	2	1	1	33	
12	雄武供电所	12	4	1		1	1	1	8	

续表 7-2

序号	供电所名称	总人数	管理岗位						专职电工（普通员工）	备注
			小计	所长	副所长	配电班班长	营销班班长	综合班班长		
13	泥凼供电所	8	4	1		1	1	1	4	
14	白碗窑供电所	9	4	1		1	1	1	5	
15	万屯供电所	9	4	1	1	1	1		5	
16	郑屯供电所	7	4	1	1	1	1		3	
17	鲁屯供电所	9	4	1	1	1	1		5	
18	顶效用电部（供电所）	15	5	1	1	1	1	1	10	

1．仓更供电所

仓更供电所位于兴义市仓更镇，占地面积为172.39平方米，建筑面积284.23平方米。共有工作人员13名，其中管理人员5名，专职电工8名。负责仓更镇、仓江乡、洛万乡的16个行政村、199个村民小组的供用电管理工作。管辖区共有10千伏线路4条，总长256.64千米，低压线路755条，总长742.77千米。配电变压器266台，容量18490千伏安（其中专变63台，容量6920千伏安；公变203台，容量11570千伏安）。用电户9589户（其中居民用户9324户，非居民用户20户，商业用户11户，非工业、普通工业214户，农业生产20户）。2016年完成供电量1237.268万千瓦时，售电量1046.0218万千瓦时，综合线损率15.46%。

2. 城区供电所

城区供电所位于兴义市富民路11号，占地面积为1889.9平方米，建筑面积1009.78平方米。共有工作人员57名，其中管理人员9名，专职电工48名。负责黄草、坪东、木贾、兴泰、桔山等5个街道办事处的15个行政村、103个村民小组的供用电管理工作。管辖区共有10千伏线路30条，总长296.344千米，低压线路565条，总长624.728千米。配电变压器761台，容量333690千伏安（其中专变533台，容量275770千伏安；公变228台，容量57920千伏安）。用电户52357户（其中居民用户48382户，非居民用户810户，商业用户1600户，非工业、普通工业1369户，农业生产196户）。2016年完成供电量21736.176万千瓦时，售电量20229.4669万千瓦时，综合线损率6.93%。

3. 敬南供电所

敬南供电所位于兴义市南部敬南镇，占地面积为530平方米，建筑面积425平方米。共有工作人员9名，其中管理人员5名，专职电工4名。负责敬南镇的12个行政村、279个村民小组的供用电管理工作。管辖区共有10千伏线路5条，总长143.832千米，低压线路653条，总长361.472千米。配电变压器222台，容量29725千伏安（其中专变90台，容量12735千伏安；公变132台，容量16990千伏安）。用电户9568户（其中居民用户9152户，非居民用户23户，商业用户42户，非工业、普通工业289户，农业生产62户）。2016年完成供电量2016.92万千瓦时，售电量1813.3276万千瓦时，综合线损率10.09%。

4. 鲁布格供电所

鲁布格供电所，1999年3月20日成立初期为鲁布革用电营业所，位于兴义市西南部鲁布格镇，占地面积为1600平方米，建筑面积1124.92平方米。共有工作人员11名，其中管理人员5名，专职电工6名。负责鲁布格、三江口镇的8个行政村、12个村民小组的供用电管理工作。管辖区共有10千伏线路4条，总长114.874千米，低压线路278条，总长384.904千米。配电变压器158台，容量11255千伏安（其中专变60台，容量3965千伏安；公变98台，容量7290千伏安）。用电户6409户（其中居民用户6074户，非居民用户30户，商业用户12户，非工业、普通工业256户，农业生产37户）。2016年完成供电量1120.112万千瓦时，售电量949.7829万千瓦时，综合线损率15.21%。

5. 马岭供电所

马岭供电所成立于2002年6月10日，位于兴义市马岭镇龙井村，占地面积为1000平方米，建筑面积750平方米。共有工作人员17名，其中管理人员6名，专职电工11名。负责马岭、桔山镇的8个行政村、142个村民小组的供用电管理工作。管辖区共有10千伏线路5条，总长154.468千米，低压线路82条，总长237.431千米。配电变压器262台，容量89295千伏安（其中专变174台，容量71625千伏安；公变88台，容量17670千伏安）。用电户9821户（其中居民用户9129户，非居民用户12户，商业用户172户，非工业、普通工业452户，大工业38户，农业生产18户）。2016年完成供电量7000.6638万千瓦时，售电量6718.3527万千瓦时，综合线损率4.03%。

6. 万峰供电所

万峰供电所，位于兴义市则戎乡安章村，占地面积为80.48平方米，建筑面积180.18平方米。共有工作人员12名，其中管理人员5名，专职电工7名。负责南盘江镇的9个行政村、147个村民小组，则戎乡的11个行政村、134个村民小组的供用电管理工作。管辖区共有10千伏线线路4条，总长210.255千米，低压线路388条，总长581.093千米。配电变压器288台，容量32290千伏安（其中专变122台，容量14600千伏安；公变166台，容量17690千伏安）。用电户12345户（其中居民用户11751户，非居民用户78户，商业用户151户，非工业、普通工业262户，农业生产103户）。2015年完成供电量2087.1427万千瓦时，售电量1726.6762万千瓦时，综合线损率17.27%。

7. 七捧供电所

七捧供电所，1999年3月20日成立初期为七捧用电营业所，位于兴义市西南部捧乍镇，占地面积为312.3平方米，建筑面积936.7平方米。共有工作人员16名，其中管理人员6名，专职电工10名。负责七舍镇、捧乍镇、猪场坪乡的25个行政村、459个村民小组的供用电管理工作。管辖区共有10千伏线路7条，总长644千米，低压线路2415条，总长1149千米。配电变压器434台，容量38485千伏安（其中专变203台，容量19310千伏安；公变231台，容量18975千伏安）。用电户18638户（其中居民用户17764户，非居民用户229户，商业用户19

户，非工业、普通工业521户，农业生产105户）。2016年完成供电量2067.258千瓦时，售电量1835.3427万千瓦时，综合线损率11.30%。

8. 清水河供电所

清水河供电所，1999年3月20日成立初期为品甸用电营业所，位于兴义市西北部清水河镇，占地面积为588.89平方米，建筑面积386.18平方米。共有工作人员11名，其中管理人员5名，专职电工6名。负责清水河镇的8个行政村、138个村民小组的供用电管理工作。管辖区共有10千伏线路6条，总长222.716千米，低压线路253条，总长202.848千米。配电变压器262台，容量55255千伏安（其中专变176台，容量41285千伏安；公变86台，容量13970千伏安）。用电户7262余户（其中居民用户6784户，非居民用户30户，商业用户，非工业、普通工业371户，农业生产77户）。2016年完成供电量3233.7698万千瓦时，售电量3010.6218万千瓦时，综合线损率9.54%。

9. 威舍供电所

威舍供电所位于兴义市北部威舍镇，占地面积为1125平方米，建筑面积745平方米。共有工作人员13名，其中管理人员6名，专职电工7名。负责威舍镇的7个行政村、55个村民小组的供用电管理工作。管辖区共有10千伏线路7条，总长164.2千米，低压线路318条，总长230千米。配电变压器245台，容量54750千伏安（其中专变179台，容量45310千伏安；公变66台，容量9440千伏安）。用电户7165户（其中居民用户6390户，非居民用户14户，商业用户177户，非工业、普通工业441户，大工业126户，农业生产17户）。2016年完成供电量2635.479万千瓦时，售电量2378.7638万千瓦时，综合线损率9.74%。

10. 乌沙供电所

乌沙供电所位于兴义市的西部乌沙镇，占地面积为700平方米，建筑面积300平方米。共有工作人员12名，其中管理人员5名，专职电工7名。负责乌沙镇的9个行政村、66个村民小组的供用电管理工作。管辖区共有10千伏线路4条，总长168.3千米，低压线路398条，总长520千米。配电变压器252台，容量27645千伏安（其中专变151台，容量14325千伏安；公变101台，容量13320千伏安）。用电户9082户（其中居民用户8206户，非居民用户375户，商业用户70户，非工业、普通工业375户，农业生产56户）。2016年完成供电量2216.416万千瓦时，售电量1971.9776万千瓦时，综合线损率11.03%。

11. 下五屯供电所

下五屯供电所位于兴义市下五屯街道办事处，占地面积为670平方米，建筑面积462平方米。共有工作人员40名，其中管理人员7名，专职电工33名。负责下五屯街道办、万峰林街道办的13个行政村、125个村民小组的供用电管理工作。管辖区共有10千伏线路12条，总长175.70千米，低压线路344条，总长408千米。配电变压器229台，容量74675千伏安（其中专变182台，容量51735千伏安；公变177台，容量39940千伏安）。用电户24596多户（其中居民用户20656户，非居民用户203户，商业用户452户，非工业、普通工业863户，农业生产2422户）。2016年完成供电量9564.282万千瓦时，售电量8645.2565万千瓦时，综合线损率9.61%。

12. 雄武供电所

雄武供电所，1999年3月20日成立初期为雄武用电营业所，位于兴义市雄武乡，占地面积为277.5平方米，建筑面积416.25平方米。共有工作人员12名，其中管理人员4名，专职电工8名。负责雄武乡的4个行政村、85个村民小组的供用电管理工作。管辖区共有10千伏线路3条，总长118.508千米，低压线路211条，总长187.091千米。配电变压器127台，容量26555千伏安（其中专变72台，容量20270千伏安；公变55台，容量6285千伏安）。用电户3856户（其中居民用户3701户，非居民用户20户，商业用户7户，非工业、普通工业114户，农业生产14户）。2016年完成供电量2579.236万千瓦时，售电量2453.6388万千瓦时，综合线损率4.87%。

13. 泥凼供电所

泥凼供电所，1999年3月20日成立初期为泥凼用电营业所，位于兴义市南部片区泥凼镇，占地面积为1380平方米，建筑面积426平方米。共有工作人员8名，其中管理人员4名，专职电工4名。负责着泥凼镇的13个行政村、146个村民小组的供用电管理工作。管辖区共有10千伏线路2条，总长145.813千米，低压线路237条，总长489.369千米。配电变压器169台，容量14150千伏安（其中专变39台，容量2525千伏安；公变138台，容量11625千伏安）。用电户8269户（其中居民用户7821户，非居民用户31户，商业用户199户，非工业、普通工业199户，农业生产19户）。2016年完成供电量1075.998万千瓦时，售电量916.7985万千瓦时，综合线损率14.80%。

14. 白碗窑供电所

白碗窑供电所成立于2002年8月20日，位于兴义市白碗窑镇，占地面积为1110.5平方米，建筑面积750平方米。共有工作人员9名，其中管理人员4名，专职电工5名。负着责白碗窑镇的7个行政村、86个村民小组的供用电管理工作。管辖区共有10千伏线路5条，总长125.655千米，低压线路148条，总长147.986千米。配电变压器168台，容量19115千伏安（其中专变89台，容量14115千伏安；公变79台，容量5000千伏安）。用电户6353户（其中居民用户6066户，非居民用户20户，商业用户57户，非工业、普通工业195户，农业生产15户）。2016年完成供电量1870.096万千瓦时，售电量1649.3164万千瓦时，综合线损率11.81%。

15. 万屯供电所

万屯供电所位于义龙试验区万屯镇万屯村，占地面积为374平方米，建筑面积91平方米。共有工作人员9名，其中管理人员4名，专职电工5名。负责万屯镇的10个行政村、148个村民小组的供用电管理工作。管辖区共有10千伏线路5条，总长156.68千米，低压线路177条，总长372.19千米。配电变压器247台，容量29380千伏安（其中专变138台，容量13600千伏安；公变109台，容量12585千伏安）。用电户10657户（其中居民用户9452户，非居民用户10户，商业用户605户，非工业、普通工业317户，农业生产223户）。2016年完成供电量3009.72万千瓦时，售电量2648.8943万千瓦时，综合线损率11.99%。

16. 郑屯供电所

郑屯供电所位于义龙试验区郑屯镇郑屯村，占地面积为315平方米，建筑面积163.5平方米。共有工作人员7名，其中管理人员4名，专职电工3名。负责郑屯镇的7个行政村、119个村民小组合计2.89万人口及顶效镇楼纳村20个村民小组合计5287人口、合兴村4个村民小组的供用电管理工作。管辖区共有10千伏线路4条（分支线路212条），总长144.248千米，低压线路400V162条，220V229条，总长225.316千米。配电变压器278台，容量44330千伏安（其中专变172台，容量28130千伏安；公变106台，容量16200千伏安）。用电户10059户（其中照明用户9233户，非居民用户80户，商业用户280户，非普工业444户，灌溉0户，农业生产15户，大工业7户）。2016年完成供电量2711.424万千瓦时，售电量2446.7914万千瓦时，综合线损率9.76%。

17. 鲁屯供电所

鲁屯供电所位于义龙试验区鲁屯镇鲁屯村，占地面积为326平方米，建筑面积186平方米。共有工作人员9名，其中管理人员4名，专职电工5名。负责鲁屯镇的5个行政村、78个村民小组及万屯镇盘兴村2个村民小组的供用电管理工作。管辖区共有10千伏线路3条，总长110千米，低压线路139条，总长135.674千米。配电变压器189台，容量43640千伏安（其中专变120台，容量33500千伏安；公变69台，容量10140千伏安）。用电户6480户（其中照明用户5931户，非居民用户9户，商业用户225户，非普工业211户，灌溉2户，农业生产41户）。2016年完成供电量2866.3569万千瓦时，售电量2516.6659万千瓦时，综合线损率12.20%。

18. 顶效用电部（供电所）

顶效用电部（供电所）位于义龙试验区顶效开发区，占地面积为1195平方米，建筑面积2186平方米。共有工作人员15名，其中管理人员5名，专职电工10名。负责顶效开发区的4个行政村、105个村民小组的供用电管理工作。管辖区共有10千伏线路22条，总长161千米，低压线路474条，总长256千米。配电变压器648台，容量170800千伏安（其中专变523台，容量148995千伏安；公变147台，容量21805千伏安）。用电户14694户（其中居民用户13148户，非居民用户136户，商业用户1711户，非工业、普通工业843户，农业生产56户）。2016年完成供电量98253.568万千瓦时，售电量95348.3492万千瓦时，综合线损率2.96%（含35千伏直供用户）。

第八章　安全生产

第一节　安全机构设置

兴义市水电局供电所于1990年4月建立后，机构中就设置了安全监察科。并于1990年9月22日下发《安全监察科岗位职责》，共六款十条。

1991年9月9日，成立兴义市水电局供电所安全生产领导小组，负责安全生产。

1993年7月21日，任命15人为各部门兼职安全员。

1996年7月16日，兴义市水电局供电所安全生产领导小组改为兴义市地方电力局安全生产委员会。

1998年3月24日，南江集团撤销安监科，组建安全监察部，由总工办分管。

1998年4月23日，南江集团成立贵州南江集团安全生产委员会，委员会下设办公室。

1999年12月3日，安监部下设事故管理科（二级科室）。

2001年6月4日，南江集团下发安全工作职责十二条。

2001年6月6日，南江集团设立安全生产委员会办公室。

2002年4月4日，兴义市电力有限责任公司成立安全生产委员会，主下设办公室。

2006年9月1日，明确安全生产委员会下设办公室在安监科。

2011年5月26日，调整安全生产委员会成员。

2011年7月28日，兴义市电力有限责任公司设立安全监察部、并明确了人员编制：主任1人、副主任1人、线路安全专责1人、变电安全专责1人、安全风险专责1人、综合管理员1人。

第二节　安全管理职能和制度

一、安全生产管理职能

为了贯彻执行国家《中华人民共和国安全生产法》赋予企业的安全生产管理职责及要求，兴义市电力有限责任公司成立了以公司经理为安全第一责任人的安全管理机构，并对各管理层及管理部门的安全管理职能及到位要求进行了明确的规定：

1. 公司经理

是安全生产的第一责任人，对安全生产全面负责；组织传达、宣贯安全生产方针；建立健全安全生产责任制，对建立、健全安全生产管理组织机构并配置足够、胜任的人员负责；在部门负责人上任或安全生产责任制变更时对部门负责人进行安全生产责任制的沟通与说明；对安全生产活动和安全生产教育培训的资金资源保障负责；根据年度安全工作思路和安全目标，组织制订各级安全目标及实施计划，并层层分解、落实；对法律法规和上级安全生产工作要求的组织落实与检查工作负责；对安全生产委员会会议及安全生产工作会议的组织召开和上级安全生产工作指示的传达以及公司安全生产的统筹部署负责；对配合及组织调查事故/事件负责；组织开展风险管控，组织制定控制措施并监督落实；对安全生产事故与应急处置以及对应信息上报的组织工作负责；对安全生产责任制考核、奖惩的组织与审批负责；对安全生产风险管理体系管理评审的组织以及协调落实重大安全生产问题处置的措施、资源、责任和完成要求负责。

2. 公司副经理

对归口管理工作职责范围内安全生产管理和安全生产风险管理体系推进工作负责；对年度安全生产目标与指标、安全生产制度标准、操作规程和应急预案的组织制订、审批（分管安全生产副经理）负责；对安全生产工作规划、计划的组织制定与督促实施工作负责；对分管范围内安全生产法律法规和上级安全生产工作要求的组织实施与检查工作负责；对组织落实上级安全生产工作指示以及安全生产委员会会议和安全生产工作会议部署的工作任务负责；对分管范围内安全生产事故与应急处置以及对应信息上报的组织实施工作负责；对配合及组织调查事故/事件直接负责；组织开展风险管控，组织制定控制措施并监督落实；对安全生产责任制考核、奖惩的组织与审核负责；对协调落实分管工作范围内安全生产问题处置的措施、资源、责任和完成要求负责；督促分管范围内部门负责人落实安全生产责任制。

3. 工会

对协调落实职工反馈的劳动保护和职业健康问题处置的措施、资源、责任和完成要求负责；对公司劳动保护工作方案的组织制订与审批负责；对公司劳动保护和职业健康工作计划的组织制定与督促实施工作负责；对劳动保护和职业健康法律法规和上级劳动保护和职业健康工作要求的组织实施与检查工作负责；对劳动保护和职业健康知识宣传、合理化建议收集与处置、职业医疗的组织工作负责；对工伤事故的配合调查以及职业病/职业性疾病调查、分析、康复和防范的组织工作负责；组织参加事故/事件调查，并提出处置建议。对因工伤亡员工及其家属善后和安抚的组织工作负责；督促公司各级负责人落实劳动保护和职业健康工作职责；对安全生产中安全技术与劳动保护措施资金使用情况、工作纪律的监督和检查的组织工作负责；按照相关规定参加安全生产应急救援工作。

4. 办公室

负责安全生产法律法规、规章制度宣贯、解释，及时办理安全生产文件；配合安委会和安监部，做好公司安全生产信息发布、上报工作。

5. 安全监察部

贯彻执行国家安全生产法律、法规、政策，安全生产各项规章制度及标准；负责监督各级人员安全生产责任制的落实；监督各项安全生产法律、法规和规章制度以及上级有关安全工作指令的贯彻执行；按“四不放过”的原则，配合或组织事故/事件调查、处理，并提出处理建议；对安全生产事故/事件报告、调查、统计分析、防范措施制定的组织工作负责；对应急管理策划、应急组织体系和预案体系的建立、应急响应的组织工作负责；归口管理安全生产信息，按规定报告安全生产事故；对安全生产综合性检查和专项检查的组织实施工作负责；参与交通安全、消防安全、基建施工安全等安全检查工作；监督劳动用品、安全工器具、安全防护用品的购置、发放和使用及报废；监督涉及设备、设施安全的技术状况，涉及人身安全的防护状况；对影响人身、电网、设备安全的重大问题和安全生产管理的漏洞提出处理意见或建议，并监督相关部门进行处理；协调解决重大安全隐患；向安委会提交安全生产目标和指标的建议，将安全生产目标和指标进行层层分解至各部门，并监督落实；对“安措”需求调查、计划编制的组织工作以及“安措”实施全过程的监督负责；参加上级部门组织召开的安全生产会议，负责承办安委会会议、安全网会议、安全生产工作会议和安全生产安全专题会会议，对安全专题会议、安全网会议、安全生产风险管理体系内、外审会议的组织实施负责，并对会议决议进行督办；组织对电力设施保护、消防安全、交通安全、劳动保护和职业健康的实施进行监督；监督安全教育培训计划的落实；组织或配合开展《电业安全工作规程》的考试和安全网活动；协助有关部门开展安全劳动知识竞赛、技能比武等，提高员工安全意识、安全技能和业务素质；参与安全文化建设；及时对在安全生产中做出显著成绩的部门和个人提出表扬和奖励建议；督促完成电力设施损坏赔偿，督促开展电力设施保护管理工作；对跟踪、督促事故防范措施、发布风险控制措施并组织落实和协调处理工作中存在的问题；组织开展安全生产风险管理体系建设的内部审核、管理评审及外部审核工作；组织对本部门安全生产风险管理体系建设工作负责；对安全生产作业风险评估、风险控制措施制订与实施以及过程监督、效果评估的组织工作负责。

6. 生产技术部

贯彻执行国家安全生产法律、法规、政策，上级安全生产各项规章制度及标准；负责安全生产方针的宣贯、解释；对输变电设备的风险评估、风险控制措施（包括检修、改造更新、预试、定检、运行维护、缺陷处理等）制订与实施以及过程监督、效果评估的组织工作负责；负责生产作业过程的安全管理；对安全生产法律法规和上级生产技术工作要求的落实以及安全生产技术管理制度标准、作业指导书执行的组织工作和监督检查负责；对公司安全生产技术指标的制定以及向各部门分解并监督落实的组织工作负责；对公司年度工作会议、生产运行及安全分析例会、生产技术专题会议的组织实施负责；对输变电设备交接验收、投运和遗留问题的跟踪处理的组织工作负责；对输变电设备运行分析和提出技术指标提升措施的组织工作负责；对安全生产科技的研究、应用、评价与推广的组织工作负责；对上级生产技术文件、工作要求的传达与组织落实和公司生产技术信息收集、发布与上报的组织工作负责；对跟踪、督促电网、设备风险防范措施、风险控制措施落实和协调处理存在问题的组织工作负责；牵头组织编制、上报反事故措施和年度反事故措施计划，并组织落实；参加安全生产会议和安全生产大检查等活动；经常深入生产现场，掌握安全生产状况，协调各部门的生产管理工作，解决生产中存在的问题；组织开展防误操作和设备安全运行的专项检查；组织编制和修订现场运行、检修规程等。对技术组织措施，负责审核工作；开展应急管理工作，对防汛、设备事故/事件、重大环境污染事故/事件应急组织体系和预案体系的建立、应急响应的组织工作负责，组织审核备品备件计划、组织审核防凝冻等自然灾害应急预案、组织审核防污染应急预案、组织审核设备事故应急预案；配合事故/事件调查；参与安监部组织的安全生产风险管理体系建设工作评审和内部审核；组织开展公司设备风险评估工作并进行回顾，使设备风险评估工作达到动态更新；组织本部门的风险辨识与评估工作；在本部门员工任职或安全生产责任制变更时对员工进行安全生产责任制的沟通与说明；对本部门的安全生产风险管理体系的建设及审核工作负责。

7. 计划建设部

负责部门安全生产法律法规、规章制度、安全生产方针的宣贯、解释；对上级基建安全文件、工作要求的传达与组织落实和工程建设信息收集、发布与上报的组织工作负责；对电网建设（新建、扩建）工程设计审查、建设过程的安全和质量以及工程进度、交接、遗留问题处理的组织与监督工作负责；对与基建工程承包商（包括施工单位和监理单位）沟通、协调处理工程建设的安全、质量、进度问题以及督促承包商落实现场安全风险控制措施的组织工作负责；组织对安全生产目标与指标进行层层分解及落实；负责组织推进部门安全生产风险管理体系工作；在本部门员工任职或安全生产责任制变更时对员工进行安全生产责任制的沟通与说明；负责基建工程的安全管理；配合基建工程引发的人身、电网、设备事故/事件调查；对基建安全生产风险管控工作负责；对安全生产风险管理体系建设和审核工作负责。

8. 电力调度控制中心

对安全生产法律法规和上级信息网络与自动化系统安全技术工作要求的落实以及信息网络与自动化系统安全和技术管理制度标准、应用标准的执行组织工作和监督检查负责；对管理信息系统和办公自动化系统安全运行的组织工作负责；对管理信息系统和应用信息系统的开发升级、运行维护、网络安全的组织工作负责；对信息网络与自动化系统风险评估、风险控制措施制订与实施以及过程监督、效果评估的组织工作负责；对信息网络与自动化系统运行分析和改进的组织工作负责；对电网、设备事故/事件调查提供历史信息数据的组织工作负责；对网络与信息安全应急组织体系和预案体系的建立、应急响应的组织工作负责；对上级信息网络与自动化系统安全技术文件、工作要求的传达与组织落实和局信息网络与自动化系统管理与工作信息收集、发布、上报的组织工作负责；对公司信息网络与自动化系统安全与技术综合性检查和专项检查的组织实施工作负责；落实纠正与预防工作。

9. 市场营销部

负责本部门安全生产法律法规、规章制度和公司安全生产方针的宣贯、解释；对安全生产法律法规和上级配网、计量生产技术工作要求的落实以及公司配网、计量安全和技术管理制度标准、作业指导书执行的组织工作和监督检查负责；对组织实施公司电力营销例会，分析和协调解决配网、计量安全生产问题负责；检查指导用户用电安全工作，督促建立完善用户安全用电档案；参与负荷开拓，审议大用户业扩报装方案，从设计审查、设备选型、安装调试到验收投产实行全过程监督检查，严格把握安全质量关，做到不合格不投运；负责做好用电安全知识宣传普及工作；每年组织召开大客户座谈会宣传安全生产信息；对电力供应应急组织体系和预案体系的建立、应急响应的实施工作负责。

10. 输电管理所

监督本部门工作票、安全技术措施单、现场作业指导书、电力线路分组工作派工单、四措执行情况；负责重大活动的保供电工作。总结分析公司主网安全生产情况，提出改进薄弱环节，提出整改措施，经批准后组织实施；组织各项安全大检查，对查出的重大隐患及时上报和组织人员整改；按照“四不放过”的原则，开展有关事故 / 事件的调查分析处理工作，组织事故抢险；组织大修技改和线路的维护工作，组织开展线路、设备评级工作；组织本部门电网、任务、作业、职业健康风险评估。预测现场危险点，组织编制本部门应急预案，并组织学习和演练。

11. 变电管理所

对变电安全生产管理和作业的统筹组织负责；对变电年度安全生产目标与指标及其控制措施、操作规程和应急处置预案的组织制订与审批负责；对变电安全生产工作规划、计划的组织制定与督促实施工作负责；对组织落实上级安全生产工作指示以及公司安全生产委员会会议和安全生产工作会议部署的变电工作任务负责；配合调查本部门涉及的事故 / 事件；对变电设备事故与应急处置以及信息报告的组织实施工作负责；对变电设备事故应急组织体系和现场处置预案建立、应急响应的组织工作负责；对本部门安全生产责任制考核的组织与审核负责，督促本部门各级员工落实安全生产责任制；对变电设备、作业风险评估、风险控制措施落实的组织工作负责；对组织落实变电安全生产问题处置措施、责任和完成要求负责。参与部门安全生产信息沟通，组织部门月度例会、周例会；参与公司召开的安全类会议，参与公司的安全生产信息沟通。

12. 修试中心

组织危害辨识、风险评估和控制措施的制定与实施；负责组织全所职工开展公司变电站一次设备的检修、维护、改造等各项安全生产及技术管理工作，实现年度安全目标及各项技术经济指标。建立健全全所各项安全生产的规章制度，并定期查阅班组的检修、试验记录以及工作票的执行情况；负责落实技术措施和反事故措施计划，及时消除设备缺陷，提高设备安全系数；掌握主要设备的运行情况和薄弱环节，尽量减少和消除各种事故；做好各变电站的紧急抢修准备，搞好汛期及重大节假日和特殊保电期间的应急准备；认真贯彻执行上级颁发的有关规章制度、严格执行《安规》和《电气设备预防性试验规程》；认真推行安全性评价和危险点控制的现代化安全管理方法和手段，全面完成每年春、秋季安全大检查，对查出的问题分轻、重、缓、急列入年、季、月检修计划；做好变电站新建、扩建的设计审核和竣工后的调试、验收、投运工作。

13. 计量中心

深入作业现场，了解现场人员作业环境、过程是否安全、作业中是否存在人的不安全行为、物的不安全状态；组织编制与审核年度生产工作计划；负责组织编制本所年、季、月生产计划，设备大修、更改项目计划，安全管理工作计划，并组织实施，确保全所的生产计划、考核指标的完成。

二、安全生产管理标准及制度

为使各级安全生产责任得到全面落实，自2002年兴义市电力有限责任公司成立起，逐年建立健全安全生产管理标准及制度，共35项。1. 安全生产方针管理工作标准。2. 安全生产责任制管理工作标准。3. 员工拒绝管理工作标准。4. 安全生产法律法规与标准管理工作标准。5. 安全生产责任目标与指标管理工作标准。6. 安全生产委员会管理工作标准。7. 安全生产会议管理工作标准。8. 安全区代表管理工作标准。9. 安全管理机构管理工作标准。10. 安全生产文件管理工作标准。11. 安全生产数据与记录管理工作标准。12. 安全生产流程管理工作标准。13. 安全生产变化管理工作标准。14. 安全生产信息沟通管理工作标准。15. 承包商安全管理工作标准。16. 风险评估与控制管理工作标准。17. 应急管理工作标准。18. 保供电管理工作标准。19. 安全工器具与个人防护用品管理工作标准。20. 用电设备管理工作标准。21. 生产现场安全纠察管理工作标准。22. 春、秋季安全检查管理工作标准。23. 安全生产检查管理工作标准。24. 安全生产风险管理体系审核管理工作标准。25. 安全生产风险管理体系管理评审管理工作标准。26. 预防与纠正管理工作标准。27. 标识管理工作标准。28. 划线管理工作标准。29. 通风管理工作标准。30. 爬梯、平台及脚手架管理工作标准。31. 任务观察管理工作标准。32. 安全生产问责实施细则。33. 安全生产责任目标管理办法。34. 安全生产激励实施细则。35. 安全技术劳动保护措施计划管理办法。

第三节　安全监督管理

为深入贯彻落实科学发展、安全发展，“安全第一、预防为主、综合治理”的方针，牢固树立“一切事故都可以预防”的安全理念，紧紧围绕以确保“人身、电网、设备”安全为宗旨开展安全监督管理工作。

一、安全生产风险管理体系

2006年11月3日，为推动和规范安全性评价工作，科学、正确地应用安全性评价方法，超前控制、防范事故，不断提高安全生产管理水平，确保人身、电网、设备安全实现安全生产风险管理。成立安全性评价工作领导小组和专业工作小组。领导小组下设办公室，挂靠安监科。下设：

安全性评价工作

1. 生产设备安全性评价工作小组

(1) 电网专业组。

(2) 变电一次设备专业组。

(3) 电气二次设备和调度专业组。

(4) 输配电设备专业组

①35千伏及以上架空电力线路专业组。

②10千伏架空配电线路、低压配电线路及设备专业组（农村电网部分）。

③10千伏架空配电线路、低压配电线路及设备专业组（城网部分）。

④电气测试设备管理专业组。

2. 劳动安全、作业环境安全性评价工作小组。

3. 安全生产管理评价工作小组。

2007年5月24日，根据贵州省电网公司和兴义供电局关于开展“安全生产指标创优活动”的有关通知要求，从2007年开始，用两年时间在南方电网公司系统开展安全生产指标创优活动。成立安全生产技术指标创优活动领导小组。下设安全生产技术指标创优办公室。

2010年10月27日，根据贵州电网公司“关于开展县级供电企业安全生产风险管理体系建设工作的通知”及兴义供电局“关于印发县级供电企业安全生产管理统一模式建设推广实施方案的通知”要求，成立兴义市电力有限责任公司安全生产风险管理体系建设领导小组。并成立推进办公室，有专职人员4人，各部门兼职人员54人。

2010年12月27日，成立安全生产风险体系标准管理委员会。下设办公室。并有技术标准分委会。管理工作标准分委会。岗位工作标准分委会。

2012年起，兴义市电力有限责任公司安全生产风险管理体系建设工作按照组织与策划；危害辨识、风险评估与关键任务分析；体系文件回顾、梳理、完善与发布；文件的实施与检查；审核与整改；迎检准备及实施；风险体系建设工作的回顾与完善等七个阶段开展工作。通过风险管理体系建设工作的实施，各级安全生产管理水平得到较大的提升。

2012年11月9日，兴义市电力有限责任公司安全生产风险管理体系通过了南方电网公司外审专家组审核检查，安全生产风险管理体系建设达到两钻的目标。

为有序推进公司安全生产风险管理体系建设工作，制定了2013年度风险体系建设工作方案及推进工作计划。组织开展了2013年度基准风险评估危害辨识工作，根据风险评估结果，制定风险控制措施实施管控，组织编制兴义市电力有限责任公司2013年风险分析报告及风险概述。根据《安全生产风险体系》(2012年版）对部门归口的管理工作标准进行回顾、修编、梳理，并由企业基础管理中心审核、发布。组织公司内部审核员、安全区代表、事故/事件调查员、共80余人次分两期参加兴义供电局举办的《体系运行相关技术培训》《体系要素及风险评估知识培训》。根据公司发布的管理工作标准（2013年版）及部门职能的变化，编制了各部门《安全生产风险职能分配表》《管理工作标准与任务对照表》《安全生产风险体系归档目录》。

2013年度，每周根据检修计划，组织梳理作业风险点，发布风险管控措施，并监督实施，根据调度周计划，编制风险管控周计划48期，共发布作业风险管控计划552条、基建风险管控计划35条、电网风险管控计划1条。按照管控要求对2个黄色风险，141个绿色风险进行了管控。根据安全生产风险体系工作需要，调整安全生产风险体系推进计划，组织开展风险体系内审工作。9月，根据风险体系内审结果，发布安全生产风险体系内审报告。拟定公司2013年度管理评审计划；组织2014年度基准风险评估工作，完成2013年度风险管理体系管理评审。

2013年度由安监部收集、整理、申报参加贵州省安全文化示范企业比赛中，兴义市电力有限责任公司荣获"贵州省级安全文化示范企业"称号。

2014年制定了年度风险体系建设工作方案及推进工作计划。组织开展年度基准风险评估危害辨识工作，根据风险评估结果，制定风险控制措施实施管控，组织编制、发布2014年风险分析报告及风险概述。根据《安全生产风险体系》(2012年版)对部门归口的管理工作标准进行回顾、修编、梳理，并由企业基础管理中心审核、发布。组织公司内部审核员参加兴义供电局举办的安全生产风险体系内审员培训。组织公司安全生产风险体系内审员开展2014年度安全生产风险管理体系内部审核工作。

2014年，每周根据检修计划，组织梳理作业风险点，发布风险管控措施，并监督实施。根据调度周计划，编制风险管控周计划32期，共发布作业风险管控计划205条。按照管控要求对205个绿色风险进行了管控。

二、安全生产监督管理体系

2010年10月9日，成立兴义市电力有限责任公司安全纠察大队。根据《贵州电网公司现场安全纠察管理办法补充规定》强化外包工程施工现场的安全纠察，防止和减少外包施工单位安全事故，严查外包施工现场的违章行为及各种安全隐患，严防外包工程人身事故的发生。安全纠察大队下设三个分队：大修技改（含专项技改）工程项目分队。35千伏电网建设工程项目分队、10千伏及以下电网建设与改造工程项目分队。

2012年3月15日，成立安全生产和劳动纪律巡视领导小组。领导小组下设安全生产巡视组和劳动纪律巡视组。

安全生产巡视组负责在公司系统内组织开展安全生产巡视工作；负责做好安全生产管理的综合分析和调查研究工作；督促指导有关部门落实安全生产工作，针对不同部门、不同岗位的安全生产工作重点和难点问题，履行指导、参考、帮扶和督导等工作职能；及时、全面、准确收集有关信息，完成安全生产巡视工作。

安监部按上级要求组织对安全教育培训，并每月组织召开三级安全网会议，分析月度安全生产形势，对安全监督工作中的突出问题进行协调解决，提出控制措施，并监督实施及应用，通过风险管控系统，制定风险管控计划，落实现场违章纠察，督促公司三级安全网成员落实安全生产监督管理责任，确保公司安全生产监督体系正常运作。

2012年共制定风险管控计划及违章纠察周报各52期，安全纠察共312次，发现3次特别严重违章，10次严重违章，9次一般违章，52次轻微违章，违章率8.07%。对外包施工单位进行5次月度工作协调会，并组织对贵州黔供电力建设公司违章行为进行约谈。停工整顿4处，经济处罚21处，合计处罚金额11.45万元，下发安全生产监督通知书3份。管理纠察方面：查处部门违章3起、事件相关责任人15人次，罚金1.02万元。全年累计共处罚金12.47万元。

2013年开展现场纠察工作284次（其中：管理纠察49次，现场纠察235次），发现违章59处（其中：发现特别严重违章5处，严重违章5处，一般违章10处，轻微违章39处），违章率4.2%。违章处理情况：停工整顿5处，下达安全生产监督通知书1份，经济处罚18处，合计罚款10.16万元，内部对有关部门的违章进行绩效考核共5500.00元。对轻度违章行为现场已进行教育和纠正，对较为严重的组织召开2次专题约谈整改会。

2014年开展现场纠察工作468次（其中：管理纠察24次，现场纠察444次），发现违章117处（其中：发现严重违章16处，一般违章0处，轻度违章94处，管理违章7处）；违章率5%。其中：外包工程90处，占违章比例为77%；供电所、变电站、顶效公司共27处，占违章比例为23%。违章处理情况：约谈施工队4个，经济处罚22处，合计罚款17.9万元。

2015年开展现场纠察工作442次（其中现场纠察388次，管理纠察54次），发现违章43起（其中特别严重违章4处，严重违章12处，一般违章2处，轻度违章13处，管理违章12处）违章率1.9%。约谈施工队4个，经济处罚25处，合计罚款26.45万元，同时对轻度违章行为现场已进行教育和纠正。

2016年度召开生产专题会20余次解决问题30余个、约谈2个车间。开展现场纠察工作324次（其中：管理纠察40次，现场纠察284次），发现违章8处，同比下降35处，（其中：发现严重违章5处、下降11处，一般违章1处、下降1处，轻度违章7处、下降6处，管理违章2处、下降10处）；违章率0.926%，同比下降0.975%。全年约谈施工队2个，经济处罚10.1万元。同时对轻度违章行为现场已进行教育和纠正。处理外力破坏事件3起，罚款9.63万元，总计罚款19.73万元。

抓好“三线”隐患排查、校园周边输配电线路隐患排查等专项工作，根据负荷的变化情况和季节性特点对多发性、危险性事故有针对性地开展了专项安全大检查（市场部对客户安全用电检查、安监部、生技部开展了线下建房、拉线、导线跨越河沟鱼塘、负荷监测、零线管理、树障专项检查），保证了设备的健康运行。督促整改春、秋两检检查发现问题170项，（春检98项、秋检72项），安监部开展基层安全管理检查68次，检查发现并督促整改100余项。“三线”隐患排查共排查出“三线”“农触”隐患1400余条。“校园”周边隐患排查共排查学校、幼儿园100余所，隐患600余条。

全年在安全网会议上公布、分析安全区代表月检查情况11次，通过安全区代表检查发现并整改问题296项、各级安全网成员在微信工作群发布信息近300条，工作图片近2000张，事故通报7起，安全生产技能培训链接5个。公司向“兴义市安全生产工作群”转发工作信息

50余条，工作图片200余张。

以全国“安全生产月”活动为契机，公司开展安全宣传进校园、社区、公共场所等活动30余次，发放《电力安全进校园》《“人民电力为人民服务”安全用电手册》《农村用电安全常识——中小学生读本》和“安全用电须知”等宣传资料10万余份。

三、安全生产应急管理体系

(一) 应急机构职责

1. 2012年1月20日，成立应急工作领导小组。其职责是负责落实国家有关应急工作的法律、法规及上级有关规定。决定应急工作重大事项。决定应急预案的启动和终止。组织建立突发事件应急组织体系和预案体系。监督指导应急演练和培训。确保应急资金的投入和人力物力的保障。负责突发事件发生期间的重大接待安排。

2. 应急指挥中心职责：根据应急管理领导小组的命令，按照应急预案指挥突发事件的应急处置工作，并协调、安排下级应急指挥机构开展工作。统一调度与协调根据情况设立的各专业小组，专业小组将负责交通运输、外来队伍安排、物资接纳和分配、伤员救治及家属安置等具体工作。负责对外新闻发布，统一接受新闻媒体采访，并协调、配合新闻媒体做好新闻报道工作。负责与上级及当地政府有关部门的沟通与协调，及时报告应急处置情况。履行应急值班职责。负责综合协调、信息收集汇总和传递。

3. 应急工作小组(应急办公室)，挂靠在安监部，并负责日常工作。职责：负责公司应急工作日常管理。承担应急值班工作，保证公司应急管理领导小组与公司各部门联系畅通，及时掌握突发事件的发生情况和动态，并将重要事项向公司应急领导小组及时报送。根据国家有关应急工作的法律、法规及上级有关规定，制定公司应急管理规章制度。参与公司应急组织机构、机制、制度和应急预案体系和应急保障体系的建设，协调应急管理方面的交流与合作，每年11～12月要求各专业组上报有关专项预案是否需要更新，并督促进行及时更新。协助公司应急领导小组处置公司发生的突发事件，协调、指导突发事件的预防预警、应急演练、应急处置、调查评估、信息发布、应急保障等工作。督促各专项小组编制、完善专项应急预案、培训和演练应急预案、建立应急保障体制、建立与政府对应的应急预案的衔接。建立应急资源信息库，每年根据各季节不同刷新库中数据，以备应急之需。

4. 现场指挥部职责：负责现场应急事件的总体指挥、协调工作。负责向指挥中心汇报现场应急处置情况。负责指挥现场应急事件的搜救和恢复工作。负责现场应急事件处置的安全监督工作。负责现场应急处置方案的启动和协调工作。

5. 现场响应小组职责：负责根据应急事件发生的情况，确定启动相应等级的应急响应。负责收集应急事件发生信息，并及时向指挥中心汇报应急响应的情况。负责迅速召集应急响应人员，并进行职责分工、任务安排。负责根据应急事件的具体情况，调配公司系统的救援力量和资源开展现场救援工作，必要时求助政府部门动用社会救援力量。

(二) 保供电机构职责

2014年1月6日，按照兴义市人民政府、兴义供电局为“推动以客户为中心的应急处置水平提升工作”的要求，为确保重大活动及节假日的安全可靠供电，成立保供电组织机构。

1. 成立保供电领导小组。职责：负责批准、监督保供电工作方案的实施；负责保供电工作的组织、指挥和协调保供电工作方案顺利实施；决定和处理保供电工作的重大问题，组织指挥处理保供电期间出现的突发事件，并对各专业组的保供电工作进行评价和考核。

2. 保供电工作办公室，挂靠安监部。职责：负责保供电日常事务管理，负责组织、协调，下达保供电任务，负责保供电期间各类信息收集汇总、上报及传递等工作。

2014 年 1 月 22 日，成立兴义市电力有限责任公司应急队伍，明确了应急队长、专家、应急队成员的组成及其职责。

队长职责：根据兴义市人民政府应急工作要求，指挥突发事件电力保障应急处置工作，并协调、安排应急队员开展工作。

联络员职责：负责与上级及当地政府有关部门的沟通与协调，及时报告应急处置情况。

专家职责：结合电力行业应急需求，及时为突发事件提供决策、咨询和工作建议，并在必要时参与现场应急处置工作。

应急人员职责：具有一定应急处置能力，在面对突发公共事件时，能根据分工职责，严守岗位，切实做到“召之即来、来之能战、战之能胜”确保各类突发事件能及时有效处置。

（三）应急措施

2012 年，成立应急工作领导小组，根据风险评估结果，识别公司安全生产过程中潜在的应急事件，组织各预案归口部门重新修编了 12+1 个应急预案。组建了公司应急抢险专业组，配置急救包，并进行定置管理。并分别组织人身事故应急桌面演练、消防应急演练、煤矿供电桌面演练，增强了员工的现场应急处置能力。

2012 年，兴义市电力有限责任公司完成州防汛抗旱指挥部 II 级抗旱应急响应、贵州电网公司暴雨蓝色预警、防汛黄色预警及兴义地区暴雨雷电预警响应工作，实现了应急管理体系的正常运作。

2013 年，按计划开展“设备事故应急预案”“突发性群体事件应急预案”“突发公共卫生事件应急预案”桌面应急演练，9 月份组织落实 2013 年防冰准备工作并拟发“兴义市电力公司 2013 年防冰准备工作实施计划”，修编了“兴义市电力公司低温冰冻灾害应急预案”，并组织了防冰应急演练。

2013 年 5 月，安监部接管保供电工作以来，组织“西开会”保供电、“高考保供电”等重要政治任务保供电工作 44 次。共投入人力 2714 人次、出动保供电车辆 501 车次、调动应急发电车 79 辆次，80 千瓦 UPS 电源一台。顺利完成了各项保供电工作。

2014 年初，按要求制定公司的年度应急演练计划，成立兴义市电力有限责任公司应急队伍，明确了公司应急队长、专家、应急队成员的组成及其职责。

2014 年，在抗冰工作中各部门上报信息 600 余条，汇总形成上报覆冰信息 42 条；上报抗冰期间《电力安全事故事件统计表》6 期，《贵州电网公司低温冰冻灾害红色预警行动信息统计情况表》6 期，数据共 672 个；拟发《防冰工作简报》5 期。

组织完成“突发性群体事件应急预案”“自然灾害应急预案”的桌面演练。通过演练增强了员工的现场应急处置能力，掌握救援程序，有序地开展应急、救援工作。

组织完成了“春节”“元宵节”“五一”等节日保供电以及“两会”“高考英语听力考试”“高考、中考”“美丽乡村万峰林峰会”系列活动等特殊保供电工作，确保了以客户为中心的应急处置水平的提升。全年共组织保供电工作28次，共投入人力10815人次、出动保供电车辆495车次、调动应急发电车、机41台次，圆满完成了保供电工作。

2015年，兴义市电力公司根据兴义市人民政府保供电工作要求，组织完成了“春节”“元宵节”“五一”“国庆”等节日保供电，以及“高考英语听力考试”“高考、中考”等特殊供电工作，确保了以客户为中心的应急处置水平的提升。共组织保供电工作62次、95个工作日。为确保各项保供电工作顺利完成，公司共投入人力7927人次、出动保供电车辆491车次、调动应急发电车、发电机56台次，顺利完成了保供电工作。

根据黔西南州气象台、兴义市气象台等天气预报，发布寒潮蓝色预警、防汛蓝色预警、大风及森林火灾蓝色预警、防汛蓝色预警等预警信息5条，防汛工作温馨提示2个，防汛工作简报2期。对各部门应急报告、应急值班、应急抢修等工作进行了全面布置。

5月15日，组织召开了2015年度防汛工作会议，对水电站防汛重点工作、地质灾害地区供电所防汛工作、防汛期间车辆安全管理工作、防汛值班工作、防汛物资储备等工作进行了布置。

5月21日、22日，公司应急抢修队积极配合参加了州、市政府组织的地质灾害应急处置演练活动。并在地质灾害现场供电恢复演练环节中，以优异的表现获得州、市领导的肯定。

6月，应急办组织各相关部门完成了2015年度应急预案修订工作。

根据公司防汛等应急预案，制定应急物资配备计划，按计划配置了相应的应急物资并由物资仓储配送站对统一管理的应急物资进行定置存放管理。在各乡镇供电所配置了急救包。

8、9月组织仓更供电所、泥凼供电所、万峰供电所、鲁布格供电所开展汛期抢险、复电工作。

2015年底，公司已购置应急发电车400千瓦一台、100千瓦二台、50千瓦一台、21千瓦一台、8千瓦八台。为确保兴义市重要会议和活动顺利开展保电工作，计划投入资金250万元，购置应急发电车200千瓦二台，100千瓦UPS不间断电源车一台。

2016年，发布电网风险预警（15份），生技部组织开展的设备风险评估和状态评价工作、车队下发的“道路交通安全风险控制措施”，后勤保卫中心开展的办公、生产场所火灾事故（消防重点部位）隐患专项检查，安监部（应急办）及时下发恶劣天气预警发布防冰、防汛、雷电、大雾等预警信息近20条，组织对生产作业中存在的危险点进行辨识和管控。

四、安全防火及电力设施保护

2014年4月28日，根据公司人事变动情况，对公司安全防火委员会成员进行调整并明确职责。

（一）安全防火委员会职责

宣传贯彻落实国家消防法律、法规，做好防火、防爆安全管理工作。签订年度《消防责任书》，保证各类消防规章制度的贯彻落实。组织开展消防安全大检查，对检查出的问题按要求限期整改，消除事故隐患。负责对新、改、扩、建工程的消防审查、验收及过程的监督管理。调查、处理违反有关消防规定的违规、违章行为和一般火灾事故。定期召开消防安全工作会议，听取各部门消防工作汇报并研究解决消防安全和防火工作中存在的有关问题。

安全防火委员会下设办公室，挂靠后勤保卫中心。职责：做好消防安全管理的日常性工作。参与新建、扩建、改造工程的审核和验收工作。布置、检查、总结消防安全工作，定期向上级监督机构汇报消防工作情况。定期组织开展消防安全大检查，认真查找火灾隐患，及时提出隐患整改方案，严格督促相关部门进行整改。做好消防宣传及消防教育培训工作，制定《消防工作预案》，并按照《消防工作预案》开展定期演练。参与火灾事故的调查、分析、处理，并形成相关报告。及时对公司消防管理标准进行修订，并组织实施。做好消防设施、器材的日常性维护，使其始终处于有效状态。

(二) 电力设施保护

由于全州各地治安形势十分严峻，盗窃犯罪分子十分猖獗，电力设施被盗案件频繁发生，为加强电力设施保护，确保电力设施安全，2014 年 5 月 22 日，兴义市电力有限责任公司对电力设施保护工作领导小组成员进行调整。

职责：负责组织开展电力设施保护工作，研究电力设施保护工作重大部署，协助公安机关侦破处理电力设施被盗案件，协调解决电力设施保护工作专项资金。

电力设施保护工作领导小组下设办公室，挂靠后勤保卫中心。

职责：负责组织开展电力设施保护宣传教育工作；负责电力设施被盗案件的理赔工作；负责协助公安机关侦破查处电力设施被盗案件。

五、安全生产责任传递机制

根据安委会制定的安全目标与指标，安监部对安全生产目标与指标进行层层分解和培训，组织各部门签订安全生产目标责任书。每月对公司中层及以上管理人员安全生产到位情况进行统计、复核和上报。按季度对各生产部门安全生产目标、指标完成情况进行分析、考核，发现问题时及时采取纠正措施，确保安全生产责任传递机制得以有效实施。

2015 年，兴义市安委会对兴义市电力有限责任公司全年安全生产目标与指标、安全生产责任制及到位标准的执行情况进行考核得分 99.5 分。由于安全管理工作突出，被兴义市安委会推荐参加“贵州省安全生产二级诚信企业”申报评比工作。

2015 年 12 月，为加强对电力安全生产环节的有效监督，在 OA 办公系统上开发了安全监督管理系统，系统业务内容不仅覆盖生产、运行和基建，并对各个业务内容进行安全监督、安全检查、安全风险、安全应急、安全事故、工器具和防护用具进行过程管控。

系统以安全监督监控为核心，分为综合业务管理、安全教育培训管理、安全监督管理、承包商管理、安全检查管理、安全应急管理、安全风险管理、纠正与预防管理、安全事故管理、安全统计分析、系统管理和移动端应用。

第九章　多种经营

在兴义市地方电力建设中，从兴义市水电局供电所开始到成立南江集团，再到实行电力体制改革后的今天，多种经营方式一路并行。这些多经公司有的从满足自身检修需要的车间开始，逐步演变发展为水泥加工制造厂；有的从开办教育培训到设立科技公司，从事信息通信技术的销售及服务；也出现过酒店、餐饮、旅行社等服务型企业。有的以电力线路和水电技术工程安装、施工为初始，渐渐演变到工程承包、施工型企业。在总结过去的管理经验后，以兴义市水电开发公司为主要股东，又开办了集治丧、公墓、火化为一体的殡葬服务公司（兼有市政府委托的行业改革部分职能）。同时，还新参股到水电、煤焦化等能源开发型公司中。又在受市政府委托进行“两廉房”开发建设的基础上，成立了房地产开发股份有限公司等。这些多经产业在企业和行业发展的过程中对解决就业，拓宽产业、增效稳定等方面都起到了积极作用。

这些在电力建设进程中出现的多经公司，按其生产经营性质、服务对象及范围，可分为：电力产业、加工制造、服务、销售四大类。按其出现时间特性可分为：电力体制改革前（2002年2月前）和电力体制改革后两个阶段。

从时间阶段上看，这些公司以电力体制改革（2002年2月）为分界，之前出现的多种经营主要有：电力相关产业型修理加工、工程承包类，水资源利用及水库管理、供水服务型，旅游服务型，商品销售型。之后出现的主要有：社会公众服务型（殡葬）、土地开发型（房开）、能源投资型。这种在分界前后的多种经营呈现了企业和行业发展的一定特点。

第一节　电力体制改革前出现的多种经营公司

1996年7月8日，成立“兴义市地方电力总公司”，与“兴义市地方电力局”一套人马、两块牌子，隶属市水利电力局管理。企业性质为国有企业，实行自主经营，独立核算，自负盈亏，照章纳税。在批准的供电营业区内依法经营电力能源开发，建设地方电力。

1997年6月13日，将“兴义市地方电力总公司”进行改制，设立“兴义市地方电力有限责任公司”。公司组织形式为国有独资。依法设立兴义市地方电力有限责任公司董事会和监事会，并依照有关法律规定，通过职工代表大会，实行民主管理。成立后的市地方电力有限责任公司暂与市地方电力局两块牌子，一套人马，仍隶属于兴义市水利电力局。严格执行《中华人民共和国电力法》《电力供应与使用条例》《供用电监督管理办法》，对地方电力实行发、供、用统一管理，在批准的供电营业区内依法经营电力能源，在市政府授权范围内实施地方电力事业发展规划，地方电力工程开发、建设、管理等职能。依法经营，照章纳税，确保国有资产保值增值，不断提高职工生活水平。公司实行独立核算、自主经营、自负盈亏、自我发展、自我约束的管理机制。

1998年，将南江集团列为水利部“百龙企业”。南江集团拥有兴义市地方电力总公司、兴电实业公司、兴西湖管理所、围山湖管理所、兴电实业公司、兴义市地方电力总公司电杆厂、南江医院、南江大酒店、南悦旅行社、“兴玛特”超市、南江科技公司、农机公司、车贸公司、南江加油站、顺铭气库等15个子公司，共有职工1000余人。

一、电力相关产业型公司

主要代表：兴电实业公司

注册号：5223011200182（2-2）

企业名称：兴义市兴电实业公司

住所：贵州省兴义市黄草办富民路8号

注册资金：150万元（2009年3月30日变更数）

经济性质：集体所有制

经营方式：批零兼营、服务

经营范围（主营）：机电（二、三类）、建材、家用电器、日用百货、电脑设备

二、加工制造型公司统计表

表9-1

成立时间	名　称	经营业务	其他信息
1994年	线路器材修造车间、镀锌车间、电杆生产车间	负责对电力线路工程中电杆的生产及设备维修和部分铁件加工。	地址设于富民路11号院内。
1996年	北京龙海公司金龙电缆厂兴义分厂	电缆电线生产销售	厂址：兴义市下五屯军分区基地（刘氏庄园）。共有维修、拔丝、合胶、包胶、编织、沥青、塑线等车间。职工人数：50余人
1996年	兴义市筷子厂	筷子加工、销售	厂址：兴义市下五屯军分区基地（刘氏庄园）
1996年	装配厂	电表箱加工、装配、销售	厂址：兴义市下五屯军分区基地（刘氏庄园）

续表 9-1

成立时间	名 称	经营业务	其他信息
1997 年	兴义市地方电力总公司电杆厂	电杆及水泥制品加工	厂址：兴义市桔山办花月村。集体所有制。注册资金：10 万元
1997 年	南江加油站	成品油销售	站址：兴义市南环路。该加油站为租用黔西南武警支队位于南环路旁土地进行建设。地面以上建筑部分由南江集团兴电实业公司投资建设。总投资 27 万余元。总职工人数 20 余人。2004 年由中国石油对其收购。27 万余元成本投资归还兴电实业公司，并用出让金归还投资成本后所余对 16 名职工进行安置
2003 年 5 月 12 日	建达实业有限责任公司	加工销售电杆、水泥空心砖。兼营：饮食服务、彩弹枪游戏、游泳、娱乐	厂址设于兴义市桔山办花月村。注册资金：100 万元。所有制性质：有限责任。先后开办花月食府、彩弹枪俱乐部、网球俱乐部等饮食娱乐项目。2005 年 11 月，公司进行改制，完成股份制改造，自主经营、自负盈亏。随后搬至兴义市桔山办丰都路中段新厂区

（截至 2004 年 2 月 28 日，建达实业有限责任公司销售给兴义市电力建设工程的电杆为：）

表 9-2

项目性质	尺 寸	金 额（万元）
工程电杆	8m	245.778
工程电杆	9m	97.188
工程电杆	小 10m	116.496
工程电杆	大 10m	3.552
工程电杆	12m	2.464
工程电杆	15m	9.15
电杆材料		11.088
合计金额		485.716

三、服务型公司统计表

表 9-3

成立时间	名　称	经营业务	其他信息
1962 年 6 月	兴义县围山湖水库工程管理所	水库工程管理及供水服务	注册资金：972 万元。经营范围：水库防洪、农业灌溉、城镇供水、发电等业务。1988 年名为兴义市水电局围山湖工程管理所。1998 年 4 月更名为兴义市围山湖工程管理所。1998 年 9 月更名为兴义市围山湖水库工程管理处。2002 年 4 月更名为兴义市围山湖水库工程管理所。2003 年 6 月更名为兴义市围山湖管理所。经营性质为：国有事业单位
1993 年	顶效开发区围山湖自来水公司	自来水销售	1998 年加入南江集团公司。住所：兴义市顶效镇，经营性质为国有企业单位。企业类型为有限责任公司。经营范围：顶效开发区城镇供水、供电、农业灌溉、发电、水电工程安装。注册资金：1200 万元。2002 年 12 月 23 日水电分离。2003 年 4 月办理完成相关手续
1998 年 4 月 4 日	兴西湖管理所	供水、灌溉、发电	注册资金：1200 万元资产性质：国有独资。2012 年 12 月 31 日前共有职工 120 余人。经营范围：供水、灌溉、发电。(2007 年 4 月 20 日前，灌溉片区及面积：桔山、丰都、下五屯、坪东。2007 年 4 月前后，实际灌溉面积分别为 43500 亩和 35000 亩 (2007 年 4 月后，桔山新区部分面积划归木浪河水库灌区)。兴西湖管理所 (现为兴义市兴西湖水电有限责任公司) 拥有电站 4 个。兴西湖管理所于 2007 年 4 月 20 日更为兴义市兴西湖水电有限责任公司
1998 年 8 月	贵州南江水利电力集团医院	医疗服务及药品、器械销售。	2002 年，经兴义市人民政府批准，进行医药分开改革，由贵州醇酒厂兼并南江院，该院人财物及资产负债全部划归兼并方承担
1999 年 7 月 20 日	凯旋大酒店	旅店、餐饮、会议服务等	2002 年对外进行了发包，承包方为私营业主
1999 年 7 月 20 日	南悦旅行社	旅游服务	
2000 年 1 月 11 日	贵州南江水利电力集团南悦旅行社有限公司	旅游服务	注册资本：40 万，资本性质：有限责任，办公地点：兴义市富民路 11 号南江集团大楼，2000 年 2 月 29 日，南悦旅行社正式开业。2005 年，该旅行社进行股份转让，原股份全部转为私营资本。2005 年 5 月 10 日在兴义市工商局变更，变更后该旅行社注册资金：40 万。资本性质：有限责任
1999 年南江科技公司		电脑销售、维修、软件开发及人员培训等业务	2003 年，该公司改制，随后注销

四、商品销售型公司统计表（表三）

表 9-4

成立时间	名　称	经营业务	其他信息
1998 年	贵州南江水利电力集团车辆贸易有限责任公司	车辆贸易	该公司作为南江集团紧密层的全资子公司，与兴义市农机有限责任公司实行两块牌子、一套人马，公司设经理部、车销部、农机服务部、建材部、财务部，主要从事各种车辆、农机具和建筑材料的经营贸易活动。 注册资金 200 万元。资本性质：集体。办公地点：兴义市南环路中段。在册职工 45 人。2004 年底至今未年审。
1999 年	兴义市农机有限责任公司		市农机公司纳入南江集团统一管理。在原公司基础上保留原名，全称为兴义市农机有限责任公司。市农机公司的资产由市财政、市国有资产管理部门进行清产评估核实后，移交贵州南江水利电力集团公司。市农机公司的债权债务由贵州南江水利电力集团公司负责承担。贵州南江水利电力集团公司按照建立现代个企业制度的有关规定对农机公司的行政和生产经营进行统一管理，在行政业务上接受农机行业主管部门的指导 市农机公司的职工（包括离退休职工），享有国家规定的有关待遇，由贵州南江水利电力集团公司承担并统一安排
1999 年 7 月	金玛特超市	百货销售	由南江集团兴电实业公司与贵阳金玛特超市按合作协议，开办兴义金玛特超市。总店设于云南路客运总站门店；分店（时称金玛特兴义二店）设于遵义路租用门店。2000 年总店关停，分店随后于 2001 年初关停

第二节　电力体制改革以后出现的多种经营公司

一、方舟公司（公众服务型特种行业）

2006 年 9 月 22 日，兴义市第五届人民政府常务会议将市殡葬殡仪服务（火化业除外）项目经营权交由兴义市方舟殡葬服务有限公司负责实施。同时将市殡葬管理局经营的殡仪服务中心（原兰山公园）、青龙山公墓、新老烈士陵园公墓区（烈士陵园区域除外），在国有资产产权不变的前提下，交由兴义市方舟殡葬服务有限公司经营。

2007 年 4 月 4 日，由市民政局与方舟公司依法签订《接管经营合同》明确了双方的权利、义务及具体经营有关事宜。

2007 年 4 月，方舟公司正式接管兴义市的殡葬业务，并通过自然人多元投资和国有企业控股方式成立运营兴义市方舟殡葬服务有限公司，公司位于兴义市栖霞路，自筹资金3400万元，员工58人，设立综合办公室、工程部、殡仪服务部、公墓销售部4个部门。

由于2011年兰山列入兴义市爱国主义烈士教育基地后，兰山殡仪服务站停止集中治丧业务，集中治丧业务统一在福禄山殡仪服务站办理，现公司负责经营福禄山殡仪服务站、兰山龙归园公墓、青龙山公墓和福禄山公墓。

福禄山公墓位于兴义市栖霞路幸福社区佘家湾，占地218亩，墓位近3万个。采取分期分批，梯级开发建设的方式建设并销售。2012年12月～2013年6月，福禄山一期公墓吉祥园、福惠园、福星园竣工，并均获物价门对公墓物价进行审批后正式投入销售。

福禄山殡仪服务站，于2009年3月17日正式投入使用。共建有6座功能齐全的集中治丧大厅，能同时为6户丧属提供治丧服务。其中有小厅4座可分别容纳20桌人，大厅两座可分别容纳30桌人同时就餐，厅内还配置了休息室、储藏室、棋牌室、洗手台、音响等设施。两栋综合性大厨房和三个配餐间及蒸汽碗筷消毒设施，可同时为6户丧家提供餐饮服务。配备有能容纳170多个停车位的停车场。

方舟公司内设综合办公室、殡仪服务部、公墓管理部、营销策划部、工程部、殡葬用品超市，共6个部。

二、贵州钰元房地产开发股份有限公司（土地开发型）

2008年4月1日，注册成立贵州钰元房地产开发股份有限公司，住所位于贵州省兴义市黄草办富民路8号。注册资本2000万元，实收资本2000万元。公司类型为股份有限公司。经营范围：房地产开发、销售（凭有效资质从事经营活动），建筑装饰材料销售。营业期限：2008-04-01至2038-04-01。

2007年底，兴义市人民政府为贯彻落实国家关于解决中低收入家庭住房困难问题，决定开发建设经济适用房和廉租住房，并同意兴义市电力有限责任公司开发建设经济适用房和廉租住房。为主动承担社会责任，市电力公司于2007年底开始筹组房地产开发企业，2008年4月以股份有限公司形式在黔西南州工商局注册成立“贵州钰元房地产开发股份有限公司”（简称“钰元公司”），注册资本2000万元。同年6月，市人民政府再次明确由市电力公司注册成立的钰元公司承担全市经济适用房和廉租住房的开发建设任务。

2008年5月，钰元公司取得贵州省建设厅《房地产开发企业暂定资质证书》，具有“企业注册地承担建筑面积伍万平方米以内的房地产综合开发建设项目”资格。

2008年11月13日，注册成立黔西南州钰元物业管理有限公司，住所位于贵州省兴义市黄草办富民路8号，注册资本50万元整。公司类型为有限责任公司（自然人投资或控股）。经营范围：物业管理，家政服务。营业期限：2008-11-13至2038-11-12。

三、黔西南州建筑安装工程公司坤峰分公司（工程施工承包型）

2009年4月8日，注册成立黔西南州建筑安装工程公司坤峰分公司。地址在兴义市黄草办富民路8号，资金数额为8万元整。经济性质属国有经营（非法人）。经营范围：主营为主体公司承接业务。经营期限：2009-04-08至长期。

四、黄泥河公司（水能资源开发型）

经营范围：水力发电，电力技术咨询、服务，电力物资销售。经营性质：有限责任公司（国有控股）。办公地点：兴义市建设路将台营商住大厦A-2幢1401号。

组成方及投资额、股份比例：兴义市投资额4900万元，占比35%；罗平锌电股份有限公司投资额4620万元，占比33%；云南南磷集团股份有限公司投资额4480万元，占比32%。注册资金：14000万元，老江底水电站总投资9.3318亿元。

主体工程动工时间2005年3月；完工时间2008年8月。

五、黔西南州兴粤能源发展有限公司（参股投资型）

黔西南州兴粤能源发展有限公司是由黔西南州工业投资集团（以下简称：工投集团），兴义市水电开发有限责任公司（以下简称“兴义水电”），广东省电力开发公司（以下简称“开发公司”）三家股东组成，于2008年11月20日在黔西南州工商行政管理局注册成立，注册资本金人民币35535万元。出资比例为：州工投集团55%，出资额人民币19544万元，以货币和非货币财产作价出资；兴义水电出资25%，出资额人民币8884万元，以货币和非货币财产作价出资；开发公司20%，出资额人民币7107万元，货币出资。主要经营范围有电力、矿产等能源、资源项目的投资、建设、经营管理，相关产品的加工、生产和销售。

公司设综合部、财务部、发展部三个部门，员工11人，其中由各投资方委派10人，公司招聘任用1人。为促进公司规范化运作，逐步提高经营管理水平，结合公司实际，制定了公司行政、人事、财务、外派人员管理等基本管理制度。公司目前参股投资的项目有3个，广西平班水电站占股份27%，贵州大田河水电站占股份28%，兴义火电厂占股份2%。公司成立初期是租用黔西南州汽车配件公司的房屋进行办公，2012年由公司出资购买了铭都公寓A栋8-9楼作为公司的办公楼。

第十章 企业管理

第一节 计划管理

一、管理体制

1989年，兴义市水电局供电所成立时，属于兴义市水电局的一个派出机构，是实行自收自支，企业化管理的事业单位。1995年成立兴义市地方电力局和兴义市地方电力公司，仍然是两块牌子一套人马。其中兴义市地方电力局属副科级事业管理机构，兴义市地方电力公司属于地方全民所有制企业。1998年，兴义市地方电力公司更名为贵州南江水利电力集团公司，整合兴义市围山湖水电实业公司、兴义市兴西湖水电实业公司等单位，成立贵州南江水利电力集团。原兴义市地方电力局、围山湖管理所、兴西湖管理所等事业单位机构、职能依然存在，事业单位管理体制并未改变。

2002年，兴义市实施电力体制改革。贵州南江水利电力集团有限责任公司被拆分，其中电网部分成立了兴义市电力有限责任公司，为国有独资企业。经兴义市人民政府与兴义供电局达成协议，市人民政府委托兴义供电局对兴义市电力有限责任公司人、财、物及供用电业务代为管理，即是“代管”。原兴义市围山湖水电实业公司电网部分也被拆分，成立贵州顶效经济技术开发区顶效电力公司，为国有独资企业，经兴义市人民政府批准，由兴义市电力有限责任公司“代管”。

2003年，兴义市水电开发有限责任公司成立，为国有独资企业。之后，为促进兴义市地方小水电开发和地方电网的发展，兴义市电力有限责任公司、兴义市水电开发有限责任公司、贵州顶效经济技术开发区顶效电力公司在保持企业独立性不变的前提下，实行资源互补，人员交叉使用，共同发展，并实现员工待遇同工同酬，形成了三个企业抱团发展的态势，一般称为“兴义市电力系统”。其中，兴义市电力有限责任公司在行业管理上，仍然由兴义供电局“代管”。在地方，与兴义市水电开发有限责任公司、贵州顶效经济技术开发区顶效电力公司，同样接受地方政府和主管局（经贸局）的业务指导。

2014年4月17日，经兴义市人民政府专题会议研究，同意将兴义市水电开发有限责任公司、兴义市电力有限责任公司、贵州顶效经济开发区顶效电力公司，无偿划转至贵州兴义阳光资产经营管理集团有限公司。

二、计划

兴义市水电局供电所各种年度计划的拟定，一般是在兴义市水电局的安排下进行。基建工程、更新计划等一般经兴义市水电局批准后，报相关主管部门批准实施。直到2002年兴义市电力有限责任公司成立并由兴义供电局代管后，兴义市电力有限责任公司年度建设计划拟定由兴义供电局安排进行。电网建设计划按照南网公司的要求，实行按电压等级分级审批、投资、建设、管理。其他基建计划也由兴义供电局审批后，报地方相关管理部门批准后实施。

兴义市电力有限责任公司上报的计划指标，主要有供电量、售电量、线损率、供电最大负荷等。从时间段上分为年、季、月计划。月以下计划由公司内部制订下达实施。

基础管理达标后，兴义市电力有限责任公司计划管理和流程管理得到进一步规范。各项工作计划的制定、审批、实施、检查、总结等工作，要求更为具体，责任更加明确，并纳入部门、员工绩效考核内容，按指标完成情况与工资奖金挂钩，实行月、季、年分段考核。

兴义市电力系统通常在年末召开年度经济活动分析会，统筹制定三个公司的年度生产计划、基建计划、更新改造计划、工资福利计划等，同时考核总结上一年度计划实施情况。

兴义市水电开发有限责任公司和贵州顶效经济技术开发区顶效电力公司，按照地方企业管理渠道上报年度建设计划。参照兴义市电力有限责任公司管理模式，将各项工作计划的制定、审批、实施、检查、总结等工作，纳入部门、员工绩效考核内容，按指标完成情况与工资奖金挂钩，实行月、季、年分段考核。

三、统计

兴义市电力有限责任公司的统计工作，主要是按时间序列的月、季、年统计表。有的按特殊时期需要，如春检、秋检、安全月活动等的需要进行统计。按上级部门统一制定的报表、制度及项目要求建立统计台账填报。

兴义市电力有限责任公司及贵州顶效经济技术开发区顶效电力公司作为供电企业，报表主要分为财务类报表，电力生产类报表，电力营销类报表，基建类报表，人事劳资类报表等，分别由相关科室统计填报。

兴义市水电开发有限责任公司属于水电投资管理企业，执行常规企业报表。

四、规划

兴义市地方电力发展规划是在兴义市人民政府及兴义供电局的统一指导下进行的。它以当地政府国民经济发展规划为依据，对供电辖区内的电力需要进行深入调查研究，对电力负荷进行信息收集，分析预测，加工整理、编制成一定年度的发展规则。规划工作一般由生产技术部负责牵头，公司领导主持进行。规划草案经反复修改、论证后，上报市人民政府及兴义供电局。

2005年3月，制订兴义市无电地区电力发展规划。

2005年12月，制订兴义市煤矿供电规划。

2006年3月，制订兴义市电力有限责任公司电压质量与供电可靠性工作规划（2006~2010）。

2006年4月，制订兴义市电网“十一五”规划。

2007年，制订兴义市小水站及电网建设规划。

2009年7月，制订兴义城市配电网2009～2013年规划。

2011年5月，制订兴义市电力有限责任公司“十二五”电网规划。

2012年3月，制订兴义市电力有限责任公司“十三五”电网规划。

2014年12月，制订兴义市高压电网规划。

第二节　财务管理

一、管理体制与规章制度

(一) 管理体制及历史沿革

1989年7月，兴义市水电局供电所成立，启动资金2万元，隶属于兴义市水电局，兴义市水电局供电所采用事业单位管理体制，自负盈亏，税款上缴兴义市税务局。成立初期采用《国营工业企业会计制度》，运用“资金来源＝资金占用”的事业单位会计平衡公式，填报的主要报表有资金平衡表、企业利润表、成本表、应上交款项明细表、专用基金及专用拨款表；1993年1月按照企业管理制度执行，采用《工业企业会计制度》《企业财务管理通则》，会计核算运用国际通用的会计平衡公式“资产＝负债＋所有者权益”，会计报表采用了资产负债表、损益表和财务状况变动表等三张报表为主要报表，按期向兴义市水电局报送供电所的经营成果及资金增减变化情况。

1996年6月，兴义市水电局供电所更名为兴义市地方电力局，行政领导及业务主管关系仍隶属于兴义市水利电力局。

1998年2月，按照水利部百龙工程“大公司、大集团、大水利”的战略构想，成立了以兴义市地方电力有限责任公司为母公司的贵州南江水利电力集团，在财务管理上完全按集团化动作，实现了政企分开、独立自主、自负盈亏、自主经营、自我发展、自我完善的管理机制。

2002年2月，根据国务院〔1999〕2号文件，省人民政府“两改一同价”实施方案，将贵州南江水利电力集团电网部分剥离出来，按企业资产所有权与经营管理权分离的原则，成立兴义市电力有限责任公司，由贵州电网公司委托兴义供电局代管。代管后的兴义市电力有限责任公司资产所有权归属兴义市人民政府，企业经营管理权由贵州电网公司委托派出机构兴义供电局对人、财、物全面代管。在财务管理上，兴义市电力有限责任公司按照南方电网公司一体化管理要求，采用《中国南方电网有限责任公司会计核算办法》进行会计核算。

为了搞好兴义市小水电开发工作，2003年1月成立了兴义市水电开发有限责任公司，归属兴义市经济贸易局管理，在会计核算上，从2008年1月1日起执行新《企业会计准则》。

2014年5月，按照州委、州政府、市委、市政府关于振兴地方经济，打造自有地方电网，整合优质资源的战略发展需要，中共兴义市委常委会议纪要决议，成立贵州阳光资产经营管理集团有限公司，包含水务、电力、医疗、物流、教育、旅游等板块。其中，电力板块采用国资划拨方式，将原兴义市水电开发有限责任公司、兴义市电力有限责任公司、贵州顶效开发区顶效电力公司等七家企业重新整合调整，成立了贵州万峰电力股份有限公司，贵州万峰电力股份有限公司于2014年10月31日股改结束，下设兴义市电力有限责任公司、兴义市上乘发电有限公司、贵州顶效开发区阳光电力有限公司、兴义市誉丰发电有限责任公司、兴义市阳光电力投资有限公司、兴义市隆腾物业管理有限公司6家子公司，贵州万峰电力股份有限公司于2015年5月19日在全国中小企业股份转让系统挂牌上市，成为黔西南第一家本土上市公司，财务管理上跟全国其他上市公司一样，采用《企业会计准则》进行核算管理。

(二) 财务管理制度发展

1989年7月，兴义市水电局供电所成立时就设立了财务物资科，财会人员按国家统一规定，建立了各种会计账簿，进行财务管理。1991年财务物资科制定了“财务管理制度”，对财务负责人、财会人员的职责作出了明确规定。1993年改称财务部，财务部在所长领导下，负责全所资金的组织、筹集、管理和使用，实行财务监督。其主要工作内容有：固定资产管理、流动资金管理、成本管理，专项基金管理和销售收入管理等。制订了《财务管理制度》《财务部经济责任制》及财务部各工作岗位职责，建立健全了财务会计档案。

2007年，兴义市电力有限责任公司以开展基础管理达标工作为契机，根据《中国南方电网有限责任公司县级供电企业基础管理达标考评办法》《中国南方电网有限责任公司县级供电企业基础管理达标考评标准》的要求，在原有财务管理制度的基础上，结合长期的工作实践，系统修改和完善了相应的财务管理制度。具体有《财务分析管理制度》《财务管理办法》《财务信息管理制度》《产权管理制度》《成本费用管理制度》《风险管理制度》《税收管理制度》《项目管理制度》《预算管理制度》《资金管理制度》《资产管理制度》《财务管理制度》《绩效考核管理办法》《电费票据管理办法》《会计核算办法及实施细则》《闲置资产管理办法》《内部预算管理办法》《资金审批及拨付实施细则》《经济活动分析会议制度》《农电“三项费用”控制和管理措施》《财务档案室管理措施》《会计电算化管理制度》《差旅费开支管理规定》等管理制度。

(三) 会计工作电算化进程

1995年财务开始会计电算化财务工作，通过人机“双轨制”运行，自1995年6月1日正式甩账，开始使用电子计算机代替手工记账。2002年兴义市电力有限责任公司根据贵州省电网公司要求启用远光财务核算软件，2015年划入贵州阳光资产经营管理集团有限公司后启用了金碟财务软件，实现了老软件向新软件平稳、可靠的过渡。会计工作电算化的应用，提高了财务信息质量和财务工作效率，同时也大大减轻了财会人员的劳动强度。

二、固定资产情况

(一) 固定资产来源及现状

1989年，为了用好鲁布格电站1.35亿度的留成电，国家计委能源投资公司明确，鲁兴输变电工程由兴义市负责建设、管理、使用、维护，工程投资列入鲁布格电站工程概算，其投资不由兴义市偿还。1991年2月8日云南省电业局将验收合格的鲁兴输变电工程移交兴义市水电局，其中包括110千伏鲁布格—兴义送电线路工程，线路全长51.475公里，工程造价569.32万元；110千伏城南变电站，工程造价371.26万，兴义市水电局供电所对鲁兴输变电工程进行了账卡物管理。至1991年兴义市水电局供电所固定资产规模已达到869万元。这是公司成立之初的第一笔电网资产。

到1999年成立贵州南江水利电力集团时，通过地方资产上划，收编整合原乡镇供电所、农电站、资产评估等方式，公司资产规模已达到2.3亿元。2002年5月，公司资产规模为2.6亿元。

从2002年5月，兴义市电力有限责任公司交由贵州电网公司兴义供电局代管，兴义市水电开发有限责任公司负责经营留成电量。兴义市电力有限责任公司由贵州电网公司兴义供电局代管后，经历了8年的农网改造，形成农网代维资产4.43亿元，农网代维资产未纳入兴义市电力有限责任公司资产价值。2014年5月，根据州、市政府打造贵州兴义阳光资产经营管理集团有限公司的决策部署，兴义市电力有限责任公司、兴义市水电开发有限责任公司全部划入阳光集团旗下进行资产整合管理。贵州电网公司于2015年9月取消了对兴义市电力有限责任公司的代管。随着万峰电力股份有限公司的成立和上市挂牌，到2016年底万峰电力资产规模已达到83.83亿元。其中，流动资产有15.13亿元、非流动资产有68.7亿元，主要包含了火电资产、水电资产、220千伏输电资产、110千伏、35千伏、10千伏等配电资产。2016年7月，根据黔西南州大电强网十大产业的决策部署，万峰电力全部资产划入贵州金州电力有限责任公司。

（二）固定资产管理

兴义市水电局供电所成立后，执行水利部颁发的电力工业会计制度《关于固定资产的划分标准》规定，使用年限在一年以上、单位价值在800元以上的列为固定资产。1993年1月起，固定资产标准提高到2000元。1994年兴义市水电局供电所建立固定资产卡片，制定了《兴义市水电局供电所资产管理制度》。2002年兴义市电力有限责任公司严格执行《南方电网公司固定资产管理办法》，对固定资产的购置、使用、转移调拨、出售、处置、报废和清查进行了规范管理。2009年兴义市电力有限责任公司按新的《南方电网公司固定资产管理办法》对固定资产分类、折旧年限和折旧率进行了调整。

各部门如需购置固定资产，需填写“固定资产采购申请表”，表中应详细填写固定资产名称、规格、型号，报部门负责人、部门经理、财务部及总经理批准。经批准后，由采购部门安排专人负责采购，填写“资金支付单”，报经采购部门负责人、采购部门经理、财务部及总经理批准。固定资产收到后，由固定资产管理部门负责验收，并填写“固定资产验收清单”一式三份，在验收清单中应详细填写固定资产名称、规格型号、金额、供货厂商，并同时对固定资产进行编号。一份由使用部门留存，一份交财务部进行相应的账务处理，一份交资产管理部门填写固定资产卡片，更新台账，落实使用责任人。

固定资产的使用管理主要分四大部分。一是变电设备，由变电站值班人员负责管理。二是输电线路，由输电所负责运行维护与检修。三是配电线路及设备，由生技部、供电所和计量所负责管理。四是办公设备，办公设备按部门科室，谁用谁管。五是生活服务设施，由行政后勤部专人负责管理。财务部设置固定资产总账及明细分类账，对固定资产的增减变动及时进行账务处理。各使用部门对固定资产的使用落实到使用人。资产管理部门对固定资产进行统一分类编号，并设置固定资产实物台账，建立固定资产卡片。

固定资产在公司部门之间转移调拨，需填写“固定资产转移申请单”一式四联，送移入部门签字，确认后交固定资产管理部门。第一联由管理部门留存、更新固定资产卡片，第二联送交会计部门，第三联送交移入部门，第四联送交移出部门。此时，固定资产编号保持不变，只需填写清楚新的使用部门和新的使用人，以便监督管理。

固定资产如需出售处理，需由固定资产使用部门将闲置的固定资产书面告知管理部门，填写“闲置固定资产明细表”。固定资产管理部门提出申请，填写“固定资产出售申请表”，列出准备出售的固定资产明细，注明出售处理原因，出售金额，报部门负责人、部门经理、财务部和总经理审批。

固定资产出售申请经批准后，固定资产管理部门对该固定资产进行处置，并对固定资产卡片登记出售日期，台账做固定资产减少。财务部根据已经批准的出售申请表，开具发票及收款，并对固定资产进行相应的账务处理。

当固定资产严重损坏，没有维修价值时，由固定资产使用部门提出申请，填写“固定资产报废申请表”，交固定资产管理部门报总会计师和总经理审批。经批准后，固定资产管理部门对实物进行处理。处理后对台账及固定资产卡片进行更新，并将处理结果书面通知财务部。财务部依据总经理批准的固定资产报废申请和实物处理结果，进行账务处理。

公司建立固定资产清查制度，每年末盘点一次，由管理部门和财务部共同执行。固定资产的清查应填制“固定资产盘点明细表”，详细反应所盘点的固定资产的实有数，并与固定资产账面数核对，做到账务、实物和固定资产卡片相核对一致。若有盘盈或盘亏，须编报“固定资产盘盈盘亏报告表”，列出原因和责任，报部门负责人、部门经理、财务部和总经理批准后，财务部进行相应的账务调整。管理部门对台账和固定资产卡片内容进行更新。

兴义市电力系统历年固定资产情况表

表 10-1

年　度	单位	原值	累计折旧	净值
1991	兴义市水电局供电所	8690209.88	185441.38	8504768.50
1992	兴义市水电局供电所	9135127.64	442678.50	8692449.14
1993	兴义市水电局供电所	10030902.81	719229.05	9311673.76
1994	兴义市水电局供电所	15478827.39	1671712.68	13807114.71
1995	兴义市水电局供电所	37226498.82	2896055.93	34330442.89
1996	兴义市地方电力局	41537829.67	4731737.44	36806092.23
1997	兴义市地方电力局	45992093.68	6906918.51	39085175.17
1998	贵州南江水利电力集团	65272425.72	7025561.88	58246863.84

续表 10-1

年　度	单位	原值	累计折旧	净值
1999	贵州南江水利电力集团	230349748.58	13071032.63	217278715.95
2000	贵州南江水利电力集团	251062067.71	16921093.39	234140974.32
2001	贵州南江水利电力集团	257351254.34	21721255.05	235629999.29
2002	兴义市电力有限责任公司	232819776.75	20685456.47	212134320.28
2002	贵州南江水利电力集团	27583715.20	4468056.35	23115658.85
2003	兴义市电力有限责任公司	230331726.93	23903012.89	206428714.04
2003	贵州南江水利电力集团	27506926.20	5609045.50	21897880.70
2004	兴义市电力有限责任公司	238686820.17	37445447.37	201241372.80
2004	贵州南江水利电力集团	26003117.68	6543246.88	19459870.80
2005	兴义市电力有限责任公司	256844467.43	56578179.80	200266287.63
2005	贵州南江水利电力集团	25733966.63	7377639.20	18356327.43
2006	兴义市电力有限责任公司	271898533.95	76204099.83	195694434.12
2006	贵州南江水利电力集团	25671966.63	8261137.49	17410829.14
2007	兴义市电力有限责任公司	281208622.24	95996643.93	185211978.31
2007	贵州南江水利电力集团	24239770.76	7778885.13	16460885.63
2008	兴义市电力有限责任公司	335215095.73	117067689.08	218147406.65
2008	贵州南江水利电力集团	24239770.76	8599525.74	15640245.02
2008	兴义市水电开发有限责任公司	178772.00	36045.31	142726.69
2009	兴义市电力有限责任公司	340660145.88	140390616.22	200269529.66
2009	贵州南江水利电力集团	24615020.75	9364057.72	15250963.03
2009	兴义市水电开发有限责任公司	636777.00	162033.00	474744.00
2010	兴义市电力有限责任公司	360615108.89	166161591.43	194453517.46
2010	贵州南江水利电力集团	24615020.75	10096709.90	14518310.85
2010	兴义市水电开发有限责任公司	784525.02	388904.14	395620.88
2011	兴义市电力有限责任公司	379520555.12	192180565.25	187339989.87
2011	贵州南江水利电力集团	24615020.75	10774015.60	13841005.15

续表 10-1

年　度	单位	原值	累计折旧	净值
2011	兴义市水电开发有限责任公司	790285.02	543633.22	246651.80
2012	兴义市电力有限责任公司	454669905.34	222294532.3	232375373.04
2012	贵州南江水利电力集团	24615020.75	11294809.91	13320210.84
2012	兴义市水电开发有限责任公司	1278609.02	694929.07	583679.95
2013	贵州南江水利电力集团	24615020.75	11775890.1	12839130.65
2013	兴义市水电开发有限责任公司	1967192.02	967897.83	999294.19
2013	兴义市电力有限责任公司	459707979.31	232291621.02	227416358.29
2014	贵州南江水利电力集团	24615020.75	12178959.4	12436061.35
2014	贵州万峰电力股份有限公司	625724478.52	292054660.84	333669817.68
2015	贵州南江水利电力集团	24615020.75	12554595.4	12060425.35
2015	贵州万峰电力股份有限公司	611220454.19	338155895.18	273064559.01
2016	贵州南江水利电力集团	24615020.75	12924780.4	11690240.35
2016	贵州万峰电力股份有限公司	2092822890.45	115259757.71	1977563132.74

三、成本费用

兴义市水电局供电所成立时就把“效益创最佳、服务创一流、安全创纪录、管理上水平”作为电力人的行动准则和奋斗目标，效益被列为头条。可以说，效益是企业生存和发展的生命线，它是国有资产实现保值、增值的关键。要实现效益的增长，不仅需要扩展市场，增加产品竞争力，还需要加强管理，严格控制成本费用，深挖企业内部潜力。兴义市电力系统财务人员一直在不懈的探索，寻求成本费用控制的有效办法，努力节约费用开支，减少损失和浪费，降低成本，提高经济效益。

1990 年 9 月，兴义市水电局供电所财务物资科制定了《关于供电所医疗费使用的暂行规定》，对职工医药费报销标准及办法、职工住院报销作出了规定。

1991 年，制定了《劳保用品发放标准》，规范了劳保用品的发放。

1991 年，制定了《兴义市水电局供电所财务审核报销制度的有关规定》，对交通费补贴、误餐补助费，中、夜餐补助费，节假日加班费、职工在外租房补助费等的发放进行了规范。

1993 年 6 月，制定了《兴义市水电局供电所岗位津贴及有关费用定额管理制度（试行）》，规定了职务津贴和岗位津贴的发放标准；规定了业务招待费按科室实行定额包干，超支不补，节约归公的原则；规定了办公费统一由办公室购置，金额较大的，要先造计划，经所领导审批同意后，再由办公室安排购置；规定了车辆、油料的控制管理，车辆由办公室统一调度管理，油料由财务部统一购置，根据办公室排车单及出车里程，核发车辆油票。

1994年2月，制定了《关于调整我所岗位职务津贴和业务包干经费的通知》，调整了职务津贴和岗位津贴，规定了业务招待费包干经费。

1994年6月，制定了《关于对我所医药费调整的通知》对医药包干经费进行了调整。

2002年，兴义市电力有限责任公司成立预算管理委员会，制定了《预算管理制度》，把各项经营活动纳入了预算管理。预算编制采取了自下而上、自上而下、上下结合的方式，各科室根据工作内容、生产情况将预算报财务部，财务部依据各职能部门的预算，参照历年数据，采取“零基预算”与“定基预算”相结合方法编制，报预算管理委员会批准后实施。兴义市电力系统坚持勤俭办企业，对成本费用的控制形成了一套行之有效的管理模式：①生产材料的需用，由各职能部门申报计划，报分管领导批准后，由物资科统一采购与发放，物资科每年年末将“产品质量跟踪调查表”发给物资使用部门，由物资使用部门评选出合格供应商名录报公司招标小组选定，作为来年公司物资供货指定商家。②业务招待费按科室实行定额包干，职能部门需要接待的，由办公室统一安排，严格控制接待规模和水平，有条件的要尽量安排在食堂就餐。③办公费统一由办公室购置，金额较大的，要先造计划，经分管领导审批同意后，再由办公室安排购置。④严格控制出差，未经分管领导批准，不得随意出差，出差费用的报销按《差旅费管理办法》执行。⑤车辆的修理有指定维修点，每辆车派发油卡，办公室排车单及出车里程，按公里供油，严禁出私车和私出车。财务部负责费用的核算和归集，在经济分析会上对各部门费用的使用情况进行通报，对开支过大和异常的费用，除及时向分管领导汇报外，还要提出预警提示，并找出原因，采取措施，及时纠正。

四、收入及税金

兴义市电力系统绝大部分收入来自于售电收入。兴义市水电局供电所从1991年4月开始供电，主要是工业负荷，解决了市水泥厂、市酒厂、市面粉厂、市制药厂、市铁合金厂、市昇华选矿厂、州邮电局电杆厂、州施达房地产开发总公司等企业的用电。1991年年累计供电量212.43万千瓦时，售电收入30万元不足，鲁布格电站1.35亿千瓦时留成电都用不足。市电网历来重视发展用电负荷，想尽办法提高优质服务水平，扩大供电量。由于电网企业用户众多，用电情况、电费收缴情况等十分复杂，2004年前都是由抄表人员手工查抄用户的用电量、再由电费核算人员进行电量、电价的计算，手工开票后转收费员收费，电费抄核收差错率较高，且不易发现，电费收入时汇总费时费力。2004年后，兴义市电力公司在各收费点实现了电力销售收入的业务处理都在电力营销系统内进行。营销系统的使用，不但降低了差错率，而且方便电量、电费的汇总、查询，还有利于监管电费资金的安全，保证了电费的及时足额上缴，电费回收实现了日清月结。

兴义市水电局供电所自成立以来，涉及的税种有增值税、营业税、城建税、教育费附加、地方教育费附加、城镇土地使用税、印花税、房产税、企业所得税和个人所得税，也经历了新中国成立以来规模最大、范围最广、内容最深刻、力度最强的工商税制改革。

自2016年5月1日起，在全国范围内全面推开营业税改征增值税试点，取消重复征税，全面扩围所有行业税负只减不增，促进产业升级。根据财政部、国家税务总局、海关总署联合下发的《关于西部大开发税收优惠政策问题的通知》，对在西部地区新办交通、电力、水利、邮政、广播电视企业，上述项目业务收入占企业总收入70%以上的，可以享受企业所得税如下优惠政策：内资企业自开始生产经营之日起，第一年至第二年免征企业所得税，第三年至第五年减半征收企业所得税。兴义市电力有限责任公司2002～2006年减免企业所得税7816280.26元。根据贵州省国税局下发《贵州省国家税务局关于贯彻落实农村电网维护费增值税优惠政策有关问题的通知》，对供电企业收取的农村电网维护费免征增值税。兴义市电力有限责任公司2010～2016年减免增值税28420519.97元。

兴义市电力系统年年完成上级下达的各项经济指标，创造了很好的利润和税金，多次受到黔西南州人民政府、兴义市人民政府、兴义市税务局、兴义供电局等部门的表彰。兴义市电力系统历年售电收入、税金及利润见表二。

兴义市电力系统历年销售收入、税金情况

表 10-2

年 度	单 位	主营业务收入	主营业务税金及附加
1991	兴义市水电局供电所	283263.36	8702.50
1992	兴义市水电局供电所	917494.36	44737.67
1993	兴义市水电局供电所	4829504.72	486152.92
1994	兴义市水电局供电所	13683759.21	2103720.49
1995	兴义市水电局供电所	14934928.19	107352.48
1996	兴义市地方电力局	21379357.58	177781.47
1997	兴义市地方电力局	22955270.79	226404.61
1998	贵州南江水利电力集团	24162086.69	199993.30
1999	贵州南江水利电力集团	26204155.32	231073.22
2000	贵州南江水利电力集团	35658341.9	340297.91
2001	贵州南江水利电力集团	45414580.00	402928.63
2002	贵州南江水利电力集团	34174932.52	304574.48
	兴义市电力公司	36006661.13	251112.04
2003	贵州南江水利电力集团	17851973.59	97271.98
	兴义市电力公司	81080909.23	619995.75

续表 10-2

年　度	单　位	主营业务收入	主营业务税金及附加
2004	贵州南江水利电力集团	17784137.81	80644.69
	兴义市电力公司	111049061.42	875309.85
2005	贵州南江水利电力集团	19446064.90	105727.76
	兴义市电力公司	115677572.99	943412.05
2006	贵州南江水利电力集团	21274782.87	114053.84
	兴义市电力公司	139701820.03	1174688.3
2007	贵州南江水利电力集团	23036092.23	167141.20
	兴义市电力公司	229113713.10	1512813.95
2008	贵州南江水利电力集团	0	0
	兴义市电力公司	291402296.75	2326266.77
2009	兴义市水电开发公司	23911110.17	170043.5
	贵州南江水利电力集团	0	0
	兴义市电力公司	411151908.83	1866460.25
2010	兴义市水电开发公司	52032779.88	487245.91
	贵州南江水利电力集团	0	0
	兴义市电力公司	562027014.71	2457293.48
	兴义市水电开发公司	44308580.32	630240.91
2011	贵州南江水利电力集团	0	0
	兴义市电力公司	601266187.85	1662255.02
	兴义市水电开发公司	43547242.59	780848.95
2012	贵州南江水利电力集团	0	0
	兴义市电力公司	591872733.98	3148438.72
	兴义市水电开发公司	52631293.11	954331.81
2013	贵州南江水利电力集团	0	0
	兴义市电力公司	734107863.05	2110706.65
	兴义市水电开发公司	50134337.09	882226.48
2014	贵州南江水利电力集团	0	0
	贵州万峰电力股份有限公司	712128591.98	5983678.49

续表 10-2

年 度	单 位	主营业务收入	主营业务税金及附加
2015	贵州南江水利电力集团	0	0
	贵州万峰电力股份有限公司	653967575.3	7036385.2
2016	贵州南江水利电力集团	0	0
	贵州万峰电力股份有限公司	633700317.52	5476087.27

五、财务审计

2002年以前，没有开展审计工作。2002年以后，按照中国南方电网有限责任公司、贵州电网公司、兴义供电局行业管理的要求，兴义市电力有限责任公司逐步开展外部审计和内部审计工作。至2007年前，主要由贵州电网公司、兴义供电局开展年度财务决算审计。2007年7月20日，为规范公司生产经营管理，完善企业内部审计制度，公司成立审计监察室（2010年11月，按照中国南方电网公司一体化管理的要求，更名为监察审计部）。自此，公司内部审计工作逐步开展起来。先后编制了《内部审计管理办法》《审计整改责任考核办法》《效能监察管理办法》等规章制度，建立起规范的工作程序和管理流程。2007年以来，开展的内部审计工作覆盖工会经费管理、电网建设工程、年度经济效益、电费抄核收管理等事项。2014年，采取常态化内部审计工作模式，即对各供电所电价执行、对外作业收费进行按季度审计检查，每年覆盖各供电所两次，实现持续改进效果。2015年，对公司物资管理、电网大修技改及新建工程、客户受电工程管理及电工进网作业许可证培训取证等开展了专项审计。2016年，先后开展了车辆费用管理、工会经费使用管理等内部审计活动。

2007～2016年各年度内部审计情况表

表 10-3

年 度	审计事项	审计部门
2007	2006年度工会经费	工会
	2007年度上半年经济效益	财务部
	电费抄核收	敬南供电所
	2007年度5个单项工程	工程管理部、生产技术部
2008	抄核收工作	下五屯供电所
	抄核收工作	则戎供电所
2009	2009年上半年抄核收工作	郑鲁供电所

续表 10-3

年　度	审计事项	审计部门
2010	对2010年已在建的10千伏及以下工程开展固定资产投资项目全过程审计监督检查。	工程管理部
2011	工会经费提取及使用情况检查	财务部
	教育经费及使用情况检查	财务部、教育培训中心
2012	营销管理审计	马岭供电所
2012	工程审计（大修技改）	生产技术部
	成本费用审计（车辆费用管理）	车辆管理中心
2013	2013年离任供电所所长经济责任审计	马岭、威舍、万屯供电所
2014	电价执行、对外作业收费专项审计	各供电所
2015	物资管理、电网大修技改及新建工程、客户受电工程管理及电工进网作业许可证培训取证专项审计	物资、工程、计建、生技等
2016	车辆费用管理、工会经费使用管理等	车辆管理中心、工会

在外部审计方面，主要是贵州电网公司委托第三方对公司进行财务审计（检查）和单位负责人进行任期经济责任审计。在2009年11月30日～12月15日，对单位负责人任期经济责任进行了就地审计；2012年2月15日～2月29日，对单位新任负责人开展了届中经济责任审计。2013年8月，贵州电网公司对兴义市电力有限责任公司进行了全面审计。

第三节　劳动人事管理

一、职工队伍

（一）职工来源

1988年12月29日，兴义市人民政府成立兴义市城南110千伏输变电工程筹建小组，由7人组成，其中5人后来成为兴义市水电局供电所首批职工。

1989年兴义市水电局供电所成立，定编50人，为事业编制。1990年调入21人，通过岗前培训考核录用14名合同制工人。年末实有固定职工35人。

1991年9月，兴义市水电局供电所增加编制30人。1996年6月，兴义市水电局供电所更名为兴义市地方电力局，同年7月，兴义市地方电力总公司成立，与兴义市地方电力局“两块牌子、一套人马”。1991～1996年，通过调入、人才交流录用、退伍安置、学生分配、招收待业青年经培训录用为合同制工人等方式增加职工，减除调出人数，兴义市地方电力局实有职工217人，其中干部118人，工人99人。1996～1998年，调入5人，至1998年底，兴义市地方电力局从业人员222人。

1994年1月，兴义市兴电公司成立，属劳动就业服务企业，集体性质，实行独立核算，自负盈亏、自主制定工资和奖金分配办法。全体职工实行养老保险和待业保险制度，职工总人数60人，其中帮扶单位派管理人员3人、技术人员5名，生产骨干和富余职工18名，公司成立后招收城镇待业青年34名。1995～1996年兴电公司通过调入、学生分配、招收劳动合同制工人方式增加人员，减出解除劳动合同、调出、自动离职除名人员，至1996年末，实有职工439人（其中干部61人，工人378人）。

1998年2月26日，贵州南江水利电力集团公司成立，以兴义市地方电力有限公司（仍保留兴义市地方电力局名称及人员编制，即贵州南江水利电力（集团）有限责任公司）为母公司。至2002年2月，贵州南江水利电力（集团）有限责任公司共817人。

2002年2月，根据国家电力体制改革要求，兴义市人民政府将贵州南江水利电力（集团）有限责任公司中的供电企业剥离出来，成立兴义市电力有限责任公司，从在册人员中划分497人到兴义市电力有限责任公司工作；原贵州南江集团公司聘用的64名农电工划归兴义市电力有限责任公司，其中从原三江口电站移民安置到南江集团公司的7名农电工继续享受国家正式职工的一切待遇，其他57名农电工由兴义市电力有限责任公司按原规定继续聘用。

2002年内，兴义市电力有限责任公司相继理顺了马岭镇、白碗窑镇及仓更镇鸡场片区农电管理体制，共接收33名农电工。至2002年底，兴义市电力有限责任公司实有职工594人。

2002年，兴义市人民政府将贵州南江集团公司所属围山湖水电实业公司中的电网资产剥离出来，成立贵州顶效经济开发区顶效电力公司，从在册人员中划分164人到贵州顶效经济开发区顶效电力公司。

2003年1月，兴义市水电开发有限责任公司成立，从贵州南江集团公司划拨173名职工（其中干部85名，工人82名，退休职工6人）到兴义市水电开发有限责任公司。

2004年以后，因兴义市电力有限责任公司属兴义市人民政府委托贵州电网公司下属兴义供电局代管，职工来源渠道为贵州电网公司录用大中专毕业生、系统内个别调动等方式。2014年后，兴义市电力有限责任公司自主录用一批大中专毕业生，职工减少方式有调出、辞职、死亡等类别，整体数量保持低微增长，至2016年底，公司实有职工516人。

万峰电力股份有限公司、贵州顶效经济开发区顶效电力公司成立后，职工数量保持低微增长，至2016年底，万峰电力股份有限公司实有职工336人，贵州顶效经济开发区顶效电力公司实有职工162人。

（二）专业技术职工队伍

2002年以前，职工技能等级和专业技术资格按照人事部、劳动部有关专业技术干部、工人技术（技能）聘评考核管理办法执行。2002年，兴义市电力有限责任公司成立后，贵州电网公司按照行业管理办法，对划拨到兴义市电力有限责任公司，且已获得人事部门专业技术资格的员工进行专业技术资格考试确认。之后，兴义市电力有限责任公司员工专业技术资格和技能等级可通过贵州电网公司人才评价体系获取，也可经国家人事部门通过申报评审获取工程类专业技术任职资格、通过党委宣传部门申报评审政工类专业技术任职资格。兴义市水电开发有限责任公司、贵州顶效经济开发区顶效电力公司职工则只能经国家人事部门通过申报评审获取工程类专业技术任职资格、通过党委宣传部门申报评审政工类专业技术任职资格，可以通过贵州电网公司人才评价获取专业技能等级鉴定。

由于初期职工来源多为合同制工人和城镇待岗青年，就业学历不高，1997年以前职工队伍中，仅14人获得中级工技能等级、1人获技师技能等级，32人获得技术员专业技术任职资格、7人获中级专业技术任职资格。1997年，1人获得高级工程师职称。1998年以后，随着职工人数的增加、工龄的增长和获得第二学历人员增多，每年获得专业技术任职资格人数迅速增长。至2001年底，职工中共有初级工190人、中级工124人、高级工58人、技师1人，员级职称100人、助理级职称49人、中级职称59人、高级职称4人。

2002年以后，许多已获得初级专业技术资格、从事生产一线岗位技能工作的员工，通过贵州电网公司技能鉴定获得技能等级资格证，同时拥有技能等级和专业技术职称。同期新进人员以大专以上学历为主，员工按照专业技术资格评审条件逐年申报参加专业技术资格评审，专业技术人员在职工队伍中的比重逐年增大。至2016年底，职工中共有初级工11人、中级工143人、高级工204人、技师3人、高级技师1人，初级职称314人、中级职称132人、高级职称22人。

职工队伍专业技术职称结构情况

表10-4

年　度	专业技能等级					专业技术资格		
	初级工	中级工	高级工	技师	高级技师	初级	中级	高级
1989	0	0	0	0	0	0	0	0
1990	0	0	0	0	0	0	0	0
1991	0	0	0	1	0	0	0	0
1992	0	0	0	1	0	0	0	0
1993	0	0	0	1	0	0	1	0
1994	0	0	0	1	0	32	1	0
1995	0	14	6	1	0	37	4	0
1996	0	14	6	1	0	37	7	0
1997	139	46	25	1	0	68	16	1
1998	168	101	44	1	0	103	30	1
1999	190	121	57	1	0	184	35	1
2000	190	124	58	1	0	284	56	2
2001	190	124	58	1	0	284	59	4
至2016年年底	11	143	204	3	1	314	132	22

二、人事管理

(一) 用工制度

2001年以前，职工增补主要方式以招收、聘用、调入为主。兴义市地方电力局员工属事业单位性质，兴义市兴电实业公司人员为企业单位职工。

2001年底，兴义市委、市人民政府印发《关于兴义市党政机构改革的实施意见》，决定撤销兴义市地方电力局，其电力管理职能划归兴义市经济贸易局。

2002年2月实施电力体制改革，对贵州南江水利电力集团在册人员进行调配，兴义市地方电力局、兴义市兴电实业公司人员转为企业单位职工。2005年以后，根据国家《中华人民共和国劳动法》《中华人民共和国劳动合同法》规定，实行全员劳动合同制用工。

在单位内部人事制度改革上，采取停薪留职、带薪离职、内部退休、买断工龄等方式实现减员增效。

1997年3月，兴义市地方电力局在《劳动管理制度》中增补"允许部分职工停薪留职"内容，规定除企业骨干、专业工程技术人员外，无论是电力局或兴电公司职工，原则上可办理停薪留职手续。停薪留职分为短期(二年)、中期(五年)、长期(十年)三种。凡进单位满两年以上(含两年)办理停薪留职的人员，由单位借支一万元以内(按进单位时间长短区分)一次性启动资金(不计利息)，个人养老金由单位承担并每月发给20元医疗包干费用。停薪留职期间，不再享受工资、津贴、奖金及其他福利等。

1998年出台了内部退休规定，明确职工连续工龄在20年以上或年龄在45周岁以上者，可办理内部退休手续。办理内部退休手续人员在本人现行基本工资基础上上调一级工资，内退期间享受的工资待遇除企业津贴外，其余部分照常享受；其间可享受正常的调资、晋级，但需到办理正式退休手续后方可享受。

1999年4月，对特别专业、特殊工种人员办理停薪留职作出特别规定。凡水电、计算机或相近专业技术员及以上职称职员办理停薪离职的，每月向单位缴纳本人标准工资的50%；特殊工种(驾驶员、电焊工等)职员每月缴纳本人标准工资的35%。其间不享受企业医疗费用及其他福利。

2002年实施电力体制改革后，兴义市电力有限责任公司和贵州南江水利电力集团公司分别实施人事制度改革方案，采取竞争上岗、带薪离职、提前退养、买断工龄等方式建立合理的用工管理制度。

带薪离职期间待遇规定为：

依据本人连续工龄(以办理手续之日的连续工龄为限)分别享受待遇如下：连续工龄5年以下，每月发给240元生活费；连续工龄5年以上(含5年)10年以下的，每月发给250元生活费；连续工龄10年以上(含10年)，每月发给265元生活费。带薪离职期间的工龄连续计算，期满返回单位上岗的，需进行6个月岗前培训，培训期间待遇为500元/月。

提前退养待遇规定为：

除技术骨干、业务骨干外，凡连续工龄10年以上(含10年)或年满35周岁以上的正式职工可申请办理提前退养手续；提前退养期间的待遇依据本人的连续工龄计算，按本人现行实发基础工资、基岗工资和工龄工资分别按以下比例享受退养金。

连续工龄10年以上（含10年）或年满35周岁以上的，享受现行实发基础工资与基岗工资的80%再加上工龄工资，工龄每增加一年，所享受的退养金增加一个百分点，但最高不超过95%。提前退养期间医疗费用的报销，按医疗保险规定执行。

提前退养期间的工龄可连续计算，享受工龄工资。2002～2012年期间，共计有189人办理提前退养手续。

采取给予一次性经济补偿后解除劳动合同方式进行裁减人员。按1500元/年发给，工作时间不满一年的按一年计算。距法定退休年龄相差5年以内的（含5年），不属于裁减范围。2006年兴义市兴电实业公司办理一次性买断工龄14人。之后至2012年底，没有人员办理买断工龄手续。

（二）竞聘上岗

自1999年以来，竞聘上岗是单位人事制度改革的主要方式。

1997年3月，为解决企业机构臃肿、冗员过多、人浮于事弊病，减少巨大的非生产性支出、降低成本，提高经济绩效，贵州南江水利电力集团公司实行机构改革、转岗分流、减人增效和竞争上岗的办法，对人员实现30%转（下）岗分流。

2002年实施电力体制改革后，兴义市电力有限责任公司、贵州南江水利电力集团公司实施一次全面性组织机构改革和竞聘上岗，除部门正职负责人经民主推荐进行考核后由单位任命外，其余岗位全部实行竞聘上岗。竞聘采取民主测评方式，其中人事改革领导小组或分管副总测评分占30%、部门负责人测评分占40%、部门其他员工测评分占30%，按最后测评得分实行末位淘汰制。至2002年底，贵州南江水利电力集团公司、兴义市电力有限责任全部普通岗位人员通过竞聘上岗。

2005年5月，按照贵州电网公司《乡镇供电所专职农电工管理办法》的要求，为加强对农电工的管理，以适应农村供用电管理的需要，兴义市电力有限责任公司对农电工采取“一年一聘制、两年一考核”管理模式，对2002年以前聘用的农电工实施竞聘上岗。通过竞聘，择优录用55名农电工，辞退2名农电工。

2006年以后，单位不再开展大规模、全面性的竞聘上岗工作，只是针对不同时期、个别部门或岗位人员需求实施竞聘上岗。2006～2012年，基本按照“两年一次”周期开展供电所副所长、班组长竞聘上岗工作。

从2009年1月开始，对中层干部实行任职年龄限制管理办法，经理任职年限为55周岁、副经理为52岁，中层正职为50岁、副职为48岁。2014年后，此项规定不再执行。

（三）员工考核及人才培养

2003年以后，兴义市电力公司对职工实行年度考核办法。考核方式为民主测评与工作业绩指标相结合，按考核结果分为“优秀”“良好”“合格”“不合格”四类。凡年度考核不合格的中层干部，予以降职或撤职。年度考核不合格的普通职工，停发3个月岗位津贴，留岗考察，若考察期满后考核仍不合格者，作待岗处理。2007年实行岗级工资制后，普通员工年度考核采取岗级评定方式，即按照上一年度考核结果评定职工下一年度岗位岗级，实行动态管理模式。

2008年9月，兴义市电力有限责任公司发布《关于中青年职工到基层锻炼的通知》，规定在城区工作，此前未曾到过乡镇基层供电所、变电站或水电站连续工作两年以上的正式职工，男职工年龄在45周岁以下，女职工年龄在40周岁以下，分期分批安排到基层电力单位工作。当年9月，第一批10名机关人员安排到基层供电所工作。

2008年12月，安排5名供电所所长到4个生产管理部门（110千伏城南变电站、调度通信所、修试所、生技部）任副职，全脱产交流锻炼（待遇不变），在每个部门任职交流锻炼时间为3个月，轮职周期为一年。2009年期满后，1人安排在计量中心任职、1人安排在工程管理部任职，其余3人返回供电所继续担任所长。

2012年9月，为加强干部队伍建设，加大年轻干部的培养力度，丰富干部阅历，提高干部的工作能力和水平，不断拓宽干部培训和实践锻炼渠道，兴义市电力有限责任公司出台《干部挂职锻炼实施办法》。规定40周岁以下中层干部、35周岁以下班组长，到基层一线部门挂副职或低一级职务，每年在所挂岗位工作不低于两个月时间（原则上每月至少一周），挂职期间待遇不变。2012年9月中旬，抽取人力资源部、财务部、修试中心各一名副职到供电所挂任副所长。

2014年9月，为提高公司员工业务素质，促进员工岗位成才，兴义市电力有限责任公司出台《师带徒管理办法》，由岗位技术能手、专业带头人担任师傅，对新入企业员工、转岗员工及需提升技术技能水平的人员实行“师带徒”培养。培养期间签订《师带徒协议》，由教育培训中心每月对培养情况进行抽查测试。培养结束考核合格者，师傅按200元/月奖励指导费，在晋升专业技术职称时给予优先推荐；考核不合格者，师傅不得领取指导费。自2013以来，新入企员工均采取此种方式进行在岗培养。

（四）职工教育培训

在兴义市水电局供电所时期，主要采取外送委托培训方式对职工进行专业技术技能培训。

1990年3月～5月，为保证与鲁兴输变电工程配套的兴义110千伏和跑马厂35千伏两个变电站按预定竣工日期投入生产运行，兴义市水电局供电所委托云南省滇东电业局代为培训32人（变电运行20人，修试4人，调度含继电保护、载波通信6人，校表工（电能表检验）2人），代培学习时间为两个月。培训经费为15000元，由市人民政府支付。

1992年3月，兴义市水电局供电所委托云南省滇东电业局代培10名变电检修试验专业技术人员。（3名继电保护检验专业、2名高压试验、2名油务专业、2名开关检修专业），时间为6个月，重点放在实践操作技能培训。

1992年9月1日，鉴于供电所新成立，技术力量薄弱，尚需培养部分大中专毕业生和技术干部。为适应今后企业发展的需要，进一步培养专业技术人才，安排2人到贵州工业大学电力系统及自动化专业带薪学习。

1994年10月，根据兴义市电力工业发展的需要，为提高兴义市供电所科级干部队伍的素质，促进电力事业发展，兴义市水电局供电所委托贵州广播电视大学黔西南州分校开办发电厂与电力系统专业高等专科班，教学设在供电所，学制为二年制，三年业余学习完成。鉴于报名人数较多，将报名人员按学历工龄、进所时间、本人从事岗位工作性质分为正式生、候补生、复读生三种情况考虑。学杂费正式生单位承担90%、候补生单位承担80%、复读生单位承担

70%，成人高考文化补习费由本人承担。

1994年5月30日，为加强供电所职工培训和宣传教育工作，成立供电所宣传教育科职工教育培训中心，撤销原职教办。职工教育培训转为内部集中培训为主。至1998年6月，先后投资40多万元建设培训中心教学设施。

1994～1998年，培训中心先后举办各种培训班35期，受训人员达1000多人次，组织各种形式的业务考核50多次，参考人员达2300多人次。通过培训，职工的文化和业务水平普遍提高，一批专业管理干部和岗位技术能手脱颖而出，给企业注入活力，增强了企业的竞争力。

1998年11月16日，贵州南江集团工商经济管理教育中心职工文化技能培训成立，其目标是培养和造就一大批企业中、高级管理人员，培育一支具有高文化素质和掌握一定技能的职工队伍。实行两块牌子，一套人马。1999年12月，举办了“贵州南江集团工商经济管理干部培训班”，培训对象为集团母、子公司中层副职以上干部，分两期轮训。

2002年以后，根据人事制度改革和企业发展需要，职工教育培训采取离职（岗）培训、岗位培训、短期集中培训等方式。

1. 离职（岗）培训。职工自愿离职培训学习的，在学习期间，公司发给生活补助费，不再享受企业绩效工资、奖金、工资及其他劳保福利待遇，不予报销学费。生活补助费标准：工龄满5年以上（含5年）的，每月300元；工龄不满5年的，每月200元。

公司委派离职培训的职工，由公司指定专业（电气自动化、发电厂及电力系统、高压设备等）和院校，在外培训学习期间，可享受本人基础工资+基岗工资+工龄工资，但不享受企业其他工资、奖金及其他劳保福利待遇。获取毕业证后，可以报销学费。学习期间凡有违法违纪行为或学习期满未获取毕业证的，一律不予报销学费。学习期满后，必须返回公司工作10年以上，方能申请调动，否则须赔偿公司为其在培训期支付的一切费用及有关损失。

在外培训学习期间，给予正常的工龄计算。

在2002～2012年期间，共有3人自愿离职培训，3人由公司外派至贵州大学电气化自动化专业学习。

2. 岗位培训。2011年以前，主要针对一线技能岗位人员开展培训，覆盖供电所、变电站、修试所、调度所等部门班组长及以下人员。在上年度11月下达下一年度岗位培训计划。由一线部门自行按计划组织培训，每月将培训信息报送培训中心，每季度组织一次部门考试。2002～2007年，公司每半年举行一次集中理论考试和实际操作技能考核，2007年后改为两次理论考试、一次实际操作技能考核。2012年以后，岗位培训覆盖所有部门及岗位，但行政后勤部门不进行集中理论考试和实际操作考核。

3. 短期集中培训。2006年下半年开始，采取公司内集中办班形式开展员工技能培训，每期培训时间为2–3天，培训人数为40人左右。聘请近20名由公司领导班子成员、主要技术部门负责人或专业技术骨干组成的兼职教师队伍负责授课。此种培训方式具有较强的针对性、实际可操作性，培训效果较好，成为员工业务技能培训最主要和最有效的方式之一。在2007～2012年，平均每年举办短期集中培训班13期（次）左右，培训近3000人数（次）。2007年以前，短期集中培训主要借用兴义市水电局大会议室进行，2008年下五屯综合楼多功能会议室建成后，改在该处举办。2011年下半年，专用微机室建成，人数较少的多媒体网络培训集中在微机室开展。

2007～2012年，举办的最主要职工培训有：

2007年5月～2008年5月，通过年度考核末位淘汰方式，对考核居末位的29人开展集中综合素质培训。分集中学习和在岗实习两个阶段，每阶段为期半年，集中学习包括公文写作、计算机、电工理论等基础知识，在岗实习为岗位所需基本技能的实际操作训练。

2007年10至11月，举办了两期“卓越领导力”培训，中层副职及以上干部、个别优秀班组长(专责)共140多人参加培训。

2008～2009年，分5期开展“凝聚心灵、卓越团队”训练营培训活动，培训对象为班长(专责)及变电站员工，近200人参加培训。

通过这些培训，员工综合素质、干部执行力和企业凝聚力得到了提升。

2008至2012年，兴义市电力公司连续5年荣获兴义供电局“职工教育培训优秀单位”称号。

三、工资与津贴

(一)工资。兴义市水电局供电所成立后，一直实行事业单位工资结构模式，员工年度工资增长按照国家调资政策执行。为提高广大职工的工作积极性和激发职工的工作热情，克服分配上的平均主义，同时实施岗位津贴制度，视单位效益和员工工作实绩予以区别发放。

1999～2002年，因企业经营效益原因，兴义市地方电力局所属事业编制人员按照国家事业单位人员调资政策进行调增工资，而兴义市兴电实业公司所属企业单位人员则没有调增工资。至2007年实行岗级工资制度期间，原事业单位身份人员工资比企业单位身份人员工资高100—300元左右。

2007年1月开始实行岗级工资制度。员工工资由“基本工资＋岗级工资(基岗工资[岗级－1]×100元)＋工龄工资＋职称工资＋职称津贴＋绩效工资”组成，其中基本工资为500元/月，基岗工资为400元/月(农电工为300元/月)，岗差工资为100元/岗(农电工为90元/岗)。工龄工资为6元/月，绩效工资根据公司经济效益好坏和员工实际贡献大小来决定。

岗位岗级设置按照南方电网公司对各县级供电企业的设置指导原则设定：领导班子——正职16岗、副职15岗；中层管理岗位11—14岗；专责、班组长岗位8—10岗；一般岗位5—7岗；平均岗级不超过8岗。

(二)津贴。在津贴类别上，主要有职位津贴、岗位津贴、技术职务津贴、特种补贴、电话费补贴、医药补贴等几种。

1. 职务津贴。从1993年开始，对班组长及以上管理人员实行职务津贴制度，1998年之前，只根据职务高低、不区别部门性质发放。1998年，按照生产部门、半生产部门、非生产部门予以分开差距。

2. 岗位津贴。针对班组长以下人员，按照所在部门工作性质分别核定发放。1995年以后，执行员工考核制度。按照考核结果分为一、二、三级，每一级岗位津贴相差10元。

1999年，为提高员工风险意识，激发工作积极性，把员工的薪金和企业效益挂钩，贵州南江水利电力集团实行企业员工薪金自动升降办法。从1999年8月～10月，按人员所属单位性质，兴义市兴电实业公司人员降5%，其余人员降15%。

此后，至2007年实行岗级工资制度以前，员工薪酬的调增主要以增加职务津贴和岗位津贴的方式进行。

3. 特种补贴和技术职务津贴。1997～2006年期间，针对特殊工种，给予特殊津贴。主要包括电焊工、驾驶员、微机操作员等岗位，补贴标准高于技术职务津贴。技术职务津贴是给予获得专业技术职务（含技能等级资格）人员的补助，按员级、助理级、中级、高级分别发放。1997年对已按管理人员工资套改的，不享受技术职务津贴。此后，技术职务津贴发放标准随着工资和岗位津贴增长的调增。从2006年开始，技术职务津贴按高级（对应高级技师）300元、中级（对应技师）200元、助理级（对应高级工）100元、员级（对应中、初级工）50元标准发放，对因工作岗位与职称不对口不予聘任的，减半发放。

4. 电话费补贴。从1998年开始，对部门负责人及以上管理人员发放电话费补贴。2002年以后覆盖到班组长（专责）及个别特殊岗位（如驾驶员、供电所工作负责人等）。

5. 医药补贴。1993～2007年期间，单位未参加基本医疗保险，对职工实行发放零星包干医药费和住院费用按比例报销办法。

从1993年9月1日开始，职工零星医药费一律不报销，实行医药补贴。根据职工工龄按月核定标准发放。1993年执行标准为：工龄5年以下（含5年）5元/月，工龄5～10年（含10年）7元/月，工龄10年以上7元/月。1994年6月开始调整为：工龄5年以下（含5年）20元/月，工龄5～10年（含10年）35元/月，工龄10年以上507元/月。1996年3月开始，职工有病一律在兴电职工医务所就诊，1998～2001年期间，职工门诊改在南江医院就诊，治疗费按150元/（人·年）包干。

2002～2007年，实行按年度一次性发放医药补贴办法，2006年发放标准为600元/(人·年)，2007年发放标准为800元/（人·年）。

职工生病住院，按工龄长短报销医药费。各年度报销标准如下：

表10-5

年度	报销标准				
	工龄5年以下（含5年）	工龄5—10年	工龄10（含10年）—20年	工龄20（含20年）—25年	工龄25年以上（含25年）
1993.9～1995.2	75%	80%	85%	80%	90%
1995.3～1998.3	75%	80%	90%	95%	100%
1998.3～2007.12	5%	65%	80%	90%	100%
其他说明	2002年8月1日开始，对患癌症的职工，医药费报销比例浮10%，但最高不超过100%				

注：2008年1月参加参加国家医疗保险后，不再发放医药补贴

四、劳保福利

（一）劳动保护

1989年，兴义市水电局供电所成立后，根据上级规定，向职工发放劳动保护用品。1996年兴义市地方电力局成立后，实行“一次核发、包干使用、统一标准、特殊工种追加”的劳动保护用品发放原则。劳动用品包括工作服、毛巾、手套、工作鞋、洗衣粉等，享受劳保待遇的对象是正式职工和合同制工人。发放的标准为人均基数120元/年，除行政人员外，其余部门(岗位)实行10—60元不等追加数。1999年3月，贵州南江水利电力集团公司实行办公用品包干制度，但驾驶员、清洁工劳保费不列入包干经费，其中驾驶员按每人每年120元计核，清洁工按90元/年计核。

此后至2007期间，劳动保护用品的发放未作大的调整。2007年，为加强劳动保护用品规范管理，强化员工劳动保护，提高劳动安全卫生水平，保障员工的安全生产和身体健康，兴义市电力有限责任公司编制了《劳动保护用品管理规定》，对劳动保护用品类别、采购、发放、使用保管等作出明确规定。必配劳动保护用品包括职业工作服、现场工作服、防寒服、雨衣、雨靴、工作帽、工作鞋、防护手套、工作袜、洗涤用品、抢险救灾服。选配劳动保护用品包括口罩、毛巾、水壶、伞、职业皮鞋、毛衣等。特种劳动保护用品包括安全带、踩板、脚扣、安全帽、绝缘鞋、验电器、绝缘手套等，由需用部门报计划到公司核批发放。职业工作服按部门工作性质区别发放，其中变电站、供电所内勤人员、保洁员、绿化员每年每人发两套夏装和两套春秋装。调度所、生技、工程、修试油务、安监、计量、市场等部门外勤工作人员每年发夏装和春秋装各一套工作服，每三年发一次冬装。行政办公室每四年发一次夏装和春秋装。营业窗口服务员每两年发夏装两套、春秋装两年一套。现场工作服(供电所、送电所、修试所等巡线、登杆、抢修改造岗位人员)每年每人发夏装和春秋装各三套，每三年发冬装一次。对于特种劳动保护用品的更换或领取，实行以旧换新办法。

（二）职工福利

2008年前，以生日礼物形式向员工发放职工福利。每年集中发放一次，发放物品为日常生活用品。2008年后，不再发放生日礼物，改为发放福利。发放周期为每季度一次，发放的物品有大米、食用油、卫生纸、洗衣粉等。从2014年第三季度开始，根据中央“八项规定”有关精神，员工福利不再直接按季度发放物品，而将原福利转化为货币在工资中按月发放。

对14周岁以下的职工子女，在每年儿童节发放节日礼物。

对公司职工子女参加全国普通高校统一考试，录取清华大学、北京大学的本科生奖励40000元，录取当年国家教育部门公布排列前十名重点大学的奖励30000元，录取一本重点大学(985工程)的发给奖金20000元，录取一本重点大学(211工程)的发给奖金10000元，录取普通大学一本的发给奖金8000元，录取二本大学的发给奖金5000元，录取三本的发给奖金3000元，在大学读书毕业直接考取研究生的给予10000元的奖励。在大学读书期间报销往返车船费，

对职工子女在小学、初中、高中读书期间凡每学期被评为“三好学生”的奖励：校级200元、市级300元、州级400元、省级500元、国家级600元。被评为优秀学生、优秀学生干部、

优秀团干部、优秀少先队员、优秀团员的奖励：校级100元、市级200元、州级300元、省级400元、国家级500元。职工子女读书期间在文艺、体育、美术、书法、知识竞赛等活动中个人获得前三名的都给予奖励。获县市级的100元，获州级的200元，获省级的300元，获国家级的500元。凡获各类冠以全国称号（含省、州、市）各类社团组织、学术团体、有关文艺、体育、书法等组织的竞赛活动，获奖的均按100元给予奖励。

从1993年开始，对职工直系亲属死亡（系指亲生父亲及母亲）给予200元困难补助，1995年调整为300元。此后至2008年改为发放慰问金，调整为500元，2012年增加至1000元。

1997年，为照顾女职工，兴义市地方电力局对女职工怀孕、生育及哺乳期间实行优惠待遇。女职工自怀孕满6个月后，实行下岗休息，生育及哺乳期延长一年（即小孩满周岁）。在此期间（约15个月）发给固定工资和生活津贴及三费一补、医药费、劳保费，但不享受岗位津贴。孩子满周岁后，家庭有实际困难，不能从事单位分配的工作任务，可以办理请假手续。请假期间发给适当补助费用，标准为：小孩1—2岁，230元/月；小孩2—7岁，250元/月。若小孩7—15岁仍不能从事单位分配的工作，可继续请假，发给270元/月生活补贴；小孩满15周岁后，可继续请假至退休，期间每月发给270元/月（2008年调整为180元）生活补贴。2002年实施电力体制改革后，此项规定不再执行。

此外，从2006年开始，中层正职每年外出召开经济活动分析会交流（及）考察学习一次；中层副职每二年外出考察学习一次；专责（班组长）及以下员工每三年外出考察学习一次。2012年以后，根据中央“八项规定”精神，外出考察学习活动全部取消。公司还在每年九九重阳节组织正式退休职工开展有利于身心健康的活动，每年春节期间开展内退职工团拜活动。

五、社会保险

1992年1月，企业性质单位职工开始缴纳基本社会养老保险和生育保险。1998年1月～2002年8月，因企业经营效益不佳，未缴纳基本社会养老保险金。2007年10月，经兴义市劳动和社会保障局同意，除每月按规定缴清应缴纳的职工社会养老保险费的同时，对原所欠的养老保险费，每月支付3万元。

2009年底，通过贷款一次性补缴完原南江集团拖欠的全部养老保险，缴费基数为年度贵州省社会平均工资的60%。因2002年实施电力体制改革，兴义市地方电力局撤销，原事业单位编制人员全部转为企业编制，一同补缴。从2010年起，缴费基数提升至年度贵州省社会平均工资的80%，2012年提升为100%。

此外，2009年初，经兴义市劳动和社会保障局同意，从1997年起，为全部农电工补缴养老保险金。从2008年开始，按农电工养老保险金正常缴费模式缴纳。

在职正式职工及农电工从2005年1月开始参加工伤保险。所有正式职工及农电工从2008年元月开始参加基本医疗保险、生育保险。

第四节　物资管理

一、机构沿革

1989年7月，兴义市水电局供电所成立，至1992年4月，物资供应及材料核算由财务物资科负责。1992年4月30日，兴义市水电局供电所设立电器产品经营部。该经营部本着为企业服务、为社会，方便用户的经营思想，对供电所内部用料按成本价格加3%的资金占用费和2%的商品流通费作价，对工程用料按成本价格加资金占用费3%、商品流通费2%、劳务费3%作价。

1992年5月11日，成立物资经理部，是供电所物资供应的主要部门，负责组织材料物资的采购与供应。

1995年3月，成立物资财务经理部，负责经营部、门市管理和物资采购管理工作。1996年7月16日，兴义市地方电力局作内部机构设置调整，设立物资科，负责物资采购、储备管理和工程回收材料管理工作。

2002年2月，兴义市电力有限责任公司成立，设立物资科，作为内部物资管理机构。2011年11月，按照南方电网公司组织架构一体化管理要求，物资管理部更名为物资仓储配送站。

二、物资供应与保管

1997年5月4日，为加强物资管理、降低成本、保障物资的供应，兴义市地方电力局印发《兴义市地方电力局物资管理制度》，首次对“物资的订货与采购”“物资保管”“计划审批”“物资的领用”“工程回收物资的管理”等作出明确规定。

为加强和规范招标和采购管理工作，从2004年11月开始对物资采购采取招投标方式。

至2007年3月，按照中国南方电网有限责任公司县级供电企业基础管理达标创建工作要求，兴义市电力有限责任公司印发了《物资管理制度》《物资和设备招投标管理办法》《小额物资采购管理办法》《设备验收管理办法》《生产设备备品备件管理制度》《仓库管理制度》《废旧物资管理制度》《物资领用管理制度》《物资档案管理制度》《物资盘点制度》《物资保管账目、单据管理制度》《物资合同管理办法》《设备监造管理制度》《合同审核会签管理办法》《合同专用章管理办法》《物资进货检验方法及控制规定》《物资采购、加工管理制度》。

2014年，为更好地做好物资管理工作，兴义市电力有限责任公司修订和完善了《危险物品管理工作标准》《供应商管理工作标准》《采购管理工作标准》《废旧、闲置物资管理办法》《物资档案管理办法》《物资管理规定》《物资合同管理办法》《办公、生活用品管理规定》《劳动防护用品管理规定》等物资管理规定。

三、农网改造物资管理

2002年3月，兴义市电力有限责任公司成立，随即启动第二期农村电网建设与改造工程。按照上级部门统一规定，农网改造的材料物资严格执行上级部门规定的管理办法。

2011年根据南方电网公司关于“大仓库，大配送”的管理模式中的“二级仓库+急救包”的仓库分级管理模式运作要求，规划整合现有仓库资源，以“仓库建设和配置标准化、库存储备定额化、仓储作业规范化和物流业务信息化”为手段，最终实现“集约、规范、高效”的仓储配送体系，持续提高了物资管理整体水平。

至2013年，农网改造工程全部结束。

第五节 企业达标与升级

一、建章建制

兴义市水电局供电所自1989年成立以来，即高度重视制度建设和规范化管理工作。在借鉴云南、贵州两省水利、电力管理部门的成熟管理经验的前提下，建立了完整的组织机构，初步制定了电网运行和电力企业生产、经营管理的一系列制度、规定，并在生产实践中逐步完善。1990年12月，首次系统建立了各部门岗位职责，1991～1993年，《兴义市电网10千伏配电线路油开关及跌落保险操作管理的有关规定》《关于工作票、操作票使用的有关规定》、关于新建及改造设备投入市电网运行管理的有关规定》《兴义市供电所财务审核报销的有关规定》《年度劳保用品发放标准》《兴义市供电所会议制度》《兴义市供电所劳动管理制度》等一系列涉及电网运行、后勤保障、劳动纪律、职工权益等方面的制度相继出台，各部门签订《安全生产责任状》实行目标考核。1993年成立企业管理科。1994年7月，《兴义市供电所劳动管理制度》经职代会通过执行。

1995年，为进一步规范内部管理，由企管科牵头，开展所规程、管理制度修订、整理、汇编工作，修订了各科室及各岗位人员岗位职责，建立了《职工奖惩规定》《业绩考核办法》《防止人身伤亡事故的十大禁令》等一系列规章制度。至此，企业内部管理规章制度基本建立健全，并在工作实践中逐步完善。

二、实行标准化管理

1996年3月，兴义市地方电力局成立企业标准化管理办公室，开展企业标准的研究与制定工作。4月成立工作标准草案修订小组。12月，兴义市地方电力局被贵州省水电厅列为水利部在我省开展全国水利系统地方电力企业标准化管理试点单位，要求力争在1997年上半年完成。1997年4月下发《兴义地方电力局企业标准——工作标准》执行（试行）。同年4月开始编制《兴义地方电力局企业标准——管理标准》，6月，成立标准化委员会。

1997年7月，兴义市地方电力局企业标准化工作取得阶段性成果，企业标准体系（《基础标准》《工作标准》《技术标准》《管理标准》）在贵阳通过贵州省水电厅、贵州省技术监督局的专家评议，确认是全省水利系统乃至全省工业企业行业首家按照国家新标准制定标准化管理的单位，建议在全省水利系统推广使用。同年8月，兴义市地方电力有限责任公司向省技术监督局提出，将市地电公司列为省级企业建立标准化管理体系试点单位。

兴义市地方电力局（兴义市地方电力有限责任公司）按照GB/T13017–1995建立的企业标准化体系，由四个部分组成：

基础标准：主要采用国标、行标，由17个部分，277个标准组成。

技术标准：主要是对企业标准化领域中需要协调统一的技术事项进行统一规定，包括调度、通讯、用电、计量、安全、修试、用电监察、变电运行和维护管理等方面的内容，75个标准。

管理标准：主要是对企业标准化领域中需要协调统一的管理事项进行统一规定，由基础管理、技术开发利用、生产管理、经营管理等四个方面的内容组成，汇集了本企业计划、组织、指挥、协调、控制等34个方面的若干具体规定，109个标准。

工作标准：主要是对企业标准化领域中需要协调统一的工作事项进行了统一规定，共制定出26个部门、109个岗位的工作标准。

1998年5月，贵州省技术监督局与贵州省水利电力厅组织专家对贵州南江水利电力（集团）有限公司企业标准体系进行了认证验收审查，结论为：一致通过该体系的认证。10月，贵州南江水利电力集团有限公司颁发企业标准体系，所完成的《地方电力企业标准化管理研究》项目，并被评定为98年度黔西南州科技进步一等奖。

1998年底，在标准化建设取得阶段性成果的基础上，贵州南江水利集团有限公司向省技术监督局申报“完善计量检测体系”工作，得到省技术监督局支持和帮助，并被列入1999年国家技术监督局的评审计划。结合公司实际，在标准化体系的基础上编制了一套“计量检测体系”文件。整个体系分为4个部分：

一是《计量管理手册》，其内容主要是宏观地概述计量各项管理活动的纲领性文件，作为组织各部门、各类人员开展计量工作共同遵守的准则和依据。

二是《计量管理文件》，主要是为了完成各项计量检测活动所规定的内容和方法，并对应于《计量管理手册》中的要素规定和要求，共有22个文件。

三是《计量技术文件》，主要是对计量人员完成计量检测技术活动和操作技能必须符合相应的技术规程和作业指导书。除有6个文件自编外，其余都是执行国家、行业标准，共有67个文件。

四是《计量记录》，主要是对测量设备的测量能力提供文字证明。凡在测量过程中有保存价值的资料、数据，均属计量记录，主要以表格形式反映。

1999年9月初，由省技术监督局牵头组成的国家评审组对公司计量检测体系进行为期3天的初审认证。10月，体系文件经总经理签字正式发布实施。11月4至5日，体系文件通过评审组评审。

2000年6月23日，国家评审组对公司计量检测体系进行追踪评审并颁证。

企业标准体系和计量检测体系的建立，为公司开展ISO质量体系认证奠定了强有力的基础。2001年6月，公司开始进行质量体系认证工作，并成立了质量领导小组。根据工作需要，聘任了质量联络员及首批质量内审员。2001年11月4日，开始试运行“贵州南江水利电力（集团）有限责任公司GB/T19001–ISO：2000质量管理体系”。

三、贯彻南网规范化管理

2002年2月，兴义市电力有限责任公司成立。市电力公司企业管理模式和管理水平提高进入了一个新的阶段，陆续开展了规范化管理、“安全文明生产”双达标活动、基础管理达标等活动，企业管理水平得到了有力的提升。

(一) 企业规范化管理达标根据南方电网公司、贵州省电网公司的统一部署，兴义市电力公司于2002年7月开始开展农村供电所规范化管理工作，并成立了以公司经理任组长，副经理任副组长的农村供电所规范化管理工作领导小组。通过公司各部门通力协作，第一批8个供电所（乌沙供电所、马岭供电所、威舍供电所、下五屯供电所、则戎供电所、敬南供电所、巴结供电所、七捧供电所等），于2002年11月上报兴义供电局申请验收。2003年8月，兴义市电力公司再次上报了2005年、2006年34个农村供电所达标计划。2003年，在仓更、泥凼两个供电所开展优质、文明服务窗口建设活动。2003年9月，根据省农电局的要求，成立企业纠风和行风建设领导小组，把农村供电所营业规范化服务与企业纠风和行风建设工作有机结合起来，纳入供电所年度目标管理。2003年，威舍供电所获得省级达标。2004年6月，巴结供电所、威舍供电所被兴义供电局列为2005年规范化管理标准考核单位，威舍供电所确定为“2002年供电营业规范化服务”乡镇供电所达标窗口。2005年，下五屯、则戎、巴结等8个供电所被兴义供电局命名为达标单位，并将余下的郑屯、万屯、清水河、雄武、白碗窑、鲁布革等6个供电所列入实施范畴，计划在2006年内全部达标。2006年4月、6月，下五屯、白碗窑等供电所开始陆续申请达标验收。2006年7月，兴义市电力公司马岭供电所等14个供电所被南方电网公司命名为“中国南方电网公司供电营业规范化服务达标单位”。2007年3月，雄武、白碗窑供电所、客户中心等三个单位被南方电网公司授予“中国南方电网公司农村供电营业规范化服务达标单位”。至此，公司供电营业窗口达标率达到100%。

根据南方电网公司《农村供电所供电营业规范化管理标准》，为进一步巩固各供电所规范化服务达标成果，持续提升供电营业规范化服务水平，2007年4月，兴义市电力公司还制定下达了《兴义市电力有限责任公司供电所供电营业规范化管理实施办法》。

与此同时，市电力公司还开展了“安全文明生产”双达标活动。

修订企业标准、管理文件。2003年8月，在原兴义市地方电力局企业标准的基础上，兴义市电力公司重新编制印发了兴义市电力有限责任公司企业标准文件。其中：

《基础标准》2个；

《工作标准》97个，包括《通用标准》和《各岗位工作标准》两部分；

《管理标准》42个，为各项工作的方法、规定和管理制度。

供电所适用的工作标准及管理制度，引用省电力公司制定的《农村供电所规范化管理》中各项标准。计量方面延用公司《计量检测体系文件》。技术管理方面，引用国家或行业的通用技术标准，不再编制新的标准。

2003年10月，贵州省电网公司下达《关于全面开展县供电企业规范管理工作及印发〈建设规范化管理企业标准（试行）〉的通知》，提出县级供电企业要“体制进步、管理进步、科技进步”的目标。2005年3月，兴义市电力公司制定发布《兴义市电力有限责任公司县级供电企业规范化管理实施细则》和工作操作程序及工作计划，自2005年4月启动公司规范化管理工作，在兴义供电局的统一部署和帮扶下，开展各项工作，计划2006年底申请兴义供电局检查验收。

2005年12月，兴义市电力公司根据南网公司及贵州电网公司的要求，提出开展“安全管理、营销与优质服务管理、经营管理”三个单项达标验收。

2006年7月，公司“营销与优质服务”单项通过兴义供电局考评验收。11月，公司规范化管理办公室完成阶段性工作任务，正式撤销。

（二）基础管理达标根据南方电网公司的统一要求，2006年，兴义市电力公司正式开展五项基础管理达标活动并成立了基础管理达标领导小组和单项工作小组。5个单项为：安全管理，节能降耗，电压质量与供电可靠性，经营管理，营销与优质服务。

为使五项基础管理达标工作顺利开展，兴义市电力公司颁布了基础管理达标工作网络图，明确网络人员，在达标办和5个单项专业小组的组织协调下开展工作。公司相继制定了《基础管理达标考核办法》等一系列管理制度，明确了各部门在达标考评活动中的职责、权限、工作程序及奖罚措施等。通过开展基础管理达标考评活动，公司管理更加精细、规范、科学，基础设施得到完善和提升，职工素质和精神面貌焕然一新。2008年1月，基础管理达标工作转入常态化。2008年6月通过兴义供电局考评验收，同年7月通过贵州电网公司验收并报南方电网验收。2008年10月、11月，南方电网公司正式对兴义市电力公司进行考评验收。2009年11月，南方电网公司正式授予兴义市电力公司“县级供电企业基础管理南方电网公司达标企业”称号。

2009年2月，为总结基础管理达标工作的经验和教训，稳步推进县级供电企业基础管理水平的提升，在省电网公司的统一部署下，兴义市电力公司开展了县级供电企业基础管理达标工作“回头看”活动。

2010年5月，根据贵州省电网公司、兴义供电局的安排，结合公司基础管理常态化的实施情况，开展14项基础管理创优，创建优秀企业活动，并以2012年为考评年，要求2013年达标。

2010年6月，在兴义供电局的安排下，将企业党建工作、宣传思想工作、企业文化建设、工会工作、共青团工作、廉政建设等纳入企业基础管理。同时，综合管理（包括公文处理，档案管理、新闻宣传，法律事务、视觉识别系统推广，交通管理，物业管理等）也作为基础管理内容开展达标活动，要求2013年底迎接检查验收。

持续提高电网管理水平。在五项基础管理达标活动之后，南方电网公司不再进行单独的考评活动，在供电所和台区管理方面，开展规范化建设活动，公司成立供电所规范化建设领导小组。2013年4月，下五屯供电所、城区供电所、则戎供电所、鲁布格供电所等4个供电所列为贵州电网公司2013年供电所规范化建设示范点。

在调度管理方面，根据南网公司县级供电企业调度业务规范化管理要求，按照南方电网公司安全生产“体系化、规范化、标准化、信息化”的管理思路和南方电网总调的统一部署，结合贵州电网公司的工作总体要求，2011年开始，积极推进兴义市调规范化管理工作。通过近两年的努力，调度系统各专业水平上了一个新台阶。2013年8月21日，接受贵州电网公司县级供电企业调度业务规范化建设评价，10月通过验收。

推进制度建设。2013年，根据南方电网公司《安全生产风险管理体系》(2012年版）及《安全生产风险管理体系审核指南》(2012年版)，修订发布《兴义市电力有限责任公司2013年版风险体系管理工作标准》《兴义市电力有限责任公司企业标准内务管理工作标准》《兴义市电力有限责任公司2013年版规章制度》。

老江底水电站“6 S”管理。老江底水电站始建于2003年，2008年6月兴义市电力公司接手运行管理。由于管理体系不健全，设备维护管理不到位，员工素质不高，设备故障、操作不当等引起的停电次数较多，严重影响电站的运行效益。由此，电站于2011年开始开展“6 S”管理活动。

“6 S”管理就是对办公、生产现场各运用要素所处状态不断进行清理、整顿、清洁、清扫，以创造干净整洁的工作环境，提高员工素养及场所安全的管理工作。通过开展“6 S”管理，老江底水电站推进了思想建设，改进了工作作风，增加了员工凝聚力，充分调动了员工主观能动性和创造力，车间环境卫生得到极大改观，人员素质有了明显提升，安全意识得到增强，总结整理了“老江底水电站‘6 S’现场管理实施规范”，使电站效益向最大化迈进，为进一步提高兴义市电网运行的经济效益打下基础。2012年，老江底水电站被贵州省电监办评为2011年度优秀企业。

第十一章 党建工作及企业文化

第一节 党建工作

1991年1月31日，中共兴义市供电所支部成立。同年，共青团兴义市水电局供电所支部委员会成立。1993年5月31日，兴义市供电所支部委员会改选。10月27日，中共兴义市直属机关委员会批复中共兴义市水电局总支部委员会组成人员。1995年4月，中共兴义市供电所支部委员会制定工作职责及党建目标管理安排意见。4月27日，中共兴义市供电所支部委员会改选。1996年8月15日，中共兴义市地方电力局支部委员会成立7个党小组。1997年11月14日，中共兴义市地方电力局总支部委员会下设局机关、兴电实业公司、经警分队、用电所、变电运行管理所、威舍工区、乌沙工区、下五屯工区8个支部。2000年兴义市水利局党委设9个党支部，分别是局机关党支部、兴西湖党支部、南江集团机关党支部、兴电公司党支部、用电党支部、发电运行党支部、南江医院党支部、车贸公司党支部、木浪河党支部。2004年4月20日，兴义市电力有限责任公司党委在全公司开展党风廉政建设责任制、党风廉政建设责任制考核、党风廉政建设责任追究工作。12月10日，公司年度党风廉政建设责任制自查评分为95分。12月13日，中共兴义市电力有限责任公司委员会和中共兴义市电力有限责任公司纪律委员会成立。2005年1月31日，成立保持共产党员先进性教育活动领导小组并组织开展有关活动。2月7日，制定《中共兴义市电力有限责任公司第一次党员大会选举办法》。2月19日，中共兴义市电力有限责任公司委员会、纪律检查委员会人员组成人员选举产生。3月17日，公司机关支部、变电运行支部、用电营销支部、顶效公司支部委员会选举产生。12月10日，公司党委下设4个党支部(机关支部、变电运行支部、用电营销支部、顶效公司支部)，共有101名党员。2006年11月2日，对2006年度党风廉政建设责任制进行检查考核。2007年8月3日，下发《兴义市电力有限责任公司领导班子成员党风廉政建设责任制分工》。10月26日，成立公司党风廉政建设年度考核领导小组开展党风廉政建设活动。12月9日，换届选举产生新一届公司团委班子。2008年4月8日，中共兴义市电力公司委员会开展“基层党建示范点”创建工作。5月6日，开展“讲党性、重品行、做表率”作风教育月活动。5月13日，公司开展效能监察工作。2009年3月5日，公司开展深入实践科学发展观活动，并成立兴义市电力公司党委水电公司党总支深入学习实践科学发展观活动领导小组。2010年3月31日，制定2010年党风廉政建设工作计划。7月1日，召开纪念建党89周年暨艰苦奋斗教育月活动总结大会。2011年3月2日，重新调整党建工作领导小组。4月12日，召开党员代表大会。4月20日，开展党员示范岗、先锋岗创建活动。5月20日，公司党委下发《关于在公司党员领导干部中开展“四帮四促”活动的实施方案》。2013年，选送了17名优秀青年参加入党积极分子培训，吸收5名入党积极分子加入党组织，共减少“无党员班组”2个，签订党员目标责任书255份，8个党支部、255名在岗党员签订了公开承诺书，考核评价示范岗47个，先锋岗7个。定期了解掌握员工思想动态，开展小组辅导4次，个人辅导213次，公司选送的员工辅导案例获兴义供电局表彰。制定了《党委会议制度》《党委议事规则》《党支部工作制度》《创先争优长效机制》，不断提升党建基础工作水平。8个党支部均获得市直属机关工委授予的“五好基层党支部”称号，获黔西南州委表彰“优秀共产党员”1名；获兴义市委表彰“优秀共产党员”1名、先进基层党组织2个；获兴义市直属机关工委表彰“优秀共产党员”1名，“十佳党务工作者”1名，先进基层党组织2个。

2014年，兴义市电力有限责任公司党委下属4个党支部，有正式党员232人、预备党员5人。兴义市水电开发有限责任公司党总支下属4个党支部，有正式党员95人，预备党员1人。

公司党委（党总支）在市直属机关工委和市委党建办的领导下，以党的十八大精神为指导，以开展党的群众路线教育实践活动为契机，认真贯彻学习党的十八届三中、四中全会精神和习近平总书记的系列讲话精神，组织党员干部学习《党章》和新时期党建工作的新要求，围绕年初与市直属机关工委签订的《2014年兴义市直属机关党建目标管理责任书》，将党建目标管理融入开展党的群众路线教育实践活动之中，建设学习型、创新型、服务型、勤廉型党组织。

公司党委（党总支）以党委书记为第一责任人制度，成立了党建目标管理工作领导小组和办公室。按照市委的部署安排，在市委第十五督导组的指导下，公司党委（党总支）围绕保持党的先进性和纯洁性，以为民务实清廉为主要内容，以公司领导班子和党员干部为重点，按照“照镜子、正衣冠、洗洗澡、治治病”的总要求，聚焦“四风”问题，组织开展党的群众路线教育实践活动。

公司党委（党总支）制定了开展活动的《实施方案》和《工作规划》，对不同群体党员干部提出明确具体的要求，安排部署教育实践活动有关工作，指导各党支部按要求推进教育实践活动，建立联络员制度，通过党委（党总支）和党支部联络员推动各个环节工作的落实。在公司内部报纸《兴义市电力》和宣传橱窗开辟专栏。

在开展党的群众路线教育实践活动中，公司党委（党总支）班子先行集中学习，作专题辅导，党委（党总支）中心组开展主题教育活动，学习习近平总书记一系列重要讲话精神，以及市委关于教育实践活动一系列会议精神，研读规定书目和文件，全体党员撰写学习心得体会，开设道德讲堂，“干部夜校·每周一讲”，举办道德模范先进事迹报告会，邀请兴义民族师范学院政治与历史系教授作专题辅导报告。组织120多名党员干部到威舍“红军村”进行革命传统教育，到敬南十里坪农业转型示范点、则戎冷洞村贵州精神教育基地、清水河示范工业园区、顶效楼纳新农村教育实践活动示范基地及展馆，接受党的传统教育，组织开展1次以上集中讨论。

公司党委（党总支）所属各党支部到富民社区、庄园社区、驻村帮扶联系点等进行走访调研。向下五屯小学、八中附小开展“安全知识进校园，我为孩子捐本书”活动，捐赠《中小学生安全预防与自救手册》图书9500本，向20名贫困学生赠送了书包、文具盒、笔等学习用品。向挂帮的3个社区（街心社区、北门社区、盘江社区）、1个驻村点（黄桷树村）慰问贫困家庭11户。顶效公司党支部还组成“为民服务周”活动小组，到顶效楼纳村开展“为民服务周”活动，向当地群众讲解安全、科学用电，以及居民阶梯电价政策、非现金缴费业务推广等常识，并发放《农村安全用电须知》《家庭用电小常识》《电力设施保护宣传图册》等用电宣传资料。深入楼纳“八一爱民”学校，向广大学生群体发放《中小学生安全用电常识》，以及印有相关安全用电常识、携带方便的《学生笔记本》等电力宣传资料10000余份。在则戎、敬南、下五屯、威舍、郑鲁等乡镇的边远村组设立供用电便民服务点，投入30000多元改善当地农村居民的用水条件，解决三江口镇黄桷树村1096人的饮水安全问题。投入5000余元帮助盘江社区建立了党员活动室。

公司党委（党总支）在专题民主生活会上，公司班子成员一一作了对照检查，深入查摆个人“四风”方面的突出问题，诚恳接受别人的批评意见，负责任地对其他班子成员提出批评，提出批评意见183条。针对职工群众反映强烈的干部轮岗交流问题，研究制定干部轮岗交流实施意见，对15名中层干部进行了轮岗交流，新提拔2名业务骨干。

公司党委按照州市党委政府“深化电力体制改革、创新电力体制机制”的要求，推进地方电网建设，作为贵州省工业“百千万”工程省级企业，力争年底三板上市。围绕解决“四风”方面的突出问题，修订完善已有制度，建立健全新的制度。

公司党委落实《党员目标管理责任书》，与各党支部签订《党支部目标责任书》8份，《党支部公开承诺书》8份，各党支部与党员分别签订《党员目标责任书》256份、《党员公开承诺书》256份。党委纳新党员5人，按期转正10人；水电公司党总支纳新党员1人，按期转正5人。在党务公开栏中，除公开各党支部及党员公开承诺书外，还将公司党委（党总支）党费收缴情况及中管党费、省管党费、市管党费收支情况进行公开，组织慰问小组，先后探望慰问贫困党员5人。

公司党委（党总支）制定《“三重一大”事项集体决策实施细则》，发布《兴义市电力有限责任公司2014年党风建设及反腐倡廉工作要点》和《工作任务分解表》，下发《2014年反腐倡廉建设岗位责任通知书》53份、签订《2014年党风廉政建设责任书》44份、《重要岗位廉政承诺书》177份、《家庭助廉承诺书》51份、《行风建设责任书》119份、签订《遵守“制止大操大办”有关规定承诺书》943份。以开展“两个创建”工作为契机，把马岭供电所等10个供电所作为创建“廉洁高效、为民服务”示范点，推进企业廉洁文化建设，提升企业良好形象。

公司纪委组织重要部门班组长及中层干部到兴义监狱开展预防职务犯罪教育活动，听服刑人员现身说法、观看《兴义监狱一日生活制度规范化管理》光碟，与市检察院联合印发了《兴义市人民检察院与兴义市电力有限责任公司预防职务犯罪联席会议制度》，每逢节假日，还通过手机短信向中层及以上干部编发“八项规定”的廉洁警句或温馨提示。发出廉洁警句或温馨提示24条。组织党员干部收看《底线的失守》《四风之害》等警示片，加强党员干部廉洁自律教育。

为认真贯彻落实中央八项规定，各岗位结合实际重新梳理全员岗位廉政风险点共966个，建立廉政风险防控措施共1383个，重新更换岗位廉洁风险提示牌。对重要领域、重要部门、重要岗位下发《预警通知书》共308份，签订《廉洁从业承诺书》共297份。同时，印发了《兴义市电力有限责任公司执行“八项规定”情况监督检查方案（2014年）》，成立了监督检查领导小组并设立办公室，制定《兴义市电力有限责任公司整治“六风”工作方案》《兴义市电力有限责任公司在教育实践活动中深化“四风”突出问题专项整治实施方案》，结合公司实际组织开展“六风”整治和“7＋4＋3＋1”专项整治工作，组成3个工作小组分别对各基层变电站、供电所整治“六风”问题落实情况和“7＋4＋3＋1”专项整治情况进行督察，公司未发生一起违反“八项规定”的事件。7月，公司党委（党总支）有8名党务工作者、32名共产党员受到市直属机关工委表彰。

2016年，落实党风廉政建设“一岗双责”责任制。下发《反腐倡廉建设岗位责任通知书》53份、签订《2015年度党风廉政建设责任制承诺书》100份、《党风廉政建设责任书》62份、《重要岗位廉政承诺书》144份、《中层管理人员廉政承诺书》40份、《兴义市领导干部勤政廉政承诺书》50份。每季度对各党支部履行党风廉政建设主体责任落实情况进行考核。深化“四风”整治，巩固和拓展党的群众路线教育实践活动成果。

第二节　民主管理

公司工会组织围绕公司的中心工作，以服务中心、服务基层为主线，认真履行工会维护、参与、建设、教育四项职能，荣获省级模范“职工之家”、全国模范“职工小家”、全国“安康杯”竞赛优胜班组、州市先进基层工会等，为构建和谐企业、服务企业发展做出了贡献。

工会组织开展了“明礼知耻·崇德向善”主题宣传教育活动、“凝聚正能量，共筑‘中国梦’”主题系列活动。按照公司党委的安排部署，开展党的群众路线教育实践活动，贯彻落实中央八项规定和公司各项规定，组织开展了“面对面、心贴心、实打实服务职工在基层”活动。召开各类座谈会30多次（内退职工、一线职工、青年职工、金秋助学等，参与人数1200多人）。开展走访慰问困难员工、生病员工、丧属等551人次。组织向灾区、患重病职工、“慈善一日捐”等捐款823638元，切实为职工群众解难事、办实事。

围绕“促和谐”工作目标，构建和谐企业，完善维权机制。工会组织维护职工的合法权益，健全平等协商签订集体合同机制，按时按要求签订集体合同。畅通员工诉求渠道，形成了工会帮扶工作常态机制。开通了“工会主席信箱”，发挥工会的桥梁纽带作用。

规范行使职代会职权。依据国家的有关法律法规和上级工会的要求，完善职代会管理制度，规范工作流程，确保涉及生产经营的重大决策和职工切身利益的重大事项均提交职代会审议，确保职工的知情权、参与权和监督权。

加强厂务公开民主管理。根据上级厂务公开民主管理的有关要求，完善了厂务公开民主管理有关制度及管理办法，建立了厂务公开民主管理规范化运作体系，使公司厂务公开民主管理工作进入了常态化、科学化、规范化管理，促进了和谐劳动关系的构建和健康发展。公司厂务公开民主管理工作得到上级有关部门的肯定和认可。

围绕中心，服务大局，参与安全生产管理。利用各种形式和载体宣传“以人为本，安全发展”理念，营造“人人讲安全、时时抓安全、事事保安全”的安全文化氛围。与相关职能部门组织开展了安全知识竞赛、安全风险体系知识竞赛、驾驶员技能竞赛，参与了上级组织的安全纠察岗位竞赛、安规知识竞赛等“安康杯”竞赛活动，促进了广大职工安全生产技能和意识的提升。

开展创建“工人先锋号”活动和劳动技能竞赛。开展“工人先锋号”评比活动，把创建“工人先锋号”与公司的中心工作紧密结合，在抗冰保电、抗旱保电等重要工作中开展创建活动。制订了年度劳动技能竞赛工作计划，组织开展了农网配电营业工（装表接电岗位、抄核收岗位、线路维护岗位）、变电站运行维护、水电站运行维护等岗位技能竞赛。参与上级工会组织的各类技能竞赛，参与职工1200多人次。在上级工会组织的各类技能竞赛中，公司参赛选手亦多次荣获团体或个人奖项。

开展评先选优活动。组织开展劳模、先进推荐工作，在公司系统评选表彰十大模范员工、先进集本、先进生产（工作）者，公司部分集体和个人多次受到市、州以上各级组织的表彰。

开展工会职能绩效目标考核。实现工会工作由定性管理向定量管理转变，由结果管理向过程管理转变，推动工会工作规范化、程序化，工会管理水平不断提升。工会会员入会率达100%。组织工会干部参加上级举办的培训班10余期20多人次，提高了工会干部服务职工的能力和水平。根据省总工会下发的模范职工之家创建标准，开展“建家”活动，努力打造组织健全、维权到位、工作规范、作用明显、职工信赖的职工之家。发挥教育职能，提升发展软实力，创建“职工书屋”，丰富职工文化生活。

1992年6月30日，市水电局供电所召开全体女职工大会，采取无记名投票选举了妇女委员会。1993年8月26日，兴义市供电所召开职工代表大会。审议通过了《兴义市供电所劳动管理制度》。1994年3月18日，兴义市供电所召开一届二次职工代表大会。7月23日，兴义市供电所召开一届三次职工代表大会。审议通过《劳动管理制度》。1995年3月5日至6日，兴义市供电所召二届一次职工代表大会。审议通过《劳动管理及奖惩制度》。3月18日，兴义市供电所制定《兴义市供电所关心下一代协会具体实施办法》。1996年3月16日，兴义市供电所召开二届二次职工代表大会。7月16日，经原兴义市供电所第二届工会委员会第十五次会议民主选举产生兴义市地方电力局首届工会委员会。9月12日，兴义市地方电力局召开一届一次职工代表大会，会议审议通过了《兴义市地方电力局所属公司全员劳动合同制实施方案》《兴义市地方电力局合理优化劳动组合、择优上岗的管理办法》《兴义市地方电力局所属公司集体合同》。1997年3月21日，兴义市地方电力局召开一届二次职工代表大会。3月22日，兴义市地方电力局制定《干部奖惩试行办法》。4月1日，兴义市地方电力局制定《关于认真履行“对外服务承诺书”的管理规定》。1998年12月18日，召开贵州南江水利电力集团首届一次职工代表大会。6月3日，兴义市地方电力局成立行风自检自评领导小组。1999年3月26日，召开贵州南江水利电力集团一届二次职工代表大会。8月21日，颁布《党员、干部、职工廉洁自律若干规定》和《厂务公开实施意见》。2000年7月27日，召开贵州南江水利电力集团一届三次职工代表大会。10月19日。贵州南江水利电力（集团）有限责任公司制定董事会、监事会、总经理办公会议制度。2001年6月12日，制定《贵州南江水利电力（集团）有限责任公司管理人员选聘制（试行）办法》。8月14日，召开贵州南江水利电力集团一届四次职工代表大会。2002年4月15日，成立兴义市电力有限责任公司监事会。4月30日，制定《兴义市电力有限责任公司章程》。8月，成立“厂务公开”工作领导小组和监督检查小组。8月6日，制定《兴义市电力有限责任公司厂务公开实施办法》。10月18日，召开贵州南江水利电力集团一届五次职工代表大会。讨论并表决通过《关于公司机构人事改革及实施步骤的通知（草案）》《关于职工带薪离职、提前退养等有关办法的规定（草案）》及《贵州南江水利电力（集团）公司集团合同》。11月7日，《兴义市电力有限责任公司关于人事改革及实施步骤的通知》等人事改革政策文件通过职工代表大会的审议，劳资科、城南变、下五屯供电所列入第一批竞聘上岗部门，11月13日至25日为职工竞聘报名时间。2003年7月23日，公司召开第一次工会会员代表大会，选举产生了第一届工会委员会、女职工委员会、工会经费审查委员会，组建了三个基层工会小组（行政工会、用电工会、变电运行工会）。8月30日，制定《兴义市电力有限责任公司职工代表大会工作制度》。厂务公开工作获省“厂务公开”检查组好评。2004年12月1日，对公司领导干部进行民主评议。8月13日，召开兴义市电力有限责任公司一届一次职工代表大会。2005年3月2日，公司党委制定《贯彻落实全心全意依靠工人阶级和加强工会工作实施办法》。8月，贵州省总工会授予工会“贵州省模范职工之家”称号。12月7日至16日，开展对公司经理层民主评议工作。2006年5月25日，开展“情系职工大维权”“温暖万家大帮扶”活动。8月25日，调整“厂务公开”领导小组成员。10月30日，制定《兴义市电力有限责任公司农电工考核、聘用、管理实施办法》。2007年1月2日，制定《兴义市电力有限责任公司举报投诉管理规定》。1月10日，制定《兴义市电力有限责任公司客户满意调查工作实施方案》。2月5日，制定《兴义市电力有限责任公司举报信访工作管理办法》和《兴义市电力有限责任公司领导接待日制度》。3月13日，一届二次职工代表大会修订审议通过《兴义市电力有限责任公司、兴义市水电开发有限责任公司基本管理》。1月25日和3月2日，分别召开一届二次和一届三次职工代表大会。4月26日，制定《兴义市电力有限责任公司绩效考核管理办法》。7月，公司系统工资改革方案（讨论稿）下发各部门讨论。8月15日，制定《兴义市电力有限责任公司优质服务明察暗访实施方案》。10月8日至11日和10月15日至18日，举办两期中层管理人员领导力提升培训班。2008年1月18日，召开一届四次职工代表大会。4月28日，成立住房改革分配工作小组。6月17日，制定《兴义市电力有限责任公司“整顿行业作风建设大讨论”活动实施方案》。7月29日，成立企业文化领导小组。8月19日，成立兴义市电力有限责任公司招投标监督委员会。4月25日，决定成立分工会，包括行政分工会、生产管理分工会、城区供电所分工会、变电运行分工会和市场营销分工会。12月24日，开展年度中层管理人员考核工作。12月31日，召开兴义市电力系统一届五次职代会。2009年1月1日，制定《兴义市电力系统“万峰花园”小区物业管理规定》。4月20日至10月5日，公司分三期分别对中层管理人员进行远程轮训。12月25日，召开兴义市电力系统二届一次职代会。8月2日，制定《行风及优质服务工作评比考核办法（试行）》。2010年8月23日，调整兴义市电力系统劳动争议调解委员会。11月10，成立绩效管理委员会，在系统内全面推行绩效管理工作。2011年2月25日，召开兴义市电力系统二届二次职工代表大会。3月8日，公司变更董事会和监事会成员。9月，公司按照“三重一大”集体决策制度进行自查。2012年2月17日，召开二届三次职工代表大会。4月1日，二届三次职工代表大会审议通过《集体合同》的决议。

2013年，推进民主管理，让“四权”深入人心。一是公司按期召开职代会，二是扎实开展厂务公开工作。围绕员工业务技能提升，抓好“安康杯”竞赛活动。参加上级工会举办的安全纠察、驾驶、综合数据网运行维护、物流管理、输电线路、调度运行、油务、“服务之星”等技能竞赛共13项58人次，获5个团体一等奖，1个团体二等奖，1个团体三等奖，15人荣获“优胜选手”称号。同时在公司内部开展了“安康杯”变电运行、水电运维、“服务之星”等技能竞赛活动。

建立健全工会工作制度，提升服务职工的能力。对《职工代表大会工作制度》《厂务公开实施细则》《民主评议干部实施办法》《职工子女奖励办法》《班组规范化建设管理及考核办法》等制度进行了修订，员工入会率达100%，按要求签订了集体合同、工资集体协商协议、女职工专项集体合同，按风险体系管理的要求制订并发布实施了《安全生产合理化建议管理标准》《职业健康管理工作标准》等标准。

2015年，开展“面、心、实”活动，让职工感到家的温暖。公司及职工共向兴义市慈善总会献爱心，向困难大学生捐款25.90万元。向基层站所开展“夏送清凉”活动。倡议公司职工为陶永龙捐款44850元治病。看望生病住院职工29名。对20名困难、伤残职工中进行了慰问。向死亡的职工及职工亲属送花圈53次。组织196名特种作业职工进行体检，给一名工伤职工的后续治疗联系相关医院并协助办理手续。开展了“金秋助学”活动，对考取大学的32名职工子女进行了奖励。为各供电所配备文娱活动用品，金额达13万元。

2016年，开展了“安康杯”变电运行岗位技能竞赛、农网配电营业工知识竞赛、水电站运维技能竞赛。在春节期间对因公致残职工、贫困职工、重病职工32人进行慰问，发放慰问金5万余元。坚持人文关怀，做到“五必”(即生病必看、丧葬必到、困难必帮、矛盾必调、诉求必答)工作。2016年探望亲人离世职工69人次。继续开展“金秋助学”，奖励了34名考入大学的职工子女，发给奖金18.36万元。防汛抢险期间，到受灾的则戎所、顶效电力公司等慰问一线抢修职工。开展夏送清凉活动，到18个供电所、7个变电站、3个水电站、7个一线生产等35个部门慰问，将公司党委和行政的温暖送到职工的心坎上。组织职工参加全市职工医疗互助活动，组织全体职工进行健康体检，支付体检费近90万元，开展职工医疗健康讲座，为生产部门配置药品。

第三节　文体活动

公司成立以来，以国庆节、三八节、儿童节、建军节、重阳节、元旦等重大活动和节假日为契机，工会、企业文化建设各小组分别组织开展了文艺会演、文学、摄影、书法交流、篮球、乒乓球、象棋、游泳等丰富多彩，健康文明的文体活动。在参加上级组织的各类比赛中多人多次获奖，丰富了职工精神文化生活，激发了职工活力，树立了企业的良好形象，增强了企业的凝聚力和向心力。

1992年2月1日，兴义市水电局供电所在武警医院4楼会议室举行春节文艺联欢晚会。1993年11月15日，兴义市水电局供电所组建军乐队。1995年1月24日，兴义市委市政府为纪念遵义会议召开60周年举行文艺晚会，供电所参赛节目有《触电》(小品)、与市人武部合作的《军歌联唱》。1996年4月22日，兴义市供电所与武警黔西南支队联合开展“五四”文体活动。4月24日，兴义市供电所正式组队参加云南省滇东电业局举办首届“团结杯”篮球邀请赛。6月28日，与黔西南州武警支队联合在市委礼堂举办“七一”文艺联欢晚会。1997年6月28日，兴义市地方电力局举办“七一”建党节暨迎香港回归演唱会。1998年4月30日，举办“南江杯”水利电力系统职工卡拉OK电视大奖赛。5月6日，由贵州南江水利电力（集团）有限责任公司主办，在兴义举行第二届滇东电网“团结杯”篮球赛。1999年7月9日，工会下发关于举办“南江集团创业十年成果摄影展”征稿通知。8月31日，组队参加兴义市委、市政府组织的庆祝建国50周年和澳门回归祖国大型革命歌咏比赛。2000年1月1日，举行贵州南江水利电力集团首届自行车拉力赛。

2001年7月，组队参加兴义市委组织的庆祝建党80周年文艺晚会。2002年5月，在第三届滇东电网“团结杯”篮球赛获亚军。2003年12月15日至20日，公司男子篮球队在第七届“供电杯”获全州第一名。在市委宣传部、市总工会举办的《学习贯彻“三个代表”重要思想知识竞赛》中，公司代表队获三等奖。在兴义供电局主办的“树行业新风”文艺晚会上，公司选送的《光明照亮苗家寨》和《布郎花》分获二等奖和三等奖。2004年2月16日，举办“三八”节卡拉OK比赛。7月19日，与中国农业银行黔西南州分行联合开展游泳、反恐射击等活动。5月，参加滇东电业局“团结杯”篮球赛并获第四名。6月5日，举办“六一”儿童节游泳比赛。10月，举办黔西南州第八届“供电杯”篮球赛，包揽男子、女子组冠军。2005年2月18日，举办“三八”妇女节职工健身操比赛。5月12日，举办“茁壮成长”儿童卡拉OK比赛。12月14日，公司奖励在全州电力系统第九届“供电杯”篮球比赛中获二、三名的男子篮球队和女子篮球队。4月下旬，举办“五一”“五四”演讲活动。4月27日，参加兴义市“五一颂歌”文艺演出。12月30日，参加兴义供电局举办的元旦“万家灯火、南网情深”文艺演出，舞蹈《黑夜、光明、欢乐》获三等奖。2006年获第六届“团结杯”篮球赛男子组第二名。4月，组织开展趣味娱乐系列活动。5月31日，举办“幸福家庭快乐娃”职工家庭才艺比赛。6月12日，参加兴义供电局举办“万家灯火、南网情深”文艺演出。6月28日，参加中共兴义市委组织的“明荣辱颂祖国赞兴义”纪念建党85周年歌咏活动。12月4日至8日，开展向农民工“送温暖”活动，为困难农民工捐赠越冬衣被及图书杂志。2007年4月22日，成立钓鱼协会并在巴结镇万峰湖钓鱼台举办钓鱼比赛。4月28日，举办“五一”“五四”趣味娱乐系列活动。6月14日，表彰荣获兴义市职工健身拔河大赛男子组第三名全体队员。2008年4月，参加兴义供电局举办的“廉洁、守纪”主题文艺晚会。5月31日，开展“七彩童年、和谐之声”比赛活动。6月25日，开展“党员风采”演讲比赛。6月27日，组织百人合唱团参加兴义市委组织的“颂歌献给党”共产党成立87周年庆祝活动。2009年5月4日，举办以才艺展示为主题的“团员风采大赛”。6月3日，举办市电力系统首届职工书画、摄影作品展。9月4日至5日，组队参加兴义供电局2009年职工运动会。11月3日，举办兴义市电力系统2009年野钓大赛。

2010年7月，抽调人员组队参加第八届“团结杯”篮球赛。4月22日至27日，举办兴义市电力系统“协力杯”职工篮球运动会。7月1日，公司各支部组织党员在庆祝“七一”大会举行“高唱红歌颂党恩”歌唱活动。2012年11月30日，为庆祝兴义市电力公司、水电公司、顶效公司成立10周年，公司组织举办了座谈会、职工文艺演出等庆祝活动。组织职工参加上级工会举办的“三八节”摄影及女职工才艺作品展，庆“五一”职工计算机操作比赛和户外徒步活动。组织400多名女职工开展了“三八”节健身操比赛。协助公司团委开展纪念“五四”青年节活动和“南网中长期发展战略知识竞赛活动”。组织全体职工赴外地考察学习。组织600多名职工子女开展了庆“六一”活动。组织职工开展了万峰林徒步活动。组织近百名退休职工开展了第三个敬老日活动。组织了公司成立十周年庆典的文艺演出活动。组队参加云南滇东“团结”杯篮球运动会，州体育局主办的拔河比赛。

2012年，公司共举办和参与各类竞赛活动30项，在上级举办的各类竞赛活动中，荣获地区局团体一等奖一个、团体三等奖2个。一名员工获全国电力安全生产知识竞赛三等奖，一名员工被贵州电网公司授予“青年岗位能手”称号，五名员工获贵州网公司个人奖的好成绩。

2013年，开展女职工“三八”节联欢活动，对33名先进女职工进行表彰。参加上级组织开展的“齐心协力向前行”接力赛和庆“五一”活动，“供电杯”职工棋牌比赛。在参加兴义市2013年“激情山水.唱响《公民道德歌》合唱大赛中荣获二等奖。参加兴义局“中国梦南网梦纪念建党9 2周年暨学习十八大精神知识竞赛”获第一名。承办兴义供电局职工书法艺术交流活动，举办了第二届“协力杯”篮球赛，职工子女“六一”儿童节书法、绘画、作文、手工作品、猜谜等活动。组织职工游泳比赛，组织退休职工开展第四个敬老日活动。公司企业文化建设各小组分别开展了书法、文学、摄影、体育等活动，

2015年，开展“红军从这里走过”“三八”妇女节、“五四”青年职工歌唱比赛。系统职工子女庆“六一”“安康杯”技能竞赛，“健康快乐·迎新跨越”职工户外徒步等活动。参加兴义市世界山地旅游十大工程誓师大会，兴义市首届国际山地旅游大会文明行动集中整治启动仪式。“州文体广电局、州农行、州团委举办的2015‘农行杯’周末篮球赛”。央视大型主题歌会《唱支山歌给党听》现场录制活动，直属机关工委“健康生活靓起来·机关党建活起来”系列趣味活动。女队获“市医院篮球邀请赛”第二名。

2016年，组织开展了新春文艺晚会，组织开展了公司与市新闻中心的庆祝“三八”妇女节联谊活动。“六一”儿童节期间对558名职工子女发放了节日慰问品。举办了贵州阳光资产管理集团有限公司职工篮球运动会。组织职工参加阳光集团举办的“庆祖国华诞、展企业风采”大型徒步活动。组织退休职工开展“幸福重阳、快乐徒步”活动。组队参加“农行杯”周末篮球赛，荣获“女子组冠军”“男子组亚军”。组织职工参加州“知行杯”太极拳公开赛，获集体“优胜奖”，个人荣获二、三等奖。组队参加兴义市第二届群众性法治文艺宣传调演，编排的音诗画《电力卫士》获第一名。组织职工篮球队参加兴义市总工会举办的“迎国庆”系列群众性体育活动。组织近千名职工参加金州电力“健康快乐伴我行，凝心聚力创佳绩”迎新徒步活动。

组织职工参加市总工会等单位联合举办的“庆祝建党95周年暨纪念红军长征胜利80周年征文活动”，公司员工分别荣获一等奖2个、二等奖4个、三等奖6个、优秀奖3个，成为获奖人数最多的集体，公司荣获“组织奖”。

第四节　企业文联

1996年5月6日，兴义市供电所文联成立，在第一次代表大会上通过《贵州兴义市供电所文学艺术界联合会章程（草案）》。在企业的发展历程中，文联为企业的精神文明建设做出了突出贡献。文联会员在文学、书画、摄影、舞蹈等艺术创作上先后获部级、省级奖励无数，出版单位、个人作品集20余本，有8名职工成为各类省级会员，在省、州、市形成独具特色的电力企业作家艺术家文艺群现象。

一、机构设置

1996年5月7日，经黔西南州文联批准，兴义市电力系统文学艺术界联合会成立（原名兴义市水电局供电所文联、1998年6月更名为贵州南江水利电力集团文联、2002年12月更名为兴义市电力系统文联）。文联下设文学、书画、摄影、音乐舞蹈戏剧4个创作小组。共有正式会员42名，预备会员16人。该文联为全省水电系统第一个基层文联。

1996年5月7日，召开贵州南江水利电力集团文学艺术界联合会（原兴义市水电局供电所文联）成立大会。

1998年6月，召开第二届文联换届选举大会，并将贵州南江水利电力集团文学艺术界联合会，更名为兴义市电力系统文学艺术界联合会。

2002年12月10日，召开第三届兴义市电力系统文学艺术界联合会换届选举大会，选举产生新一届文联负责人。

表11-1

负责人	第一届	第二届	第三届
主席	杨远康	杨远康	杨远康
副主席	贾崇麟	贾崇麟	贾崇麟
秘书长		孙淑静	陈　朗
文学组组长	杨远康（兼）	雷定山	罗迦玮
书画组组长	贾崇麟（兼）	贾崇麟	贾崇麟
摄影组组长	陈军理	周柏见	周柏见
音乐舞蹈戏剧组组长	韦利熙	苟士情	苟士情

二、文联工作活动

从1996年5月起至2002年4月，贵州南江水利电力集团与武警黔西南支队结成“军（警）民共建社会主义精神文明单位”。企业文联负责每年“五一”“八一”、春节等重大节日，牵头与武警黔西南支队开展系列文体活动。1997年被中宣部、解放军总政治部授予“军（警）民共建社会主义精神文明先进单位”。

从1996年5月~2002年4月，负责完善企业民兵军乐团的训练、演出管理。军乐团共有管乐、打击乐器40余件，男女军乐队员近40余名。

军乐团曾参加南昆铁路兴义站接轨、庆祝“澳门回归”庆典等二十余次州市重大活动演出。这是黔西南州第一只民兵军乐团，也是全省水电系统第一只民兵军乐团。

1996年元月，受贵州省水利厅委派，公司负责“全国第二批农村电气化建设成果展”贵州展厅设计布展，最终贵州展厅荣获“全国最佳设计奖”，制作的电力提灌模型，被联合国小水电中心收藏。

1997年8月，兴义市地方电力有限责任公司荣获中共中央宣传部、解放军总政治部评为“军（警）民共建社会主义精神文明先进单位”。

1998年9月，贵州南江水利电力集团荣获贵州省委、贵州省政府“贵州省首批省级文化先进企业”称号。

1998年12月，贵州南江水利电力（集团）有限责任公司荣获贵州省委、贵州省政府“1995~1998年度文明单位”称号。

2003年，单位获贵州省第六届“新长征”职工文艺创作评奖活动组织奖。

2006年12月，兴义市电力系统被贵州省委、省政府评为“全省精神文明建设工作先进单位”。

2008年7月1日，兴义市市电力系统成立企业文化建设领导小组，同日成立企业文化发展部，召开“兴义市电力系统企业文化建设发布大会”。

2008年12月，兴义市电力系统被贵州省委、省政府评为“文明单位”。

2012年11月30日，兴义市电力系统举办市电力公司、市水电公司、顶效电力公司“成立二十周年庆典活动”，由文联编辑制作专题片《凝心聚力铸辉煌》，编辑出版画册《风雨彩虹》，以示纪念。

文联成立以来，与单位工会、团委等部门联合开展三八、五一、五四、国庆、春节等文艺、演讲活动80余场，丰富了职工文艺生活，推进了企业文化建设。积极开展会员文艺水平的培养、促进、提升活动。开展文学、书画、摄影、音乐舞蹈戏剧会员培训，共开设文学、书画、摄影、音乐舞蹈戏剧培训，讲座、改稿、竞赛40余次，提高了会员鉴赏、创作能力。积极开展文联会员加入上一级协会的推介工作。先后推荐10人加入贵州省写作学会；7人加入中国水利作家协会；推荐6人加入贵州省作家协会；推荐1人加入贵州省书法家协会；1人加入贵州省摄影家协会。形成了一个企业作家艺术家“文艺群”。

组织系统职工参加各类比赛并获奖。组织参加贵州省委宣传部、贵州省文联等6部委组织的贵州省“新长征”职工文艺创作评奖活动共8次，作品获一等奖5名、二等奖8名、三等奖

10名、优秀奖3名。组织参加职工参加中国作协创联部、中国水利协“江河杯”文艺竞赛，获2个二等奖。此外，组织参加省总工会、省州电力公司、黔西南州、兴义市组织的文艺竞赛活动中，获得一等奖、二等奖、三等奖、入围奖、优秀奖若干。独立完成或配合有关部门编撰、制作电视专题片9部，其中《山旮旯的太阳》《龙跃潮头》《托起水中的太阳》等专题片在中央电视台和省、州、市电视台播出。

独立完成或配合有关部门设计、编辑印刷《梦幻·现实》《托起水中的太阳》《盘江魂》《风雨彩虹》等4部画册。配合新闻宣传部门编印内部报刊《地方电力通讯》《南江水电报》《电力快讯》《兴义市电力》《贵州万峰电力》。编辑出版《南江集团职工文学作品选》《南江集团职工论文选》《“方舟”文丛》共8部。诗集《中国·白马》《弧光》、文集《心路历程》《方舟作家群作品集》《中国民间俗神》《中国殡葬面面观》《黔西南州丧葬习俗汇编》(上下)。

编纂《兴义市电力志》11章，共计30余万字。

三、文学艺术创作

(一) 小说

杨远康创作的长篇小说《飞天密码》，共四个部分36万字。

(二) 诗歌

陈朗的诗集《冬日信札》《中国·白马》。罗迦玮诗集《漂泊歌声》、文集《心路历程》(大部为诗歌)。杨远康的散文诗集《设栏的风景》、科学诗集《弧光》。2012年9月，市电力公司选送的罗迦玮诗歌《我们是南网电力人》，在兴义供电局举办的“永远跟着党，青春筑南网”主题创作朗诵比赛中获一等奖。

陈朗的组诗《吉他序曲》在《山花》发表，《东坡读书石》(外二首)在《十月》发表，诗歌《关于成语》《蚂蚁》等在《贵州日报》副刊发表；诗集《冬日信札》获贵州省“新长征”职工文艺创作一等奖、中国文联创联部、中国水利文协“江河杯”竞赛二等奖，诗歌《关于成语》《关于汉语》分别获贵州省“新长征”职工文艺创作二等奖。

罗迦玮的诗歌《醒着的夜》《马岭河峡谷》(外二章)在《星星》发表，《双乳峰，我母亲的骄傲》在《十月》发表，《舟曲的明天》在《民族文学》发表；诗集《歌声漂泊》《心路历程》分别获贵州省“新长征”职工文艺创作二、三等奖。

杨远康的散文诗集《设栏的风景》获中国作协创联部、中国水利文协“江河杯”竞赛二等奖，科学诗集《弧光》贵州省“新长征”职工文艺创作三等奖。

(三) 散文

杨远康创作的散文达数百篇，共计60余万字，部分作品分别在《大江文艺》《青年时代》《新都市文学》《中国水利报》《贵州日报》等杂志报纸发表。散文集《人生断章》《徘徊在都市的盲道上》分别获贵州省“新长征”职工文艺创作一等奖，散文集《城市风铃》《半天老外》分别获贵州省“新长征”职工文艺创作二等奖，散文集《流彩星河》获贵州省“新长征”职工文艺创作三等奖，散文诗集《设栏的风景》获中国作协创联部、中国水利文协“江河杯”征文二等奖。

罗迦玮的散文《那盏远去的四方灯》《亲情相守》《祭祀母亲》在《中国散文家》发表，《网络有误》在《东方散文》发表，《秋凉》《保电巡查》在《贵州日报》副刊发表。散文集《人生点滴》、散文《并非醉话的酒话》分别获贵州省"新长征"职工文艺创作一、二等奖。

孙淑静的散文多篇在外发表，散文集《痕道记香》，散文《记忆中的水》分别获贵州省"新长征"职工文艺创作一二等奖，散文《婚姻是什么》《乡下人·城里人》分别获贵州省"新长征"职工文艺创作三等奖。

雷定山的散文集《守住寂寞》、散文《纸飞机》分别获贵州省"新长征"职工文艺创作二、三等奖。

柯戴虹的散文《刮痧》《鲁屯印象》分别获贵州省"新长征"职工文艺创作三等奖。彭纪权的散文《画圆》，徐惠忠的散文《吴妈》分别获贵州省"新长征"职工文艺创作三等奖。杨吉娜的散文《家有灵鸡》，获贵州省"新长征"职工文艺创作优秀奖。

彭植樟的散文集《回眸人生》出版面世。

（四）文艺理论研究

在文艺理论创作方面，有杨远康《岑南文学物语44种》(又名《会思考的虫草》)，共计十一万字。2008年11月，经贵州省写作学会评选，杨远康荣获"中青年10佳著作人"称号。

夏国强发表了《风景佳处无设栏》等文学评论文章8篇，其中《诗意地栖居大地的诗人》获贵州省"新长征"职工文艺创作文艺理论类三等奖。

（五）音乐舞蹈戏剧

军乐团演奏的《军乐联奏》，在黔西南州"建行杯"企业文艺调演中分别获一等奖。歌舞《光明照到苗家寨》、舞蹈《布朗花》分别获黔西南州电力系统"树行业新风"文艺大赛二、三等奖。歌舞《光明造就幸福来》获全州电力系统"喜迎十八大"文艺会演优秀节目奖(最高荣誉奖)。

李顺艳在歌曲演唱方面，二十余次获全国、省、州、市奖励，其中：曾应国家旅游局邀请代表中国到新加坡、马来西亚演出。2003年，主唱的《纳西篝火阿里里》获全国"艺术新星"国际交流大赛获二等奖。2005年，参演的《扑黑当》获贵州省第二届少数民族调演奖获演出金奖。2006年，应中央电视台邀请到"民歌中国"栏目录制两期民歌组合节目。2008年，主唱的《布依八音》获第二届"多彩贵州"歌唱大赛获银瀑奖。2009年，主唱的《贵州精神》获全国第四届少数民族曲艺大赛三等奖等多种奖励。

苟士晴编导的舞蹈《万家灯火情系山寨》《春锣》在贵州省"新长征"职工文艺创作中分别获二、三等奖。曲艺《南网情深》获十一届"新长征"职工文艺创作优秀奖。

杨远康编剧的小品《触电》，在黔西南州"建行杯"企业文艺调演中二等奖。短剧《火种》《流溜席》在州市文艺调演活动中分别获三等奖。小品《爱的奉献》，在贵州省民政厅举办的小品比赛中获三等奖。

（六）书法美术

2013年，蒋桂琴的书法作品《惠风和畅》，在黔西南州首届"张之洞杯"书法篆刻比赛中获优秀奖。

1992年，柯戴虹的美术作品《源》，获黔西南州总工会的职工美术作品二等奖。

2014年，在兴义市“增活力、庆七一”系列文体活动中，蒋桂琴的书法作品《平原纵马，古道题诗》获二等奖。欧阳燕的《厚德载物》、邓斌的《劳动最美》、张智雯的《实静兰馨》分别获书法作品三等奖。邓斌的书法作品《灵飞经》，获兴义供电局“职工书法艺术展”二等奖。

2014年，张智雯的美术作品《枇杷》，在兴义市“增活力、庆七一”系列文体活动中获一等奖。

（七）摄影

周柏见摄影作品《头顶云天》，获由贵州省政府、国务院新闻办、国家旅游局、联合国教科文组织、中国摄影家协会主办的“第二届多彩贵州·中国原生态国际摄影大展”入围奖。《壮志凌云》，获贵州电力行业迎接党的十八大召开的摄影、书法、绘画作品展览优秀奖。

2014年，邓斌的摄影作品《时代纤夫》，在兴义市“增活力、庆七一”系列文体活动中获一等奖。

附　录

一、获地州级以上表彰单位目录

日期	被表彰单位	获奖名	评奖单位
1994年6月	兴义市水电局供电所	军乐联奏获黔西南州首届企业文艺调演一等奖	黔西南州文化局
1994年6月	兴义市水电局供电所	小品《触电》获黔西南州首届企业文艺调演二等奖	黔西南州文化局
1997年7月	兴义市地方电力局	拥军优属先进单位	贵州省民政厅\贵州省军区政治部
1997年8月	兴义市地方电力局	贵州省军（警）民共建精神文明先进单位	中共贵州省委宣传部\贵州省军区政治部
1997年8月	兴义市地方电力局	军民共建社会主义精神文明先进单位	宣传部\解放军总政治部
1998年3月	贵州南江水利电力集团	1998年度接收安置退伍军人先进单位	黔西南州人民政府
1998年4月	兴义市地方电力有限公司	1997年度建立现代企业制度先进单位	贵州省水利电力厅
1998年9月	贵州南江水利电力集团	贵州省首批省级文化先进企业	贵州省人民政府
1998年12月	兴义市地方电力局	荣获1995-1998年文明单位	中共贵州省委员会\贵州省人民政府
1999年2月	贵州南江水利电力集团	青年文明号	共青团贵州省委
1999年3月18日	贵州南江水利电力集团	1999年贵州百家知名企业形象评价排序位居发电业前列	中国企业评价中心贵州分中心
1999年5月	贵州南江水利电力集团	全州先进团支部称号	共青团黔西南州委
1999年12月	贵州南江水利电力集团	全国水利系统水电先进集体	水利部
2000年10月	贵州南江水利电力集团	贵州省“三八”红旗集体	贵州省妇女联合会
2003年9月	南江水电集团	第六届“新长征”职工文艺创作评奖活动组织奖	贵州省职工文艺创作评奖活动组织委员会

续表

日期	被表彰单位	获奖名	评奖单位
2004年2月	南江集团工会	2003年度行业先进工会	黔西南州总工会
2004年10月	兴义市电力公司	黔西南州第八届"供电杯"篮球友谊赛优秀组织奖	黔西南州第八届"供电杯"篮球友谊赛组委会
2005年8月	兴义市电力公司	贵州省模范职工之家	贵州省总工会
2006年2月	兴义市电力公司	工会工作先进单位	黔西南州总工会
2006年2月	兴义市电力公司	2004–2005年度文明单位	中共黔西南州委员会\黔西南州人民政府
2006年4月	兴义市电力公司	精神文明建设工作先进单位	中共贵州省委\贵州省人民政府
2006年4月	兴义市电力公司	2005年度诚信纳税企业	黔西南州人民政府
2006年12月	兴义市电力公司	全省精神文明建设工作先进单位	中共贵州省委\贵州省人民政府
2007年3月	兴义市电力公司	2006年度黔西南州知名企业	黔西南州人民政府
2008年5月	兴义市电力公司	黔西南州五四红旗团委	共青团黔西南州委
2008年12月20日	兴义市电力公司	2006–2007年A级纳税信用企业	贵州省国家税务局\贵州省地方税务局
2008年12月	兴义市电力公司	文明单位	中共贵州省委\贵州省人民政府
2009年6月	兴义市电力公司	2008年度工程建设先进单位	兴义供电局
2009年2月	兴义市电力公司	巾帼文明岗	中华全国妇女联合会\全国妇女"巾帼建功"活动领导小组
2009年2月	兴义市电力公司	兴义供电局2008年度先进单位	兴义供电局\兴义供电局工会
2009年3月	兴义市电力公司	兴义供电局2008年度教育培训先进单位	兴义供电局
2009年4月	兴义市电力公司	兴义供电局"金牌服务迎奥运"活动先进单位	兴义供电局
2009年9月	兴义市电力公司	兴义供电局2009年电气试验工技能竞赛一等奖	兴义供电局\兴义供电局工会
2009年9月	兴义市电力公司	兴义供电局2009年职工运动会	兴义供电局
2010年1月	兴义市电力公司	贵州省企业档案管理四星级单位	贵州省档案局
2010年3月	兴义市电力公司	2009年度教育培训与人才评价工作优秀单位	兴义供电局
2011年1月20日	兴义市电力公司	2010年度安全生产先进部门	兴义供电局
2011年3月	兴义市电力公司	2010年新闻宣传工作先进集体	兴义供电局

续表

日期	被表彰单位	获奖名	评奖单位
2011年9月	兴义市电力公司	第六届贵州省旅游发展大会先进单位	兴义供电局\兴义供电局工会
2011年10月	兴义市电力公司	第六届贵州旅游发展大会先进集体	黔西南州委
2012年4月	兴义市电力公司	2011年度新闻宣传工作先进集体	兴义供电局
2012年5月	兴义市电力公司	黔西南布依族苗族自治州建州30周年庆祝活动先进集体	中共黔西南州委\黔西南州人民政府
2012年10月	兴义市电力公司	慈善捐赠先进单位	黔西南州慈善总会
2013年3月8日	兴义市电力公司	兴义供电局2012年度安全生产先进单位	兴义供电局
2014.1	兴义市电力公司	命名为贵州省安全文化建设示范企业	贵州省安全生产委员会办公室
2014.12	兴义市电力公司计划建设部	节能减排大参与活动优秀“金点子”二等奖	贵州省总工会
2014.12	兴义市电力公司	2012－2014年度全省精神文明建设工作先进单位	贵州省精神文明建设指导委员会
2015.5	兴义市电力公司电力调度控制中心	2014年度贵州省“安康杯”竞赛优胜班组	贵州省总工会、贵州省安全生产监督管理局
2015.12	兴义市电力公司	黔西南州首届群众法治文艺调演优秀奖	中共黔西南州、黔西南州人民政府
2016.11	兴义市电力公司	黔西南州州管国有企业“两学一做”知识竞赛王智刚“个人优秀奖”	中共黔西南州委组织部
2016.7.17	兴义市电力公司	黔西南州2016“农行杯”周末篮球赛“女子组冠军”“男子组亚军”	黔西南州文体广电新闻出版局、黔西南州总工会、共青团黔西南州委、黔西南州妇联、农行黔西南分行
2016.8.8	兴义市电力公司	2016年贵州动起来全民健身日、黔西南州“知行杯”太极拳公开集体规定24拳“优胜奖”	黔西南州文体广电新闻出版局、黔西南州教育局、黔西南州民宗委
2016.6	兴义市电力公司电力调度控制中心	荣获“黔西南州工人先锋号”	黔西南州总工会

二、获省级以上表彰单位目录

日期	被表彰个人	获奖名称	评奖单位
1994年3月3日	陶少刚	1993年度贵州省安全生产先进工作者	贵州省安全生产委员会
1994年4月	马雪林	贵州省“五一”奖章	贵州省总工会

续表

日期	被表彰个人	获奖名称	评奖单位
1994 年	陶少刚	全国水利系统安全生产先进工作者	
1995 年 12 月	陶少刚	1995 年度贵州省地方电力先进工作者	贵州水电厅
1996 年 5 月	陶少刚	全国第二批农村水电初级化县建设先进工作者	水利部、国家计划委员会
1997 年 10 月	陶少刚	科技兴农人才奖	贵州省政府
1999 年 3 月	陶少刚	1994 年度全国水利系统安全生产先进工作者	国家水利部
2006 年 5 月	樊义瑜	贵州省“十五”农村水电及电气化建设先进工作者称号	贵州省人事厅、贵州省水利厅
2006 年 12 月 1 日	韦延宏	第四届“黔西南十大杰出青年”	
2008 年 5 月	张　琪	2006 至 2007 年度“先进女职工”荣誉称号	贵州省电力系统
2008 年 9 月	韦延宏	首届“贵州省青年企业家管理创新奖”	共青团贵州省委、贵州省青年企业家协会
2011 年 12 月 3 日	刘明芳	2008 至 2009 年档案工作先进个人	南方电网公司
2012 年	李世忠	2012 年度党风廉政建设先进个人	南方电网公司
2012 年	邓伯琼	2012 年度物资工作先进个人	南方电网公司
2012 年	邹　炜	2011 至 2012 年度电工进网作业许可培训管理工作先进个人	贵州省电监办
2015 年 5 月	韦延宏	“贵州省劳动模范”称号	贵州省委、省政府
2016.11.0	唐东平	2016 年全国水利安全生产知识网络竞赛“鼓励奖”	水利部安全监督司

三、获奖著作和发表论文目录

韦延宏论文:《农村配电网线损管理之我见》——2006 年 3 月，获西苑出版社、北京求实社会科学研究中心“新世纪科学发展优秀文论”评选一等奖。

陶少刚论文《从兴义市地方电力发展看留成电对地方建设的作用》——1997 年 5 月获广西壮族自治区人民政府研究室、经济研究中心、广西经济杂志社举办的“中国特色社会主义理论与中西部发展学术研讨会”二等奖。

胡华艳论文《兴义市电力公司班组建设工作的实践与探索》——2012 年代表兴义供电局调研组，参加贵州电网公司“工会重点调研课题及论文评选活动”获二等奖。

彭纪权论文《电力监控微机综合自动化系统在响革电站的应用》——获 2001 年贵州省水力发电工程学会中小水电专委会优秀论文奖。

作者	日期	论文题目	发表刊物	获奖名称
卢加宏	2009年第11期	小型水电站枯水期机组运行方式的探讨	《农村电气化》	
	2014年第06期	配变低压计量故障的处理	《贵州电力技术》	
	2014年第11期	节电技术在供配电系统中的应用	《商品与质量建筑与发展》	
	2015年第05期	浅谈如何快速查找10千伏配电线路的接地故障	《贵州电力技术》	
吴雪静	2012年第4册	《新时期电力企业加强党建工作的理性思考》	《当代教育》	
	2013年7月29日	《电力企业党建工作创新探究》	《贵州民族报》	
张祥盛	1999年第9期	《降低农村电网电能损耗三法》	地方电力管理	
李伟丽	2014年	《浅谈电力行业建设》	教育艺术	
	2014年	《浅谈县级供电企业的效能监察》	教育艺术	
卢家贵	2016年2月	变电运行中事故分析及处理措施	中国科技纵横02上	
	2016年2月1日	220千伏变电站中220千伏失灵保护及回路剖析	中国科技纵横02下	

修志始末

一九九九年，在贵州南江水利电力集团（前身为兴义市水电局供电所）成立届满十周年之际，为了将十年来创业的艰难历程及取得的显著成绩，即集团公司经历的“风雨阳光”载入史册，利于总结经验，吸取教训，以志为证记录查寻资料，以史为鉴鞭策激励后人，集团公司副总经理杨远康提议编纂企业志，此举立即得到集团公司董事长兼总经理陶少刚及副总经理胡荣塘等领导的认同。集团公司随后成立了集团志编辑机构，邀请原安龙县志办陈翰辉、黄恩照两位方志专家到公司，指导集团志的编目、资料收集整理，以及编纂等方面的事宜。在杨远康的具体组织安排下，设立了办公室，对各、章、节、目录的资料收集及编写任务做了具体分工。编撰人员在兼顾本职工作的前提下，查阅、收集了大量档案资料。

但是，由于集团公司面临诸多方面问题，致使修志工作受到影响。二〇〇二年年初，根据市委市政府意见，贵州南江水利电力集团面临“分家”，企业体制发生了重大变革，原南江集团分为兴义市电力有限公司、兴义市水电开发公司。兴义市电力公司由南方电网下属的兴义供电局“代管”，承担兴义市大部分区域的电力供给。兴义市水电开发公司，负责兴义市境内及界河水电开发。原有电力志的编撰人员，也随之分配到两个公司的不同岗位，集团志的编纂工作，不得不暂时告一段落。

此后，两个企业又发生分合。二〇〇三年，根据兴义市委、市政府意见，将已经分家的兴义市电力公司、兴义市水电开发公司又进行合并，在原隶属体制不变的情况下，实行“一套人马，两块牌子”的管理体制，称之为兴义市电力系统。在之后的十多年里，兴义市水电开发、电网建设都取得了显著的成绩，小水电年上网电量达4亿千瓦时，电网年供电量达15亿千瓦时。

二〇一三年二月，根据兴义市委修志文件要求，以及兴义市电力系统自身的修志需要，决定重新启动编纂《兴义市地方电力志》。成立由韦延宏任编委会主任，杨远康任主编，罗迦玮、陈朗、徐惠忠任副主编的编辑机构，下设办公室在新闻中心，为日常办事机构，陈朗兼任办公室主任，同时继续聘请陈翰辉先生任电力志总纂。志书的截止时间为二〇一三年十二月底。后因企业体制再度发生重大变化，兴义市电力公司脱离了南方电网兴义供电局的“代管”。成立了贵州万峰电力股份有限公司，下辖6个子公司，从事水电、火电资源开发、经营，以及电力设施的承装、修试等业务。同时，被列为“贵州省地方电力体制改革先行先试单位”，成为“水火并举、发供一体、打破垄断、跨越供电”的典范。企业发展突飞猛进，成绩辉煌，可记入史册，遂将电力志截止时限延至二〇一六年年底。